谨 以 此 书 纪 念 伟 人 毛 泽 东 诞 辰 一 百 三 十 周 年

听毛主席他老人家讲述他自己的故事
真实生动，自然亲切，又撼人心魄
没有做作，没有浮躁，没有功利，亦没有传奇
这些故事有的平常得犹如发生在我们自己的童年
有的意外得超乎我们肤浅的想象
从容而又漫不经心，简单而又意味深长
宽容中蕴藏着坚忍不拔
自信中充满着中国人的尊严
这就是《毛泽东自传》的魅力

丁晓平 —————— 著

世界是这样知道毛泽东的

THE AUTOBIOGRAPHY OF
MAO TSE-TUNG

——————————

《毛泽东自传》溯源

[珍藏版]

中共党史出版社

敬致读者

世界是怎样知道毛泽东的？

这是一个十分有趣且有意义的话题。

世界是怎样知道毛泽东的呢？不外乎两个渠道，第一是口碑，口口相传，这几乎不太可能统计和查考；第二是文字，包括两种情况，一为毛泽东自己所写的文章，二为他人写毛泽东的文章。本书即以毛泽东最早的传记《毛泽东自传》为主要研究对象，重点考察二十世纪三四十年代，毛泽东的生平事迹是如何被传播出去的。

被称为"中国第一自传"的《毛泽东自传》，是毛泽东口述并亲笔修改的生平事迹的忠实记录，是中国革命史上极其珍贵的重要文献和历史文物，也是唯一以自传形式正式出版的毛泽东传记，成为红极一时富有传奇色彩的畅销书，激励着一代又一代人投身中国革命。二〇〇一年九月，经笔者策划重新编辑校订的这部传奇之书，成为新世纪红色经典超级畅销书。与此同时，祖国各地陆续发现不同版本的《毛泽东自传》，一时间各大大小小的新闻媒体或消息或评论或选载或连载，争相报道，轰动全国。随后，以《毛泽东自传》为龙头的红色收藏热也在神州大地掀起，持续至今。二十年来，我陆续收到来自全国《毛泽东自传》的热心读者、收藏家以及毛泽东研究者的来信、来电，既有热情给予赞扬的，也有热心给予批评的；既有提供自己收藏的不同版本资料的，也有交流咨询收藏资讯的……一封封信件，一个个电话，还有一封封 E-mail，不仅给了我新的知识和新的史料，还给了我鼓舞、信心，并让我找到了一个适合于自己的写作道路、事业方向和做人的方式……

经过锲而不舍地搜集、挖掘、整理和发现，笔者围绕《毛泽东自传》诞生的历史背景、早期版本的翻译出版，对一九四九年前数十种版本进行详细考证，同时对《毛泽东自传》的记录者、翻译者的历史，对毛泽东早期传记、毛泽东印章、毛泽东标准照、毛泽东连环画等进行了系统研究，才完成了这部《世界是这样知道毛泽东的》。本书集《毛泽东自传》《毛泽东印象》和毛泽东早期传记版本之大成，披露了诸多鲜为人知的历史细节和珍贵图书版本史料，弥足珍贵，可谓红色收藏的参考指南，填补了中共党史文献研究的空白。

本书的写作，得到了诸多民间收藏家和热心读者给予的大力支持和无私帮助，同时参考辑摘了众多前辈、专家、学者的研究成果。

书中历史图片为斯诺先生和已无法知道姓名的前辈所摄，特此致谢。限于资料搜集的不易和诸多客观技术原因，作为学术研究，本书观点乃一家之言，依然存在诸多缺点甚至错误，恳请诸位方家教正，诚恳接受批评，不胜感激。

　　追本究源，在阅读本书之前，让我们再来听一听《毛泽东自传》的"始作俑者"埃德加·斯诺这个可爱又可敬的美国人的心声吧——作为一个中国人，我每一次阅读下面这段来自他自传体著作《复始之旅》中的文字，就像被一块磁铁深深地吸引，打动着我，感动着我，也激励着我——

　　我不会忘记中国的。尽管我没有资格向中国索取什么东西，中国却占有了我的身心。是中国人民，那些苦难的人，用他们的微笑，让我看到了自己内心隐藏着的冷漠的恐惧和怯懦，而他们曾一度让我幼稚地认为他们低人一等，可他们的身上却显示着勇敢和决心……

　　我和中国的革命者们相识，胜利的时候我和他们一起开心大笑，失败时我和他们一起伤心流泪，我仍然支持中国的事业，因为中国的革命事业是在真理、公道和正义的一边。凡是有助于中国人民自救的措施我都支持，因为只有这样才能使中国人民看到自己的力量。但是，我再也不敢想象我个人还能对中国起到什么作用，我只不过是历史沧海的一粟，而历史有它自己的发展逻辑，我既无力改变它，也没有评说它的天赋权利。

　　再见了，中国！我的一部分将永远留在中国的黄土岗上，留在碧绿的梯田里，留在晨雾中隐约可见的孤岛似的庙宇里，留给那些曾经信任过和爱护过我的中华儿女，留给那些曾供我食宿的一贫如洗却怡然自乐的文明的农民，留给那些衣衫褴褛、皮肤黝黑却有着一双亮晶晶的眼睛的孩子们，留给那些与我地位相等的熟人和恋人们，特别是留给那些满身虱子、领不到军饷、忍辱负重的士兵们，他们难以思议的自我牺牲使一切生活具有价值，并赋予这个伟大民族为争取生存和进步而进行的斗争以崇高的含义……

　　"热爱中国！"这是斯诺最后的遗言。没有理由不爱你呀，我伟大的祖国！

丁晓平

二〇二二年九月于北京平安里弃疾斋

目录

毛泽东生平的历史是整整一代人的一个丰富的横断面，
是要了解中国国内动向的原委的一个重要指南。

——埃德加·斯诺（1936 年）

THE AUTOBIOGRAPHY OF MAO TSE-TUNG

《毛泽东自传》到底是一本什么样的书

《毛泽东自传》重版引热议：
毛泽东有"自传"吗？

THE AUTOBIOGRAPHY OF MAO TSE-TUNG

[图 1.1]

上海文摘社黎明书局 1937 年 11 月 1 日版汪衡译本《毛泽东自传》封面。

你知道伟人毛泽东有"自传"吗？

你读过《毛泽东自传》这本书吗？

如果你没有读过的话，就像我在二○○一年策划编辑这本书的时候一样，一定会对《毛泽东自传》感到惊奇。这不仅因为毛泽东是中国一个时代的象征，而且也是中国乃至世界的一个永恒的记忆。对我们中国人来说，对毛泽东的记忆是红色的。但这红色的记忆，最早却来源于西方人的笔下。在二十世纪三四十年代，以美国著名进步记者埃德加·斯诺为代表的一群公平、公正、正义、富有良知和同情心的西方人，以他们的远见卓识和优秀品质，冲破重重封锁和艰险，把毛泽东及其战友领导的中国革命的真相公布给全世界，发表出版了大量的优秀作品。这些珍贵的文字如今都是中国革命史的重要文献和第一手历史资料，《毛泽东自传》就是其中最为经典的篇章。[图 1.1]

几乎每一个中国人，都知道伟人毛泽东说青少年是"早晨八九点钟的太阳"，把"世界是属于你们的"期望和嘱托送给了我们年轻人，而他的青少年时代又是怎么度过的呢？他的青春又是如何奋斗的呢？《毛泽东自传》就是这样一本真实生动、自然亲切，又撼人心魄的"自传"。捧读它，就好像是在面对面地聆听毛主席他老人家给你讲述他自己的人生故事，没有做作，没有浮躁，没有功利，甚至也没有传奇。这些故事，有的平常得犹如发生在我们自己的童年，有的意外得超乎我们肤浅的想象，但读起来仍然是那么的从容而又漫不经心，宽容中蕴藏着坚忍不拔，自信中充满着中国人的尊严、善良、英勇、顽强、自信、拼搏等这些形容词，在《毛泽东自传》面前已经黯然失色。

《毛泽东自传》以第一人称口述，就像是讲述咱老百姓自己的故事。而毛泽东特殊的人生经历和命运磨难，在其平平淡淡地叙述之中也变得平静如水，让我们在不知不觉中感到是在聆听自己爷爷的故事，真实可信，又风趣幽默。比如，他说："有一件事，我特别地记得。当我在十三岁左右时，有一天我的父亲请了许多客人到家中来。在他们的面前，我们两人发生了争执。父亲当众骂我。说我懒惰无用。这使我大发其火。我愤恨他，离开了家。我的母亲在后面追我，想劝我回去。我的父亲也追我，同时骂我，命令我回去。我走到一个池塘的边上，对他威胁，如果他再走近一点，我便跳下去。在这个情形之下，双方互相提出要求，以期停止'内战'。我的父亲一定要我赔不是，并且要磕头赔礼，我同意如果他答应不打我，我可以屈一膝下跪。这样结束了这场'战事'。从这一次事件中，我明白了当我以公开反抗来保卫我的权利时，我的父亲就客气一点；当我怯懦屈服时，他骂打得更厉害。"由此可见毛泽东的顽皮和倔强，淘气又可爱。

不爱"死读书"和"读死书"的毛泽东从小就爱看《三国演义》《水浒传》等传奇小说。但最为难能可贵的是，十四五岁的农村伢子毛泽东在读书中学会了独立思考，并不是仅仅沉浸在传奇小说精彩故事情节的表面。《毛泽东自传》里说："有一天，我在这些故事中偶然发现一件可注意的事，即这些故事中没有耕种田地的乡下人。一切人物都是武士、官吏，或学者，从未有过一个农民英雄。这件事使我奇怪了两年，于是我便分析这些故事的内容。我发现这些故事都是赞美人民的统治者的武士，他们用不着耕种田地，因为他们占有土地，显然是叫农民替他们工作的。"

这个"发现"令毛泽东大吃一惊，而且竟然让他"奇怪了两年"！毫无疑问，毛泽东对此进行了长时间的思考和分析，他对历史小说中的这种现象感到纳闷，甚至提出了质疑！难以想象，这样与众不同的思考竟然发生在二十世纪初一个偏僻闭塞、贫穷落后的湖南韶山那个山沟里的少年身上，这是多么的了不起！这简直是一个伟大的发现！或许二十一世纪的我们即使能够静下心来阅读完这些古典小说，也不一定能总结思考出这样深刻的命题。显然，这样的阅读和独立思考，对于毛泽东后来数十年特别是在土地革命战争初期的军事生涯，以至中国革命的最后成功，都是有着启发和帮助的。因此从某种意义上说，作为农民的儿子毛泽东，在他十四五岁的乡村生活中，他是渴望着中国历史上

[图1.2]
2001年9月10日,《北京青年报·天天副刊》以整版篇幅对《毛泽东自传》新版作了长篇报道。

[图1.3]
由丁晓平编校的《毛泽东自传》,解放军文艺出版社2001年9月版。

应该有一位"农民英雄"的出现,而他自己或许也从那个时候开始,就在心中埋藏了一个"英雄"的梦想。

早在一九三六年,埃德加·斯诺就这样冷静地写道:"毛泽东生平的历史是整整一代人的一个丰富的横断面,是要了解中国国内动向的原委的一个重要指南。"但斯诺同时还认为:"首先,切莫以为毛泽东可以做中国的'救星'。这完全是胡说八道。决不会有一个人可以做中国的'救星'。但是,不可以否认,你觉得他的身上有一种天命的力量。这并不是什么昙花一现的东西,而是一种实实在在的根本活力。你觉得这个人身上不论有什么异乎寻常的地方,都是产生于他对中国人民大众,特别是农民——这些占中国人口绝大多数的贫穷饥饿、受剥削、不识字,但又宽厚大度、勇敢无畏、如今还敢于造反的人们——的迫切要求作了综合和表达,达到了不可思议的程度。假使他们的这些要求以及推动他们前进的运动是可以复兴中国的动力,那么,在这个极其富有历史性的意义上,毛泽东也许可能成为一个非常伟大的人物。"

穿越时间和空间,埃德加·斯诺在一九三六年说的这些话,依然回味无穷,发人深思。而历史已经告诉未来——毛泽东就是这样的一个伟人,在中国人民记忆的天平上,他永远是一块让中国与世界平衡的砝码。

发掘历史的记忆是为了明天的创造,弘扬革命的过去是为了未来的辉煌。

二〇〇一年九月,由笔者策划、编辑校订的一九三七年十一月上海复旦大学文摘社出版、黎明书局经售、汪衡翻译、潘汉年题写书名的《毛泽东自传》与亿万读者见面,在中国掀起了"毛泽东热"。这股热潮持续到二〇〇三年十二月二十六日伟人毛泽东诞辰一百一十周年纪念日,随着几百种毛泽东图书的面世或再版,可谓达到了高峰。至今,《毛泽东自传》一书的再版一直备受广大热心读者、收藏界、

出版界和媒体的关注。[图1.2-图13]

应该说，《毛泽东自传》重新发掘、整理和出版是赢得了广大读者和收藏界的充分肯定的。但也有许多热心的专家、读者就具体的编辑出版工作发出了一些不同的声音，而且有些意见还相当尖锐。这些意见从不同角度提出了不同的观点，对新版《毛泽东自传》和编者的编辑工作进行了批评。他们的许多意见是非常好的，但有些观点也是值得商榷的。

多年来，我怀着一腔热忱，在许多收藏家和热心读者的关心和支持下，将《毛泽东自传》的来龙去脉进行了一番系统的梳理和研究。期间，有幸接触和接收了来自不同专家、学者的意见建议和更多鲜为人知的史料，对《毛泽东自传》当年发表、出版的过程和背后的历史作了比较深入的发掘、探索和整理，曾撰文《〈毛泽东自传〉源流考》（载《中共党史资料》二〇〇八年第一期）和专著《解谜〈毛泽东自传〉》（中国青年出版社二〇〇八年一月出版），较为系统地叙述了《毛泽东自传》当年的采访、写作、编辑、翻译、出版的传播史，得到中共党史学界、红色收藏界和广大读者的好评。

在这里，笔者首先需要说明的是，本书主要是从版本学角度探讨作为单行本图书《毛泽东自传》的出版历史、意义、价值及其背后演绎的故事。而《毛泽东自传》与稍后出版的《红星照耀中国》中文版《西行漫记》第四篇《一个共产党员的由来》，在毛泽东口述的内容上，除了文字翻译的个别差异之外，基本上是相同的。但作为单行本图书，一九三七年十一月一日出版的汪衡译本《毛泽东自传》和上海复旦大学《文摘》杂志一九三七年七月最早连载发表的汪衡译本《毛泽东自传》，以及一九三八年二月上海复社版《西行漫记》之间，在版本、写作方式和出版发表载体、形式上则又有所不同。更需要强调的是，《毛泽东自传》汪衡译本，不仅诞生在《西行漫记》的前一年，且与《红星照耀中国》最早的英文版出版时间仅相差一个月，这是一个基本的历史事实。

《毛泽东自传》
是经毛泽东口述并亲自修改的自传

THE AUTOBIOGRAPHY OF
MAO TSE-TUNG

一九三六年十月，红军长征胜利抵达陕北革命根据地后，中国共产党积极通过各种渠道向外界宣传自己的纲领、路线和主张，试图打破国民党九年来的新闻封锁，把中国革命的真相告诉给中国人民和全世界。[图1.4-图1.5]正如海伦·斯诺[1]所言："毛泽东懂得笔杆子的威力，希望找到一个可信赖的外国人，来记下和发表事实真相。在当时国民党统治下的中国，任何其他的人无论走到天涯海角，也休想在书刊上讲出真话。"蒋介石围攻江西苏区的反革命军事行动开始以后，各种法西斯的检查制度也就应运而生。当时丁默邨主办的新光书局，大量发行法西斯书报。除针对共产党的《社会新闻》周刊之外，由王新民、唐惠民、周毓英等编写的《现代史料》《中国国民党与法西斯运动》的册子大量发行，鼓吹法西斯运动。而新闻检查所、邮电检查所剥夺了人民的言论、出版、通信等自由，极其反动。一九三五年春，陈立夫、潘公展在国民党中央宣传委员会下设"中央图书杂志审查委员会"。名为中央机关，而会址却设在上海。因为上海是图书杂志出版的中心，设到上海，便于执行这种反动业务。由潘公展、方治、丁默邨等为审查委员会的委员，潘公展任主任委员。依照审查条例，出版的有关文艺或社会科学的书刊，都要经过审查，印有审查许可证字号，才能发行。没有经过审查的文艺或社会科学的图书杂志，一律不准发行，如果私自发行，要受到

[1]　埃德加·斯诺第一任夫人，笔名尼姆·威尔斯，著有《红色中国内幕》（中译本即《续西行漫记》）等七本关于中国的著作。

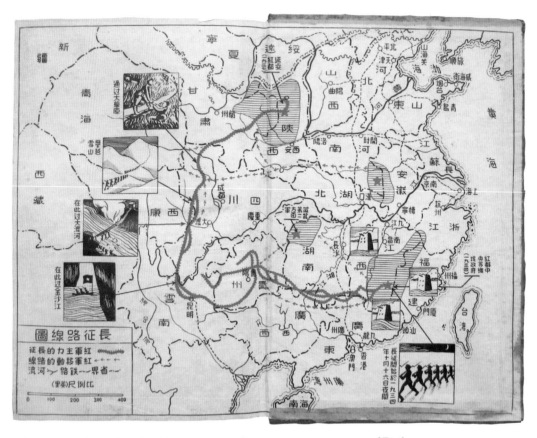

[图1.4]

1938年2月上海复社出版的《西行漫记》发表的红军长征路线图。

[图1.5]

1935年9月18日，红二十五军与陕甘红军在陕北延川永平镇召开会师大会。

相当的处罚，执行得非常严厉。审查文字内容，是很严格的。"稍有不妥，就要删改。宁可多删多改，不可放松过去。"这是潘公展讲的。所以审查人都吹毛求疵，多方挑剔。不但对共产党或共产主义理论稍有公正语气的地方要删去，即使一般性有关马列主义的理论也要删去。甚至说到一九二五——一九二七年国共合作时期的"国共合作"字样，以及一九二七年的宁汉分裂时期的"宁汉分裂"字样等，都不可用。因为"国""宁"是所谓正统，"共""汉"不能与之并称。为了"尊重"所谓"领袖"蒋介石，过去所称的"蒋（介石）冯（玉祥）"之类的字样，也不能用，也要删改。查禁书刊，雷厉风行。北四川路和福州路一带的书店，查禁的书刊不一而足。可是越查禁得厉害，想看的人越多。那时有些大学生，把查禁的书改头换面偷偷地看，正是"夜半无人读禁书"，特别觉得有味道。当时反动派曾经把查禁的书名印成《查禁书目》，反而做了学生们的"新书介绍"了。[2]

本来只想在中国最多停留六个星期，准备写完宋庆龄的传记就回国的三十一岁美国记者埃德加·斯诺，作为"一个胆战心惊、寻求头号新闻的记者"，在伦敦《每日先驱报》、美国《纽约先驱论坛报》《星期六晚邮报》等的支持下，向往着能够进入"中国红色地区"。因为这对斯诺来说，他面对的是"一个强大的诱惑力——全世界等待了九年的头号新闻"，他不能放弃他没有"听说过现代新闻史上有过比这还要好的机会"，甘愿"拿一个外国人的脑袋去冒险"的伟大的历史之旅。

一九三六年春，在北平的斯诺从朋友处得到可靠消息，中国共产党与在西安的东北军将领张学良秘密达成了停火协议，一致抗日。这无疑是绝好的机会。一九三六年四月下旬，斯诺从北平专程去上海，向他的好朋友宋庆龄提出了希望去苏区访问的要求。[图1.6]而此时，中共中央也正在

[2] 参见《CC的文化特务活动》，原载《河北文史资料选辑》，作者戴鹏天。

[图1.6]
斯诺在上海拜访宋庆龄。

请宋庆龄帮助物色一位诚实的没有任何政治倾向的西方记者和一位医生前往苏区调查。不久，经宋庆龄的安排，中共中央同意了斯诺的请求，同时也同意宋庆龄推荐的美国年轻医学博士乔治·海德姆（即马海德）一道前往。五月十五日，驻在瓦窑堡的中共中央收到了斯诺通过党的秘密交通送到陕北的访问问题表。五月下旬，回到北平的斯诺接到了中共地下党员、东北大学教授徐冰[3]转来的一封致毛泽东的介绍信——信是柯庆施[4]根据刘少奇的指示，用隐色墨水写的。

六月三日，斯诺就带着这封信、两架照相机、二十四个胶卷从北平出发了。同时，乔治·海德姆也从上海出发，两人在郑州会合。到西安后，地下党员董健吾化装成"王牧师"与斯诺和乔治·海德姆在西安西京招待所取得联系，之后在红军联络员刘鼎[5]和邓发[6]的秘密安排下，冲破封锁，顺利进入陕北苏区的"红色中国"。斯诺就这样成了第一个到陕甘宁革命根据地的西方新闻记者，也是第一个与中国共产党人对话的美国人，开始了与毛泽东的第一次亲密接触。

七月九日，在苏区前敌指挥部安塞白家坪，斯诺见到了周恩来。周恩来亲自为斯诺拟定了一张为期九十二天的考察陕北苏区日程表，并对他说："我们知道，你是一个可靠的记者，对中国人民友好，我们相信你能够讲真话。

[3] 新中国成立后，徐冰曾任中共中央统战部副部长。

[4] 柯庆施时任北方局组织部长，新中国成立后曾任中共中央华东局第一书记。

[5] 刘鼎时任中共派驻张学良东北军司令部联络官。

[6] 邓发时任中共中央保卫部部长。

[7] 今陕西省志丹县。

[8] 《西行漫记》，埃德加·斯诺著，董乐山译，生活·读书·新知三联书店 1979 年 12 月版，第 103—104 页。

我们欢迎到苏区来访问的任何一位记者。"第三天，斯诺就带着一张陕北革命根据地的草图，骑上马到保安[7]见毛泽东去了。

七月十三日傍晚，毛泽东步行到中华苏维埃人民共和国中央政府外交部，看望这天刚刚到达中共中央和红军总部所在地保安的美国记者埃德加·斯诺和医生乔治·海德姆，对他们来苏区访问表示欢迎。

七月十四日，毛泽东出席了欢迎斯诺和乔治·海德姆的欢迎会，并即席讲话。在随后的十五日、十六日、十八日、十九日，毛泽东与斯诺连续进行了长时间的交谈，而且谈话经常是在夜间九时持续到次日凌晨二时。他们的谈话，就在毛泽东那座四壁简陋、空无所有、只挂了一些地图，主要奢侈品只是一顶蚊帐的、"非常原始"的两间窑洞里。从此，毛泽东这个东方伟人和斯诺这个美国记者开始了长达三十五年的传奇交往。

那个时候，面容瘦削、个子高出一般中国人的、背有些驼、一头浓密的黑发留得很长、双眼炯炯有神、鼻梁很高、颧骨突出的毛泽东，在斯诺眼里看上去是一个"很像林肯的人物"，是一个非常精明的知识分子的面孔。而关于毛泽东，斯诺本想"可以单独写一本书"，于是他就"交给毛泽东一大串有关他个人的问题要他回答"。但毛泽东似乎对此不感兴趣，"认为个人是不关重要的"。像任何一个怀有好奇心的记者一样，斯诺想"套出"毛泽东个人的生平故事，但毛泽东守口如瓶，非常不容易。有几天，他们好像是在捉迷藏。斯诺力争说："在一定程度上，这比其他问题上所提供的情况更为重要。大家读了你说的话，就想知道你是怎样一个人。再说，你也应该纠正一些流行的谣言。"但"不管怎样，毛泽东是不大相信有必要提供'自传'的"。[8]

由此可见，斯诺是希望毛泽东向他提供"自传"的。这在斯诺的自传体著作《复始之旅》中也有记载：

虽然，我因此对毛本人产生了比对当时的论战更大的兴趣，但是，要想收集他个人的历史却不容易。一连好几天，我们像是在捉迷藏，我感觉到，他在判断：能不能把他本人的真情告诉我；我会不会滥用他的信任来歪曲或误传他的话。共产党人回避谈论个人的事情，这不仅是因为在理论上，个人除非是一种历史力量，否则是无关紧要的，而且还因为死刑时刻威胁着每个共产党人。不用真名是一种必要的安全措施。

"但是。如果你想要结束内战，并且和其他军队在一个统一战线中共事，"我与毛争辩说，"首先得让全国知道你们是什么样的人。多年来的宣传把你们描绘成堕落、愚昧、无知的土匪，光知道烧、杀、掠夺，还有共妻。你们必须让人了解你们是活生生的人——不能光靠政治口号。"

他再次避开回答我的问题。

有一天晚上，在回答了所有其他问题之后，毛转向我开列的"个人历史"问题的清单，听到翻译念到"你结过几次婚？"这个问题时就笑了。我发现，原来这个问题被误译为"你有几个妻子"了。

"我们实施男女平等的法律，废除一夫多妻制就是其中一项带根本性的改革。"他说。当我说明了翻译的错误后，他平静了下来，但依然拿不定主意，是否值得为澄清"对个人的流言蜚语"而浪费时间。

"你不是说你曾受到乔治·华盛顿的为人和卡莱尔德《法国革命史》一书的鼓舞吗？"

他拿起我的问题单，又从头至尾看了一遍。

他终于提议说："让我概括地把我的经历讲给你听好吗？我想，那样更好理解些，而且最后你提出的所有问题都可以得到回答，只不过不按这个顺序罢了。"[9]

这份记录与《西行漫记》中的记叙基本相同。在当时，国民党多年来把红军描绘成"堕落、愚昧、无知的土匪，只知道烧杀抢掠，共产共妻"，四处散布谣言迷惑人民大众。斯诺把这些情况说给毛泽东听，希望毛泽东能提供其个人经历来回击社会上流传的这些谣言。但毛泽东仍不表态。斯诺接着说，外边还有许多关于毛泽东已经死去的传说，有人说毛泽东能说流利的法语，有人说毛泽东是一个无知的农民，还有人说毛泽东是一个半死的肺病患者，甚至还有人说毛泽东是一个发疯的狂热分子。

毛泽东对此好像稍为感到意外："人们竟然会花费时间对他进行种种猜测。"于是，为了纠正这类传说，正人视听，也有利于建立全国抗日民族统一战线，毛泽东再一次审阅了斯诺列的那些关于他"个人历史"的问题表。最后，毛泽东对斯诺说："如果我索性撇开你的问题，而是把我

[9] 《复始之旅》，埃德加·斯诺著，宋久、柯楠、克雄译，新华出版社 1984 年 8 月版，第195—196 页。

[10] 《西行漫记》，埃德加·斯诺著，董乐山译，生活·读书·新知三联书店 1979 年 12 月版，第 79 页。

[11] 救亡出版社印行，大华编译，中华民国廿六年十二月出版，廿七年一月再版本。

的生平的梗概告诉你，你看怎么样？我认为这样会更容易理解些，结果也等于回答了你的全部问题。"

"我要的就是这个！"斯诺非常高兴地叫起来。

毛泽东终于同意了斯诺的请求。

就这样，毛泽东在斯诺访问红军前线回到保安之后，一九三六年十月，接连用十几个晚上与斯诺进行了长时间的谈话。他们"真像搞密谋的人一样，躲在那个窑洞里，伏在那张铺着红毡的桌上，蜡烛在他们中间毕剥着火花"。斯诺奋笔疾书记录着，有时一直疲倦到要倒头便睡为止。就在这窑洞的昏黄烛光中，毛泽东第一次把自己的身世尽可能地告诉给这个外国记者。马海德也一直陪同。时任中共中央宣传部副部长的吴亮平（又名吴黎平）作为翻译，就坐在斯诺的身旁。

——《毛泽东自传》就在这样的时空中诞生了。

斯诺说："毛泽东是凭记忆叙述一切的，他边说我边记。"斯诺记下的笔记又重新译成中文，加以改正。除了对一些句法作了必要的修改之外，斯诺说"我并没有把它作文学上的加工"。由此可见，斯诺的文字记录是相当真实可靠且可信的。斯诺还这样写道："坐在我旁边的吴亮平，他是一位年轻的苏维埃干部，在我对毛泽东进行正式访问时担任译员。我把毛泽东对我所提出的问题的回答，用英文全部记录下来，然后又译成了中文，由毛泽东改正，他对具体细节也必力求准确是有名的。靠着吴先生的帮助，这些访问记再译成了英文，经过了这样的反复，我相信这几节文字很少有报道的错误。"[10]

在救亡出版社一九三七年十二月出版的《毛泽东印象记》[11]一书的序言《关于作者》中，也有着这样的记载："我们每次见面，全由一个留学生吴亮平任翻译。我的记录，用英文写出后，交吴氏译为中文，然后让毛泽东加以修正。毛氏对于任何条文节目，都一定要求其详尽和精确。"

对此，吴黎平一九七九年说："关于毛泽东个人革命经历部分，斯诺按照毛泽东的要求整理成文，由黄华译成中文，经毛泽东仔细审阅后做了少数修改，交黄华照改后退给斯诺。"[图1.7]

二〇〇五年至二〇〇七年间，笔者多次见到黄华及其夫人何理良女士。九十高龄的黄老还亲自在笔者撰写的《记者之王——埃德加·斯诺在中国》一书上签名留念。何理良还签名赠送《亲历与见闻——黄华回忆录》。他们都曾说起在保安和斯诺一起采写、翻译《毛泽东自传》的往事，而黄华和斯诺之间的友谊，也成为他日后从事外交工作并成长为新中国外交事业领导人的一个奠基礼。在《亲历与见闻——黄华回忆录》中，黄老回忆说："到了保安县，我被安排同斯诺和海德姆住在一起。我很高兴与他们重逢，我们热切地交谈别后的情况。斯诺告诉我，他已经采访过毛泽东。毛主席侧重谈了当前中国形势和共产党关于努力促成抗日民族统一战线、准备对日作战等方针政策，还谈了他自己的历史，是吴亮平和陆定一同志帮助翻译的，他收获极大，记录了好几本。只是觉得一些重大的政策问题和人名、地名还记得不太准确，希望我帮他查询订正。"在陕北，黄华一直陪同斯诺采访，担任翻译，他说："斯诺白天勤奋地采访，飞快地记录，中午在阳光下不知疲倦地把在保安采访的大量笔记，尤其是毛主席关于革命理论、政策的阐述以及人名、地名，用打字机打下来，交我翻译成中文，请每天去保安的通信员交给毛主席审阅改正。"[12][图1.8]

[图1.7]
左起依次为：谢觉哉、黄华、王林（保安与北平间的信使）、斯诺在一起采访写稿。

从斯诺、吴亮平、黄华的回忆中均可看出，《毛泽东自传》的内容是经过毛泽东亲笔修改订正的。

在斯诺自传体著作《复始之旅》中，斯诺也同样回忆了当年采访聆听毛泽东讲述"自传"的情景：

在此后连续几个晚上的会见中，毛带来了他本人写的提纲。他给我的不是需要我花很大功夫去整理和连缀在一起的素材，而是一份大致完整的自我分析以及对一代革命者的叙述。

这部传记出版后在中国拥有数百万的读者，它还被翻译介绍到所有殖民地国家。

毛对传记的作者的影响被作为我的部分经历写入书中。[13]

斯诺自传中的这段文字，告诉我们一个极其重要的信息："毛带来了他本人写的提纲。他给我的不是需要我花很大功夫整理和连缀在一起的素材，而是一份大致完整的自我分析以及对一代革命者的叙述。"由此可见，斯诺笔录的《毛泽东自传》的内容是真实可信的，斯诺本人也

[12]《亲历与见闻——黄华回忆录》，黄华著，世界知识出版社2007年8月版，第25—27页。

[13]《复始之旅》，埃德加·斯诺著，宋久、柯楠、克雄译，新华出版社1984年8月版，第196页。

[图1.8]
本书作者和全国人大常委会原副委员长、原外交部长黄华合影。左图为黄华夫人何理良亲笔签名赠送的《亲历与见闻——黄华回忆录》。

是知道《毛泽东自传》出版后在中国拥有数百万读者。更重要的，我们从这里可以看到，《毛泽东自传》中的部分内容不排除是由毛泽东本人亲自动手撰写或提供写作提纲的。毫无疑问，这为斯诺写毛泽东的"自传"奠定了基础。

一九七一年八月，斯诺重新修改增订了英国鹈鹕出版社一九六八年二月版的《红星照耀中国》，该版于一九七二年出版。应该说，这是斯诺生前最后修订的最完善的《红星照耀中国》，它的中文版一九九二年一月由李方准、梁民合译，张葆霖校，河北人民出版社出版。[图1.9~图1.11]

在此书的《译者前言》中，我们可以看到，斯诺在一九三七年英国伦敦戈兰茨公司初版之后，又于一九三八年在美国兰登出版社再版，增写了第十三章。之后，他又在一九四四年、一九六八年和一九七一年分别作了重要修订和完善，但《毛泽东自传》部分的内容依然保持了原貌，没有改动。斯诺在该书附录的《人物注释·毛泽东》中这样写道：

本书第四章"一个共产党员的来历"记述了毛泽东自己所讲的他四十三岁以前的经历。我向毛泽东提出了许多关于他本人、党的历史和他自己领导地位的问题。其中个人的问题是可以作为参考的框架，在记述中有许多倒叙和提前的记载，各种各样的问题随着广泛的询问不断地引出甚至离题。我将日记做了大量的全面的整理，然后将初稿交给吴亮平全部译成中文，毛泽东阅读后又修改、增删。这份手稿又由我和吴亮平再次译成英文，然后又译成中文，毛对正文又做修订，我和吴先生便翻译成英文定稿。

一九三六年底，我从西北返回北京后，很快就写完了日记。我将自己写的新闻报道和杂志报道（大约二十二篇）送给一些中国教授，他们将这些报道译成中文并汇编成册以《中国西北印象记》一名出版（属半合法性质）。一九三七年七月，我又将《红星照耀中国》的全部抄稿给了一些教授，他们偷偷运到上海（日本人已经占领了北京），在那里他们组织了一个翻译小组加速进行出版工作。他们都是救亡协会的爱国成员，我将翻译版权给他们，所得报酬也给了中国红十字会。他们译成后定名为《西行漫记》，这是有关毛泽东谈话的惟一有权威的中文译本。

后来，各种章节传记从《红星照耀中国》一书中被大量地翻印，又用英文和中文汇成小册子重印发行。其中有一种是在广州"真理图书公司"出的题为《毛泽东自传》，其中省去了我自己的插话、有关问题和评论的部分。一九四九年，同一家公司在香港又出版了英文的小册子，上面冠以"埃德加·斯诺口述"、"唐思深（译音）校注"，这个人我并不认识。一九四九年用中文出版的小册子包括大量脚注，大概是指导读者去理解英文的原文。书中的中国人名字有的正确，有的不正确。"校注者"加上了不少错误（唐先生将"步行"解释为"践踏"，"桃子"为"梨"、"战斗性"就是"军事力量"等等）。

一些美国学者明显地接受了广州的翻印本《毛泽东自传》，或者其他的中译本，并将它们视为《红星照耀中国》

[图1.9]
《红星照耀中国》，英国戈兰茨公司1937年10月版。

[图1.10]
《西行漫记》，董乐山译，生活·读书·新知三联书店1979年12月版。

之外的"新资料"。

一九六〇年，我在北京时，毛泽东告诉我说，他从没有写过"自传"，有关他生平的故事只有他向我说的那一种。而这些没有一件事包括在他的正式著作里。毛并且说他不打算写自传。

长征结束后，红军的全部档案都装在毛泽东窑洞的两只箱子里。他对我讲的细节几乎全凭记忆，而人的记忆并不是完善的。除了无意识（或故意）省略外，他在名字和日期上的回忆也出现了一些差错。另外，毛泽东讲话是南方（湖南）口音，北方话里的"hu"音变成了"fu"，"shi"成了"si"等等。现在中国许多著名的共产党领导人的姓名在当时都鲜为人知，而我又总是用中文字记下每个人的名字。当我在远离"红区"之外的北京着手音译时，我常常找不到确切的对应字，甚至在有政治经验的中国人帮助下也不能很好地完成这份事情。由于得益现在可以利用的研究文献这一便利条件，我已改正了一些错误；但是正文中仍然会有其他错谬，这一点并非没有可能。

除了上面提到的或在注脚里有一些较小的更正外，我将毛泽东个人的回忆保存原貌，没有进行改动。但在一些注释里，我试图将他的叙述的有关事情尽可能提供更广泛的背景或加以强调，这里有关毛泽东的合作者或对手的传记资料对解释所发生的事情可能也有帮助。[14]

这段文字是斯诺在一九七〇年八月至一九七一年二月访问中国之后，回到日内瓦于一九七一年八月修订鹈鹕版《红星照耀中国》时增补的。其中，斯诺再次强调了毛泽东亲自修改过有关他生平"自传"部分的文字。

值得一提的是，斯诺在进入陕北的时候，并不是像斯诺在《红星照耀中国》中所说的、直至今天许多人依然误认为他是"千里走单骑"，独自进入苏区的，事实上他是和乔治·海

[14]《红星照耀中国》，埃德加·斯诺著，李方准、梁民合译、张葆霖校，河北人民出版社1992年1月版，第437—439页。

德姆博士（马海德）一起去的。因为在当时特殊的政治环境下，马海德为了保护自己不便暴露身份，要求斯诺不要在其作品中公开他的名字。所以，在《红星照耀中国》一书中，我们看到的只是斯诺一个人去访问陕北红军和毛泽东的。

在斯诺前往陕北保安采访毛泽东的时候，本来有一位姓马的年轻人作为他的随从译员。海伦·斯诺说：这个姓马的中国青年"他是个左派，聪明的青年人，我想他可能在宋哲元那里有工作，或者是类似这样的人。他后来不肯去那里了，去了别处（我认为他去了四川）。我请王汝梅（黄华）急速去与埃德加会合，共同启程，记得我把家里的所有钱都给了他，做他的旅费，他还必须放弃毕业考试"。

这位姓马的青年是谁呢？

笔者认为，海伦·斯诺提到的这个姓马的青年，就是斯诺在《西行漫记》第一篇第二节《去西安的慢车》上提到的那个青年旅伴——"那个青年很快就跟我攀谈起来，先是客套一番，后来就不免谈到了政治。我发现他妻子的叔叔是个铁路职员，他是拿着一张免票证乘车的。他要回到离开七年的四川老家去。"随后斯诺跟他在火车上公开谈起了红军。显然，斯诺在这里采用了写作技巧，把随身译员故意写成萍水相逢的旅伴了。而黄华却是在稍晚些的时候，从内蒙古绕道进入陕北的，并跟随斯诺访问了毛泽东和红军前线的将士。黄华因此和吴亮平一起成为当时毛泽东向斯诺口述"自传"时的翻译者和见证者。吴亮平一九七九年回忆说："关于毛泽东个人革命经历部分，斯诺按照毛泽东的要求整理成文，由黄华译成中文，经毛泽东仔细审阅后做了少数修改，交黄华照改后退给斯诺。"黄华功不可没。

[图 1.11]
《红星照耀中国》，李方准、梁民合译，河北人民出版社 1992 年 1 月版。

斯诺红区报道最早中译本
《外国记者西北印象记》的翻译出版

THE AUTOBIOGRAPHY OF
MAO TSE-TUNG

　　笔者策划编辑校订的新版《毛泽东自传》于二〇〇一年九月由解放军文艺出版社出版后，有人在报纸上公开发表文章说："斯诺在写出《红星照耀中国》初稿后，曾将其中不少片断，先在国内外英文报刊上发表。这是为了扩大他所写的内容的影响，是为了向全世界介绍中国共产党领导的革命根据地的真相，同时也使自己声名远播，他还需要稿酬补贴自己的生活。"同时认为，"斯诺在众多报刊上发表《红星照耀中国》的片断，国人译成中文，编成《外国记者中国西北印象记》《二万五千里长征》《中国的新西北》等，都不是斯诺的意图，而是当时的革命者为宣传革命、或书商为赚钱，才编译出版这些书的。《毛泽东自传》和这些书完全一样。"[15]笔者认为，这种观点是不准确、不科学的，也是不尊重历史的。

　　首先谈谈翻版书的问题。晦庵先生（即著名作家唐弢）在其名著《书话》中，十分积极地肯定了当时有进步思想的"翻版书"的"战斗作用"。他说："使我感受最深的，是红军长征到达延安以后，由于反动派的严密封锁，当时延安出版的书刊，在白区就很难看到。抗日统一战线成立，国民党表面上联合对外，其实反共行为变本加厉。一九三八年三月国民党中央宣传部印发的《战时宣传纲要汇编》里，就已经说什么'暴日正在国际间宣传中国赤化，以铲除赤化为其武力侵略中国之理由'，因此必须'根绝

[15]《〈毛泽东自传〉有必要重印吗？》，原载《中华读书报》2002 年 4 月 24 日，作者倪墨炎。

[图 1.12]

1937 年 3 月出版的《外国记者西北
印象记》封面。王福时藏品。

[16] 《书话》，晦庵著，北京出版
社 1962 年 6 月版，第 54—55
页。

[17] 王福时，笔名王爱华，时系东
北流亡学生，辽宁抚顺人，
1911 年 10 月出生。其父王卓
然曾任张学良将军的重要文职
助手，东北大学代校长。1928
年王福时初中毕业后入南京陶
行知先生创办的晓庄师范读书。
1931 年九一八事变后回东北农
学院读书，参加过反日示威，
并在学校办壁报《拓荒者》。
不久举家流亡北平，在燕京大
学借读，参加"反帝大同盟"，
主编墙报《今日与明日》。
1932 年考入清华大学，插班社
会学系二年级就读，1935 年毕
业，在校期间曾撰文欢迎红军
北上抗日。1936 年 12 月西安
事变爆发时，他主编印刷小报
《公理报》，报道西安事变的
真相。在清华大学读书期间，
王福时与埃德加·斯诺夫妇结
识，并成为斯诺夫妇在当时北
平盔甲厂 13 号大院的常客。斯
诺就是在这个时候将自己在中
国"红区"采访稿件的英文稿
交给王福时等人翻译，出版了
《外国记者西北印象记》的。
1937 年 4 月，王福时又陪同斯
诺夫人海伦·斯诺访问延安，
受到毛泽东接见，并在返回北
平后在北平中国地下党刊物《人
民之友》上发表了毛泽东谈话
记录稿《告北方青年书》。王
福时在反右运动中遭伤害，平
反后曾在中国大百科全书出版
社工作，1993 年离休后曾移居
美国旧金山，2004 年底回北京
定居。2011 年 7 月去世，享年
100 岁。

[图1.13]
本书作者丁晓平和王福时先生在一起。王老并赠其《外国记者西北印象记》新版《前西行漫记》。

赤祸'，'辨明我国绝无赤化危险'。敌人说不该这样做，此辈就奉命惟谨，乖乖的不敢这样做。投降嘴脸，自己画得如此分明，真可谓说是无耻之尤了。紧接着这个所谓'指示'，蒋介石又屡次颁发'密令'，于一九三九年二月制定'防止异党活动办法'，八月制定'处理异党问题办法'，十月制定'处理异党问题实施方案'，而所谓'审查法规'、'审查手册'等等，也就一连串的出现。直到皖南事变发生，反共便达到新的高潮。说实在话，当时住在大后方和敌占区的人，能够了解一点真相，知道一点解放区的情形，很大一部分就依靠翻版书。只要有一册漏网，立刻能化身百亿，广泛地在人民中间流传。"而像《毛泽东自传》这样的畅销书自然是翻版书的热点，"在蒋介石严密封锁下，这类翻版书曾经被看作革命的火种，在黑暗里点燃起真理，有作用，有功劳，因而也有可取的地方。条件不同，评价有别。"[16]

事实上，斯诺并不是"在写出《红星照耀中国》初稿后，曾将其中不少片断，先在国内外英文报刊上发表"的，而是一边写作一边陆续在中国、美国的不同报刊上发表了一系列访问"红色中国"的新闻特写，如：上海鲍威尔主编的《密勒氏评论报》、上海的《大美晚报》、英国伦敦的《每日先驱报》、美国的《纽约太阳报》以及斯诺自己在北平主编的《民主》杂志等，然后才将各篇结集，以《红星照耀中国》为名集中出版的。

因斯诺记忆有误，上述引文中斯诺提到的《中国西北印象记》一书，其真名叫《外国记者西北印象记》，它是斯诺一九三六年陕北之行采写的中共和红军报道的最早中文译本，可以说是《红星照耀中国》的"雏形本"，但其中没有收入《毛泽东自传》和《长征》两个最为核心的篇章。[图1.12]

斯诺说"我将自己写的新闻报道和杂志报道（大约

二十二篇）送给一些中国教授"，其实也并非是"教授"，而是他的中国青年大学生朋友王福时[17]、郭达[18]、李放[19]和李华春[20]等人。

这里又有一段鲜为人知的故事。

一九七九年四月十二日，海伦·斯诺在写给王福时的信中说："埃德加的书里出现错误的问题，可能是他没有能记住某些人确切的头衔和所发生的事情。他总是很忙，没有多加注意中文翻译……你说埃德加的书第一个中文译本《外国记者西北印象记》的发表日期是一九三七年三月至四月，知道了这一点我很高兴。我想埃德加可能把你称作'教授'了，因为他忘记是把文章交给谁发表的。我记得你和埃德加的秘书郭达在做这个工作。过了这么多年，埃德加忘掉了许多事情，在他回到美国后所写的书里有许多错误，那时他还同时写有关欧洲和其他题目的文章。他对一九三六年是如何安排去保安的，也多少有点混乱。俞大卫[21]也参加了这件事的安排，还曾征求其他人的意见。我有大卫提到这件事的信，信上说，曾把这件事告诉了当时在天津的第一号人物，这是指刘少奇。"

《外国记者西北印象记》这本书当年又是怎么出版的呢？而且为什么能早在一九三七年三月就翻译成中文出版了呢？

从出版时间上看，《外国记者西北印象记》比上海文摘社、黎明书局出版的汪衡译本《毛泽东自传》早了七个月，比一九三七年十月英国伦敦戈兰茨公司出版的《红星照耀中国》早了六个月，比一九三八年一月在美国纽约兰登书屋出版的《红星照耀中国》早了九个月，比上海复社一九三八年二月出版的《西行漫记》早了十个月。

但是，《外国记者西北印象记》并没有收入《毛泽东自传》和《长征》。这又是为什么呢？

二〇〇五年至二〇〇七年间，笔者多次与《外国记者

[18] 郭达，1909 年生于湖南湘潭，1914 年随父母迁居北京，1927 年毕业于北平财政商业学院，后到燕京大学工作。1930 年加入中国共青团，次年加入中国共产党。曾任北平左翼文化总同盟党团书记、中共北平市委宣传部长，主编文总刊物《今日》。后因叛徒出卖遭国民党特务逮捕入北平第一模范监狱，4 年后获释。1937 年经王福时介绍担任斯诺秘书，参与翻译了《外国记者西北印象记》斯诺与毛泽东对话的部分文稿。1939 年 7 月到香港协助斯诺夫妇工作，1940 年 4 月随斯诺前往菲律宾碧瑶，一直是斯诺的得力助手，1938 年 1 月 24 日，斯诺曾在上海复社中译版《西行漫记》的作者序言中说："最后，我得感谢我的朋友许达，当我在北平最不稳定的状况下，写这本书的时候，他曾经跟我一块儿忠诚地工作。他不仅是一个第一流的秘书和助手，而且他是一个勇敢的出色的革命青年，现在正为他的国家奋斗着。他译出了这本书的一部分，我们原打算在北方出版，可是战事发生之后，我们分了手了。后来别的几位译者起首在上海翻译这本书。现在这本书的出版与我无关，这是复社发刊的。据我了解，复社是由读者自己组织起来的非营利性质的出版机关。因此，我愿意把我的资料和版权让给他们，希望这一个译本，能像他们所预期的那样，有广大的销路，因而对于中国会有些帮助。"此处的许达，即郭达。1979 年 4 月 12 日，斯诺第一任夫人海伦·斯诺致信王福时说："埃德加为什么把郭达叫许达，可能是为了避免暴露身份。我记得早些时候他也这么做的，那时暴露任何人都很危险。我确信埃德加知道那是郭达，他只是不想公开暴露他。"

西北印象记》主要翻译者、出版者、九十高龄的王福时老
先生见面，对该书和《毛泽东自传》一书的翻译出版作过
深入交谈。[图1.13]

当埃德加·斯诺从陕北苏区采访回来后，先后在美国
驻北平大使馆、燕京大学、"扶轮国际"北平分社、北京
饭店、北平华语学校、协和教会和美国外交官谢伟思家中
演讲，这些演讲报告也深深打动了北京大学、清华大学等
青年学子的心，许多进步爱国青年也向往着苏区。于是，
他们按照斯诺提供的路线，扮成阔少爷、富小姐的"春季
旅游团"，先后两次成功地组成北平学生访问团奔赴延安
访问。斯诺还在家中接待了一批又一批爱国青年和进步学
生，王福时、郭达、李放和李华春等人就是斯诺家中的常客。

王福时老人告诉笔者："我是在清华毕业后结识斯诺
夫妇的，常和一部分学生到他们家议论时政，我还将郭达
介绍给斯诺当秘书。双十二西安事变后，我主持发行油印
《公理报》，介绍西安事变真相，欢迎红军北上抗日，更
是常去他们家探听消息。一九三六年十月斯诺访问陕北回
来，很快将整理出来的一部分英文打字稿交给我，斯诺夫
人从旁协助，忙着外面冲印照片。她在一九三七年给我的
信中回忆道：'当时我自己也是把所有的时间用在整理埃
德加一切的笔记、照片说明文字、会谈记录等上面。'我
拿到了稿子，意识到这批新闻报道稿十分重要，应该尽快
发表。时间紧迫，便组织斯诺的秘书郭达、《外交月报》
工作人员李放和李华春立即翻译。大家通力合作，争分夺
秒，常常是边翻译边排版边校对，交叉进行。在《东方快
报》的印刷工人积极配合下，按时完成了印制工作。后来，
海伦·斯诺在一封信中对此也做了描述：'你是我们在那
些日子里所从事的事业的伙伴，我们当时都认识到不能浪
费一秒钟，后来证明这样是对的。当时每一件事都关系到
生死存亡。'"

[19] 李放，原名李春芳，广东人，1934 年毕业于东北大学理学院，九一八事变后流亡北平，曾在东北外交委员会主办、由王福时父亲王卓然主编的《外交月报》工作，《外国记者西北印象记》主要译者之一。解放后在沈阳 1447 研究所工作。

[20] 李华春，生卒年月不详。时系东北大学学生，流亡北平后参加王福时父亲王卓然主办的《东方快报》工作，参与了《外国记者西北印象记》一书的翻译出版和发行工作。据说牺牲在抗日战场前线。

[21] 俞大卫又名俞启威，即黄敬，1932 年加入中共，新中国成立后历任中共天津市第一任市委书记、市长，第一机械工业部部长等职。

显然，和后来用《西行漫记》这个隐讳的书名一样，王福时、郭达等人采用了《外国记者西北印象记》，也是为了躲避白色恐怖的袭扰。而作为该书的发起者，王福时不仅担当主编，还得充当协调人、组织人、编辑、合译者和出版者的多重角色，他回忆说："为了保证这本书的安全出版发行，我们也费了一番心思，封面没有指明作者是外国记者施乐。书名用《外国记者西北印象记》，避开了当时敏感的'陕北''保安'。第一篇文章的标题《毛施会见记》，而未用'毛泽东和斯诺会见记'，出版社则有意署名'上海丁丑编译社出版'，避开了北平。"而对于该书的封面设计，王福时也动了脑筋，封面"选用一张陕西少女统一战线舞的照片，意在衬托这本书的主题，动员全中国人民起来抗日"。

施乐是斯诺在北平燕京大学任教时，以"好善乐施"之意，给自己取的中文名字，为此他还曾专门镌刻了一枚阴文印章。他的夫人海伦·斯诺（笔名尼姆·威尔斯）也曾取中文名"宁谟"，并篆刻阳文印章一枚。[图1.14-图1.15]

在斯诺夫妇的帮助下，王福时等人经过两个月的努力，《外国记者西北印象记》于一九三七年三月在北平顺利地秘密出版。全书共三百页，包括三十四幅照片，首次在中国公开发表了毛泽东的诗词《七律·长征》、斯诺拍摄的毛泽东头戴八角红军帽的照片和十首红军歌曲，还配有红军长征路线示意图，共印刷五千册，向北平各图书馆、各大学、进步团体和爱国人士广为散发。同年四月、十一月间，上海和西安等地，就出现了此书的翻印本。

其实，《外国记者西北印象记》翻译收入了斯诺刚刚采写完成的一部分"红区"报道，仅仅包括后来出版的《红星照耀中国》书中五十七节中的十三节，约为五分之一。但《外国记者西北印象记》中，也有近一半的内容是《红星照耀中国》里所没有的。

《外国记者西北印象记》主要内容有《毛施会见记》[22]、斯诺回北平后的演讲稿《红党与西北》，以及采访纪实《红旗下的中国》，同时收入了毛泽东与史沫特莱的谈话《中日问题与西安事变》、美国作家韩蔚尔（即诺曼·汉威）写的《中国红军》

[图1.14]
埃德加·斯诺及中文名
"施乐"（斯诺的谐音）
印章。

[图1.15]
海伦·斯诺，笔名尼姆·威尔斯，及中文名"宁谟"印章（尼姆的谐音）。著有《续西行漫记》等有关中国的著作10余部。

[图1.16]
《随军西行见闻录》，廉臣著，
1936年7月版，64开。

[图1.17]
《红军长征随军见闻录》，廉
臣（即陈云）著，上海群众图
书公司1949年6月版。

[22] 此篇主要内容为毛泽东和斯诺
于保安的六次谈话，即：1936
年7月15日关于"外交"的谈
话、7月16日关于"论日本帝
国主义"的谈话、7月18日和
19日关于"内政问题"的谈话、
7月23日关于"特殊问题"的
谈话、9月23日关于"论联合
战线"问题的谈话。

[23] 此文摘录自巴黎《救国时报》，
作者廉臣即陈云。这是中国人
最早写长征的著作之一，1936
年曾出版单行本图书，后收入
《陈云文选》。此文假托一名
被俘国民党医生的口吻，详细
描述了作者从江西苏区到贵州
遵义的长征途中红军领导人、
士兵的生活和战斗故事。《救
国时报》是李立三在莫斯科主
编，将纸样分别运到巴黎和中
国国内印刷发行。详细情况可
参见笔者著作《世界是这样知
道长征的：长征叙述史》一书。

《中国红军怎样建立苏区》《在中国红区里》等三篇有
关川陕苏区和红四方面军的见闻，并附录了署名"廉臣"
（即陈云）的《随军西行见闻录》[23]。［图1.16-图1.17］

　　二十世纪三十年代的北平，还没有什么出版社，在印
刷技术落后、物资匮乏的情况下，《外国记者西北印象记》
这本既有插图，又有歌谱，长达三百页的图书之所以能快
速出版发行，除了斯诺夫妇"不仅无偿供给书稿和资料外，
还给予经济赞助，并提供一部分纸张"，更主要的还是因
为王福时是《东方快报》印刷厂厂长、外交月报社主持人
王卓然（九三学社创始人之一）的儿子。因此，从工厂经
理到车间主任，以及每一个工人，都非常积极，也十分安全。

[图1.18]
海伦·斯诺（右一）在延安采
访毛泽东（左三）。

《东方快报》实际上是张学良赞助的，印刷厂的厂址就在北京府右街中南海的西门院内，照片的制版则是在虎坊桥一家商店制作的。

一九三七年四月，王福时陪同斯诺夫人海伦·斯诺访问延安，带去了一柳条箱的《外国记者西北印象记》。毛泽东在延安会见海伦·斯诺时，作为翻译的王福时就将这本刚刚出版的《外国记者西北印象记》，当面呈送给了毛泽东。[图1.18]王福时清楚地记得："在场的黄敬说，那时他们本来也想出一本类似的书。我和陈翰伯在延安停留了十多天，回西安的路上同萧克将军搭同一辆车。我也把此书送给他一本，他对红军长征路线图看得特别仔细。"

回北平后，王福时在中国地下党刊物《人民之友》上发表了《抗日民主与北方青年——毛泽东氏与北方青年的谈话》。一九三七年八月的《救国时报》转载了此文。

更令王福时感到自豪的是，后来《毛泽东选集》收入《论持久战》一文时（见《毛选》第二卷第443-446页），毛泽东在引用他与斯诺关于中日战争问题谈话的内容时，专门说明引自"斯诺：《西北印象记》"（原文如此）。因此，毫无疑问，《外国记者西北印象记》是毛泽东和在延安的中共领袖看到的斯诺的第一本书。

王福时告诉笔者，《外国记者西北印象记》中的插图说明文字几乎都是斯诺先生亲自写的。其中在毛泽东头戴红星八角帽的戎装照下，斯诺这样写道：

毛泽东——苏维埃的巨人。他是红党的最高领袖，一九三四年被举为苏维埃主席。毛氏在一八九三年生于湖南一贫家，其经历与性格颇类似林肯，最初在农家雇工，因奋斗的结果，长沙师范读书，后入北京大学，与李大钊相识，参加国民革命，为当时国民党中委。国共分家后，遂转战华南各省，从事扩大苏区运动。其为人宽大、诚恳、

[图1.19]
《中国的新西北》，1937年版。

[24] 上海群众图书公司发行，1949年6月版。封面署名美国记者。正文署名美国施乐（即斯诺）。该书内容与《外国记者西北印象记》基本相同。有意思的是在该书扉页的背面印有一个启事，"征求战时版本书一册"，说："本书于抗战时期，已印行一次，嗣以国军后撤，文化事业，受敌人之侵略，所有存书，全部焚毁，纸型保存不易，被鼠咬坏，几段字迹不明，原书一时无法找寻，所以不克补排，对爱读本书者，很为抱歉，但从前已有一部分留传在外，本书读者，如有保存战时版本，乞惠寄敝编辑部，俾得再版时补排完善，无遗漏残缺之憾，那末不特出版界之幸，亦喜欢本书读者的幸事！寄到战时版本书之第一人，酬本书市价十倍之书籍，或现金。其次到者，第二名至第十名，除原书奉还外，各赠鲁迅先生著集外集一册。"

[图 1.20]
《中国的新西北》，1937 年 5 月版。

[图 1.21]
《中国红区印象记》，上海群众图书
公司 1937 年版。

颇富民主精神及对弱者之同情心。毛氏自奉甚简，衣食住皆与士兵同，中央曾悬赏二十五万元捉之，他此次领导了有名的长征，可见其军事天才殊不下于其政治经验也。

《外国记者西北印象记》一书，当年虽然没有像《毛泽东自传》和《西行漫记》那样畅销，但也很快流传于大江南北，天津、上海、陕西等地都出现了假借"陕西人民出版社"和"上海群众图书公司"出版的多种不同的翻印本，有的将书名改为《中国的新西北》，有的将书名改为《中国红区印象记》[24]出版，但都被国民党政府列为禁书，禁止销售。[图1.19-图1.21]正如海伦·斯诺在一九七九年四月写给王福时的信中所说的："这是一次真正的美中合作"，"你

[图1.22]

《外国记者西北印象记》新版，改名
《前西行漫记》，解放军文艺出版社
2006 年 8 月版。右图为黄华、凌青、
苏菲（马海德夫人）、柴泽民、王福
时及斯诺的亲属为本书作者丁晓平的
签名。

所出版埃德加的中译本书，在中国如同闪
电一击，使人们惊醒起来。"

对于王福时这位第一个翻译斯诺《红
星照耀中国》"雏形本"的中国人来说，
最大的遗憾莫过于当时没有翻译《毛泽东
自传》了。他告诉笔者："对斯诺的报道，
我们在初版的中文节译本中没有毛主席口
授而写成的有关毛主席自传的几个章节，
以及关于长征的那一章。毛主席的自传在
印单行本时，就成了畅销书。"

当我问他当年为什么没有翻译《毛泽
东自传》时，他笑着说："当时斯诺先生
采访回来后，采写了很多材料，需要重新
整理写作。我们当时翻译出版《外国记者
西北印象记》时，斯诺先生还没有完成毛
主席自传这个部分的写作。但我知道，斯
诺先生一开始确实没有想把毛主席自传作
为他的书稿的一部分，是海伦·斯诺的坚
持，斯诺才虚心地接受了这个重大的建议，

把毛主席的自传收入《红星照耀中国》。
汪衡是翻译《毛泽东自传》第一人。"

但王福时等人翻译的《外国记者西北
印象记》一书收入的《毛施会见记》的五
次谈话，《红星照耀中国》中并没有全部
收入。而汪衡译本《毛泽东自传》也只收
入了其中的《毛泽东论中日战争》，即
一九三六年七月十六日毛泽东和斯诺关于
"论日本帝国主义"的谈话。

二〇〇六年八月，《外国记者西北印
象记》一书改名《前西行漫记》重新出版，
王福时老人亲自签名寄赠笔者。因为我策
划编辑重版了《毛泽东自传》，令旅居美
国的王福时老人十分高兴，并由此开始重
新出版《外国记者西北印象记》的计划。
阴差阳错，当我二〇〇三年知道这个消息
的时候，因种种原因没有及时与远在美国
的他联系上，但他通过关系找到了我供职
的解放军文艺出版社，夙愿终于实现了。
这也是我们共同的愿望。[图1.22]

毛泽东不仅读过《毛泽东自传》
而且非常认可这本"自传"

THE AUTOBIOGRAPHY OF
MAO TSE-TUNG

斯诺说："一九三六年底，我从西北返回北京后，很快就写完了日记。我将自己写的新闻报道和杂志报道（大约二十二篇）送给一些中国教授，他们将这些报道译成中文并汇编成册以《中国西北印象记》一名出版（属半合法性质）。"由此可见，这是斯诺本人的意愿，既不是他为了赚稿费，也不是"书商为赚钱才编译出版这些书的"。而"当时的革命者为宣传革命"编译出版此类书籍，更可谓是一种高尚的革命行动。毫无疑问，正是因为有了这些革命者或进步人士不惧威胁甚至冒着生命的危险，在当时白色恐怖之下翻译出版《毛泽东自传》《外国记者西北印象记》和《西行漫记》这些图书，中国革命才如此深入人心，赢得全国人民的支持和世界人民的同情，最终取得伟大的胜利。

斯诺说："一九三七年七月，我又将《红星照耀中国》的全部抄稿给了一些教授，他们偷偷运到上海（日本人已经占领了北平），在那里他们组织了一个翻译小组加速进行出版工作。他们都是救亡协会的爱国成员，我将翻译版权给他们，所得报酬也给了中国红十字会。他们译成后定名为《西行漫记》，这是有关毛泽东谈话的唯一有权威的中文译本。"可见，斯诺并非是为了赚稿费补贴自己的生活。他在这段话中所讲的"教授"是指上海复社的胡愈之等人，所言《西行漫记》就是一九三八

1938

年二月年由上海复社出版的《红星照耀中国》的第一个中文版。[图1.23-图1.26]

从出版时间上来看，上海文摘社一九三七年十一月一日初版、二十日再版的汪衡译本《毛泽东自传》，即笔者策划编辑校注、二〇〇一年九月由解放军文艺出版社新版之母本，正是在《外国记者西北印象记》和上海复社版《西行漫记》两本书出版之间诞生的。这个版本的《毛泽东自传》斯诺本人是没有见过的。其时，斯诺和夫人海伦·斯诺正在上海。这不能不说是一种遗憾。一九三七年九月下旬，斯诺是在迎接从延安采访归来的海伦离开西安后，先在青岛疗养了半个多月，于十月九日来到上海采访第二次淞沪抗战（淞沪会战，1937年8月13日—11月12日）的。此后他们长时间居住在上海，并与路易·艾黎一起组织了"中国工合运动"。

斯诺说，他看见过广州真理图书公司出版的《毛泽东自传》。经笔者考证，的确有真理图书公司出版的《毛泽东自传》，出版地点署名"坎顿"。其实，"坎顿"就是广州。在新中国成立前，广州的英语翻译作 Canton，音译即"坎顿"。[图1.27]

[图1.23-图1.26]
《红星照耀中国》中译本《西行漫记》，上海复社1938年3月版，胡愈之、王厂青等译，32开，536页。有精装和平装两种面世，其中精装印刷3000册。

[图 1.27]

广州真理图书公司出版的《毛泽东自传》。

　　显然，斯诺当时知道有《毛泽东自传》单行本图书在中国出版，但他没有看见最早的汪衡译本《毛泽东自传》。必须说明的是，斯诺并不知道《毛泽东自传》最早的中文版是在《西行漫记》翻译出版之前，就已经在上海由汪衡翻译出版，并不是像他所说的"后来，各种章节传记从《红星照耀中国》一书中被大量地翻印，又用英文和中文汇成小册子重印发行"的。实际上，中文最早发表的《毛泽东自传》是从美国出版的英文杂志 ASIA（《亚细亚》）月刊上直接翻译过来的，对此后面还要详细叙述。

　　斯诺在一九六二年出版的著作《大河彼岸》的《序言》中说：

在此值得一提的是，我在中国可以说是知名人士，因为我是第一个冲破"国共内战"的屏障而获得与毛泽东、周恩来和其他中国红军领袖会面与拍照的外国人。那是二十五年前（即一九三六年）的事了。其后一年，为了组织起抗日战争的统一战线，共产党和蒋介石控制下的国民党提出了停火协定。当时我是伦敦《每日先驱报》和《纽约太阳报》的特派记者。我的报道还先后刊登在《生活》杂志和《星期六晚邮报》上，后来我还当上了《星期六晚邮报》的国外记者，然后又当了多年的助理编辑（**应为副总编辑。——引者注**）。

毛泽东亲自向我讲述了他本人的事迹，并且向我叙述了到那时为止的中国共产党革命史，这些情况都已经记叙于一九三七年出版的拙著《西行漫记》[原名《红星照耀中国》(Red Star Over China)] 中。此书英文版尚未发行时，中译本已经面世，并且首次向中国人民提供了有关中国共产党的真实消息。当年的年轻读者今天重逢时，很多已经是中国第二级或第三级的领导人。[25]

可见，斯诺再次肯定了《红星照耀中国》的中文版其实比英文版出版得要早。显然，这里所指的中文版并不是上海复社胡愈之等人组织翻译的《西行漫记》，笔者认为应该是王福时等人翻译的《外国记者西北印象记》。

其实，斯诺在公开的场合和他的著作中曾多次提到过毛泽东的"自传"。而斯诺之所以抱着"拿一个外国人的头颅去冒险"的信念，冒着生命危险去陕北红区采访，其中最主要、最重要的目的之一，就是去采访毛泽东，为毛泽东写一本书。

大约在一九三四年二月，斯诺读到了史沫特莱送给他的个人著作《中国红军在前进》的小册子，一下子就产生了去采访中国红军的念头。因为史沫特莱并没有亲身去过

[25] 《大河彼岸》，又名《今日的红色中国》，埃德加·斯诺著，新民译，新华出版社 1984 年 8 月版，第 1—2 页。

[26] 《斯诺在中国》，生活·读书·新知三联书店 1982 年版，第 77 页。

[27] 宋黎系"东北大学学生运动的带头人"，他曾为了寻求抗日亲自从西安找到张学良，试图影响张学良和他的军官们，但他遭到国民党特务的逮捕。后来是张学良设法营救了他。在一二·九运动中，宋黎和黄华、张兆麟、黄敬、姚依林等人都是主要学生领袖。

江西苏区，书中所写的内容大多引用的是第二手资料。从此，斯诺就暗暗下定决心，要亲自去被国民党政府封锁的苏区寻找毛泽东、朱德和他们领导的红军，写一本关于红军和毛泽东的书。但斯诺知道，自己连一名红军士兵都没有见过，要写一本书是不可能的。到了一九三五年，因为蒋介石对共产党红军发动了第五次"围剿"，红军被迫转移进行二万五千里长征，他未能成行。

斯诺后来回忆说：

一九三四年，我的出版商（哈里·史密斯，现属兰登书屋）提议同我签一项合同，预付稿费七百五十美元，让我写一本关于中国共产主义运动的书。在一时乐观主义情绪的支配下，我接受了这个提议。但是几个月之后，我开始认识到，连一名"红色"士兵都没有见过，要写这样一本书是不可能的。我想放弃整个计划，因为看不到有访问共区的可能性；虽然我已经收集了许多历史资料，从未亲眼目睹的事情我是不愿意写的。我所代表的英国报纸（《每日先驱报》）对这个题材也感兴趣，它在一九三五年建议资助我作一次旅行，以获得"关于红色中国的真相"。这个建议我也放弃了。然而到去年（一九三六年）五月底，我得到了关于张学良和红军之间达成停战的一些好消息，听说有可能进入陕北的红色地区了。那是具有极大诱惑力的，被封锁了九年的世界性头号新闻。这彻底唤醒了我作为记者的本能欲望。[26]

一九三六年的五月，斯诺是从一个支持并参与"一二九运动"、由西安访问张学良将军回到北平的爱国学生宋黎[27]那里得到可靠消息的——中国红军长征胜利到达陕北后，同在西安的东北军将领张学良将军达成秘密协议，停止内战，一致抗日，陕北被封锁的情形有所改变。这个消息立即唤醒了斯诺访问中国红军的旧梦。

在《复始之旅》中，斯诺回忆说："九年内战使'红色中国'更是成了'未知之地'，我向《纽约太阳报》和《每日先驱报》秘密提议，让我突破对西北共产党控制区周围的封锁，进入红区。两家报纸都赞成我的计划。《每日先驱报》答应负担我此行的全部费用，并且如获成功，还将付我一笔可观的奖金。当时在兰登出版社的哈里逊·史密斯也向我约稿，并预付了少量稿费。由于得到了支持，我便到上海去，再次拜访孙逸仙夫人。请她帮助我，以便红军起码把我作为一个中立者来接待，而不是把我当作间谍。"

说干就干，斯诺立即奔赴上海，找到了宋庆龄。而此时，中共领导人毛泽东、周恩来也从西北向中共在上海的地下组织发来密电，请宋庆龄帮助物色一名客观中立、公道正直，且与共产国际没有任何瓜葛的"诚实的"外国记者和一名医生到苏区考察，以打破国民党的新闻封锁，向世界报道中共和红军的真相。斯诺真可谓幸运。其时，宋庆龄也曾向中共中央、毛泽东推荐史沫特莱，但因为史沫特莱与共产国际有紧密联系，属于左派，且撰写发表过倾向于中共和反映红军的作品，中共中央担心她的报道难以被西方不了解中共和红军的人们所接受和承认，因而没有被选中。经过慎重考虑，中共中央最后同意了宋庆龄推荐的斯诺。就这样，斯诺终于在一九三六年六月踏上了探访"红色中国"的旅程。用斯诺自己的话说，这次行动是"跨越雷池"。

《毛泽东年谱》一九三六年五月十五日记载：毛泽东"在延长县大相寺出席中共中央政治局常委会议，会议讨论国际关系和我党的外交政策问题。毛泽东发言说：现在对国际各国统一战线与国内统一战线问题，我们只能说日本侵略中国，也侵犯了各国在中国的利益。我们同各国的关系，将来可根据双方的利益得到解决，尊重各国的利益。"在张闻天传记史料中，同一天也有相似记载：在陕北瓦窑堡，中共中央收到斯诺通过党的秘密交通送到陕北的采访问题单子。毛泽东、张闻天、博古、王稼祥、凯丰、罗迈（李维汉）、林伯渠、杨尚昆、吴亮平、陆定一等人开会，以"对外邦如何态度——外国新闻记者之答复"为议题，就斯诺提出的十一个问题进行了讨论。随时准备迎接斯诺的到来。由此可见，对斯诺的来访，中共中央包括毛泽东是极其重视的，也是做了充分准备的。

那么，《毛泽东自传》到底是不是毛泽东的"自传"呢？

我们知道，斯诺去陕北采访的主要目的之一就是要为毛泽东写一本书，这本书自然也就是毛泽东的传记。而从他记录的毛泽东生平事迹来看，无论是书名《毛泽东自传》还是内容，毫无疑问正是毛泽东的"自传"。就连他的第一任夫人海伦·斯诺，也多次提到斯诺写的就是《毛泽东自传》。[图1.28]

海伦·斯诺在她的著作《我的中国岁月》中回忆说："据我所知，埃德加唯一挂到墙上去的照片就是他自己拍的那幅著名的毛泽东像。在把埃德加这些材料写成书的时候，我们的日子过得多么忙碌又幸福啊，从哈同照相馆取回照片时又是多么的激动啊。根据姓名和模样，半小时后我就认识了所有那些人物，而且坐下来从埃德加那些零散的笔记中打出长长的、有关这些人物生平的图片说明来……据此他又重写，以便放到书里去。为了酬答我替他打字，他把毛的自传原稿作为礼物送给我了（离婚后，他要求我还给他。他拿回了原稿）。"

海伦·斯诺还曾回忆说，斯诺在写作《毛泽东自传》时，为是否使用第一人称叙述和她还有过争议。斯诺要海伦把毛泽东的生平自述材料删节压缩一下，为他的

[图1.28]
海伦·斯诺（右二）1937年在延安
采访红军将士。

书做些摘要，然后用第三人称把这些摘要
部分重新写进书中。海伦惊呆了，当即提
出异议："这可是经典著作，是无价之作！"
她读了斯诺写下的毛泽东"自传"后，认
为斯诺不仅为自己，也为中国人和全世界，
发现了毛泽东。海伦认为，毛泽东的生平
材料是斯诺访问中共苏区带回来的最重要
的东西，是从毛泽东那里赢得的最高奖赏。
海伦告诉斯诺："毛泽东的生平应该是你
写的书的心脏和脊梁，是精髓，不能改动
原材料，而应用毛泽东亲自叙述的原话，
用第一人称才更完美。你不能改动它，应
该一字不漏地引用才对。"最终，斯诺采
纳了妻子海伦的建议。海伦就特意把毛泽
东的生平自传用打字机一字不漏地打印出
来交给斯诺。因此，在《毛泽东自传》和《红
星照耀中国》两部书中，斯诺写毛泽东生
平的部分用的就是第一人称。

当然，可以肯定地说，《毛泽东自传》
从写作到以连载的形式先后用英文和中文
发表，直到后来《毛泽东自传》这本书的
诞生，或许既不是埃德加·斯诺的初衷，
也不是毛泽东的本意，但《毛泽东自传》
在美国ASIA（《亚细亚》）月刊的发表
和在中国的翻译出版，却确确实实是斯诺
的一个重大收获，而且也得到了毛泽东的
默认。这一点可以在后来《毛泽东自传》
各种版本的大量出版中得到证明。因为这
些不同版本的《毛泽东自传》的出版和畅
销，在当年，毛泽东是知道的。而且，《毛

泽东自传》版本之多、印数之大，也是《西
行漫记》难以望其项背的。

从目前红色收藏界发现的《毛泽东自
传》版本上来看，就在毛泽东工作、生活
和战斗的所在地——延安，一九三七年也
出版了目前最早版本的《毛泽东自传》，
即：一九三七年九月延安文明书局出版的
张宗汉译本《毛泽东自传》，一九三七年
十月陕西延安书店出版的张洛甫译本《毛
泽东自传》。从版权页所署出版时间上
看，这两个版本的《毛泽东自传》都早于
一九三七年十一月一日在上海出版的汪衡
译本。当然，笔者认为，这两个版本应为
翻版书，其出版时间、地点和译者的真实
性都值得怀疑，而且是错误的。对此，本
书在后面还要专门进行详细考证。

其实，毛泽东不仅知道《毛泽东自传》，
也确实读过。毛泽东的表兄文运昌就收藏
了三种版本的《毛泽东自传》，其中有一
种是抗敌救亡出版社出版的，与文摘社黎
明书局汪衡译本基本相同。[图1.29]文运昌
是毛泽东八舅文玉钦（亲舅）的次子，长
毛泽东九岁，一九一〇年毛泽东离开韶山
冲到湘乡东山高等小学堂读书就是他推荐
的，而且给少年毛泽东在思想上带来深刻
影响的《盛世危言》《新民丛报》等书籍
报刊，也是这位表兄借给毛泽东的。

《毛泽东自传》记载："我的父亲要
我在一个与他有关系的米店做学徒。最初
我并不反对，以为这也许是很有趣的。但

[图1.29]
毛泽东表兄文运昌收藏的抗敌救亡出版社版（左）和求学出
版社版等三种《毛泽东自传》。20世纪80年代由其子捐
赠韶山毛泽东纪念馆。

就在这个时候，我听到一个有趣的新学校。
于是不顾我父亲的反对，立志进那个学校。
这学校在我外祖母的县城里。我的一个姨
表在那里当一个教员，他将这个学校告诉
我，并将'新法'学校的变迁情形讲给我
听。那里是不大注重经书的，西方的'新
知识'教授得较多。教育方法又是很'激
进'的……我在这学校里有很大的进步。
教员都喜欢我，尤其是教经书的，因为我
古文作得不错。然而我的志趣并不在经书。
我正在读我表兄送给我的两本关于康有为
改革运动的书。一本是梁启超编的《新民
丛报》。这两本书我读而又读，一直到我
能够背诵出来。我很崇拜康有为和梁启超，
并十分感激我的表兄。"

当文运昌在《毛泽东自传》中看到
"我的一个姨表在那里当一个教员"时，
觉得毛泽东把"表兄"说成了"姨表"，
就非常生气。他在自己收藏的《毛泽东自
传》的这句话旁边写下了一句眉批："一

个鬼在那里当教员！"事实上，毛泽东的姨表王季范当年在长沙任教。此处，毛泽东记忆有误或者是翻译有误。紧接着，毛泽东在"自传"中说："当时我以为他是非常前进的，但后来他变成了一个反革命分子，变成一个劣绅，并于一九二五至一九二七年间的大革命时代参加反动工作。"这令文运昌感到更加生气。

其实，文运昌当年还曾跟随表弟毛泽东在韶山开展过农民运动。大革命失败后，他无法在家乡立足，被迫投奔广东，经熟人介绍曾先后在广东国民党某军第一师师部任咨议和揭阳县枫口警察所任所长。但毛泽东在《毛泽东自传》说他变成了"反革命分子"的话，确实令他非常生气。为此，新中国成立后在北京见到表弟的时候，文运昌当面向毛泽东陈述了《毛泽东自传》中的不实之词。毛泽东略加解释，然后开玩笑说："我们只好到美国去打官司啰！"那意思是说，这是美国人埃德加·斯诺写的，可能是斯诺采访笔录时有误。一九五六年十月，文运昌带着儿子文凤良在北京当着王季范的面，再次向毛泽东提出《毛泽东自传》中的这段话，毛泽东感慨地说："十六哥，我没有把你当反革命看待，如果把你当成反革命，还会接二连三地把你请到我这里来吗？"毛泽东确实没有把表兄文运昌当"反革命"看待，至一九六一年文运昌去世，他曾六次接见这位表兄，每次均以礼相待。文运昌去世，

毛泽东闻讯，哀痛不已，嘱秘书拍了唁电，并寄上人民币五百元作奠礼。

斯诺说："一九六〇年，我在北京时，毛泽东告诉我说他从没有写过'自传'，有关他生平的故事只有他向我说的那一种。而这些没有一件事包括在他的正式著作里。毛并且说他不打算写自传。"因此，有人据此认为这是"毛泽东对《毛泽东自传》这种出版形式的正式否定"。

事实真是如此吗？

我们不妨仔细思考一下，难道毛泽东跟斯诺说"他从没有写过'自传'"，也"不打算写自传"，这就足以证明"毛泽东对《毛泽东自传》这种出版形式的正式否定"吗？恰恰相反，毛泽东是十分认可斯诺写的毛泽东"自传"的。斯诺说"有关他生平的故事只有他向我说的那一种"，也就说明毛泽东不仅非常认可斯诺笔录的《毛泽东自传》，而且是唯一的，是可信的。再说，毛泽东本人从来没有说过否定《毛泽东自传》的话，而汪衡译本《毛泽东自传》出版时，还是由时任八路军上海办事处主任潘汉年亲笔题写的书名，书中毛泽东的题词和插页图片均是中共通过地下组织转交给文摘杂志社发表和出版的。

无论怎样，《毛泽东自传》的问世是否是毛泽东和斯诺的打算或初衷，已经显得并不重要，我们后人也没有必要就《毛泽东自传》这本书的书名——这个在二十世纪三四十年代出版时都没有引起争论的

话题争论下去。因为历史与现实都已经证明，《毛泽东自传》在二十世纪三四十年代的出版与在二十一世纪的重新出版，都比毛泽东和斯诺本人的想象要好得多，且都受到了人民群众的极大欢迎。毛泽东通过斯诺的笔让世界了解了中国革命、了解了毛泽东，也让更广大的中国人了解了这个被新闻封锁长达九年的"红色中国"的真相和被种种谣言包围的中共领袖毛泽东。因为《毛泽东自传》毕竟是伟人毛泽东传记的最早的中文本，也是中国人民看到的最早的毛泽东的传记，而且至今也是毛泽东唯一的口述传略，其"自传"意义不言自明。

诚如当时的译者吴黎平一九七九年所言：毛泽东向斯诺谈了自己的成长过程以及红军的长征经过，"毛泽东的这次叙述，不仅是无比的珍贵，而且是如何对个人成长进行历史唯物主义分析的光辉典范。他没有任何的矫饰，辩证地唯物主义地阐述了自己如何从帝国主义封建主义统治下的中国黑暗旧社会中斗争过来，如何从一个早期不可避免地受到旧社会的旧思想的某些影响的少年成长起来的进程。我们从这里可以看到一个伟大的马克思主义者，中国人民的伟大的革命导师和革命领袖光辉灿烂的发展进程。"

早在一九三七年三月十日，毛泽东在延安就曾专门致信斯诺："我们都感谢你的。"在一九三八年春，毛泽东还亲自对

德国记者汉斯·希伯[28]说："当其他人谁也不来的时候，斯诺来到这里调查我们的情况，并帮助我们把事实公诸于世……我们将永远记得他曾为中国做过一件巨大的工作。他是为建立友好关系铺平道路的第一个人。"

一九三九年九月，斯诺以中国工合组织国际委员的身份第二次访问陕北。毛泽东在延安的一次干部大会上把斯诺介绍给大家，并说斯诺的《西行漫记》是外国人报道世界无产阶级革命最成功的两部著作之一。而该书也真实地成了一个历史预言，红星真的照耀了中国。这也更进一步证明毛泽东在延安是亲自看过《西行漫记》这本书的，而该书中关于毛泽东个人"自传"的部分，他自然也不会不看。再说，《西行漫记》中有关毛泽东个人生平自述部分"一个共产党员的由来"，尽管不是像《毛泽东自传》这样以单行本图书的形式出现，但书中仍然是以毛泽东第一人称口述的方式，且内容完全相同。

一九七九年八月，吴黎平先生在校订毛泽东和斯诺《一九三六年的谈话》一文所写的"前言"中说：《红星照耀中国》"当时在上海出版的中文译本，毛泽东亲自看过，并曾在延安的一次干部会议上提到这本书是外国人报道中国革命的最成功的两部著作之一，对它作了肯定的评价。他说，《西行漫记》是一本真实地报道了我们情况，介绍我们党的政策的书。"[29][图1.30-图1.31]

[图1.30]
吴黎平重新校译的《毛泽东自述》，
人民出版社 1996 年 11 月版。

[图1.31]
斯诺和毛泽东再相逢（1939 年延安）

　　在这本《毛泽东自述》中，我们还可以看到，吴黎平在修订时，专门在《一个共产党员的经历》的标题下做了如下注释：

　　这篇以及下一篇关于红军长征经过的谈话，是在一九三六年十月间进行的，毛泽东就此同斯诺谈了十几个晚上。谈话通常从晚上九点多钟开始，未谈正文之前，毛泽东常谈一二个短故事（斯诺后来在写书的时候说他很遗憾没把这些故事记下来）。谈到十一二点钟时，毛泽东招待他吃一顿便餐，有馒头和简单的菜，菜里有一点点肉，这在当时的困难条件下已是十分难得的了。对客人来说，这是夜宵。但对毛泽东来说，则是正常的晚饭。因为毛泽东为了指挥战争和领导全国革命工作的需要，往往在夜间工作直到凌晨才休息。毛泽东同斯诺谈话时，要我去作翻译。谈话时有正文，也插些故事、闲话，毛泽东的态度是那么平易近人，谈话又是那样生动活泼，逸趣横生，久久不倦。

［28］汉斯·希伯，1941 年 11 月 30 日参加八路军——五师在山东沂蒙大青山的抗日战斗中牺牲，时年 44 岁。

［29］《毛泽东自述》，人民出版社 1996 年 11 月第 2 版。

斯诺常说这是他生平经历过的最可宝贵的谈话。谈话一般都谈到夜间二点来钟。谈话时，斯诺做了详细笔记。斯诺在陕甘宁边区，进行了广泛的采访活动，并曾到前方的部队，最后于一九三六年十一月间离开边区。他返回北平后，以毛泽东的谈话为主干，利用采访所得的材料，写出来《西行漫记》（Red Star over China，直译是《中国上空的红星》一书）。

总之，《毛泽东自传》是由毛泽东口述并亲自修改的自传，这是毫无疑问的历史事实。在二十世纪三十年代，《毛泽东自传》在国内的畅销和《红星照耀中国》在国外的震惊（这个畅销和震惊是同步的！），以及后来中译本《西行漫记》的轰动，均可证明中国共产党和毛泽东成功地打破了国民党的新闻封锁，让中国人民和世界了解了"红色中国"的真相。因为在此之前，"在世界各国中，恐怕没有比红色中国的情况是更大的谜，更混乱的传说了"。而"在斯诺的报道发出之前，对于中国共产党人，特别是他们的领袖毛泽东，不仅苏联人根本不了解，就连中国人自己也完全不知道，更不用说西方了"（海伦·斯诺语）。斯诺也因此成了最了解中国和毛泽东的美国人。

值得一提的是，《红星照耀中国》在出版之前，斯诺为书稿拟了五六个书名，有《陕北的岁月》《红区访问记》《红星在中国》等。在几个朋友的参谋下，最后选中了《红星在中国》这个书名。于是，斯诺把书名写好，请代理人转交给英国伦敦维多克·戈兰茨出版公司时，由于疏忽，把书名抄错了一个词，即把 Red Star in China 写成了 Red Star over China，从而书名改为《红星照耀中国》了。这一字之差，却成就了一个伟大的错误，令斯诺拍案叫好。从此，《红星照耀中国》红遍世界。

《毛泽东自传》在美国 ASIA
（《亚细亚》）月刊的发表

THE AUTOBIOGRAPHY OF
MAO TSE-TUNG

二〇〇一年《毛泽东自传》由解放军文艺出版社重新出版，可谓一石激起千重浪。尤其是在《毛泽东自传》最早版本上，出现了争议。争议的关键问题是在概念上出现了混淆，没有搞清楚单行本图书《毛泽东自传》与《西行漫记》及《文摘》杂志的关系。

有人认为："斯诺虽然在 ASIA（《亚细亚》）上发表毛泽东谈自己生平的四篇文字，副题是'毛泽东自传'，这是为了向读者提示它们的内容，但他决无要写一本《毛泽东自传》的打算。毛泽东与斯诺六次谈话中涉及自己的生平经历，是便于斯诺了解中国的革命，了解他自己，使斯诺便于充实他的通讯报告，决无要口述一部《毛泽东自传》的初衷。因此，斯诺从来没有说过他的著作中有一本《毛泽东自传》，毛泽东也从来没有说过他口述过一本《毛泽东自传》。将斯诺整理出来发表在 ASIA 上的四篇初稿，译成中文，合成一书，名为《毛泽东自传》，是汪衡和黎明书局的事。因此，说《毛泽东自传》是'由毛泽东口述、斯诺记录的自传'，是不合乎历史事实的，是不确切的。"

笔者认为，上述观点是不确切、不科学的。因为《毛泽东自传》这个书名，是在 ASIA 发表时就确定了的，并不是汪衡在翻译时主观任意加上去的，斯诺当年也是认可的，毛泽东更没有提出过任何反对意见。

二〇〇一年十月，时任中央文献研究室第一编研部主任的李捷同志告诉笔者，新版的"这个版本《毛泽东自传》，虽然不是唯一的，但仍然十分珍贵。其重要特点是潘汉年手书的书名"。他说："解放前，关于毛泽东传略的书籍和文章有很多种，其主要来源有两个。一个来源就是美国记者斯诺于一九三六年到保安后对毛泽东的采访。当时，毛泽东曾用很长时间，当面向斯诺谈了自己一生的经历，这是在毛泽东的一生中，唯一一次比较完整地讲述自己的经历。当时斯诺把自己的采访笔录与翻译吴黎平做了核对，并请毛泽东本人作了认可，是比较可信的。"

从图书版本学上来讲，上海文摘社、黎明书局一九三七年版汪衡译本《毛泽东自传》最为珍贵。潘汉年题写的书名是目前发现的唯一由中共领导人题写书名的版本，也是目前发现最早在中国报刊上正式发表的中文版本（一九三七年八月一日《文摘》杂志开始连载）。[图1.32]

那么，《毛泽东自传》到底是怎么来的呢？

一九三六年七月，在与毛泽东进行有关抗战问题的谈话后，根据毛泽东和周恩来的建议，斯诺先是去了红军前线采访。归来后，他在再次与毛泽东谈话时，毛泽东才将自己的生平事迹告诉他。同年十月二十五日，斯诺返回北平后，开始了陕北红区之行的写作。刚刚从陕北保安回到北平，他就听说了自己在红区被共产党杀头的谣言，甚至在美国也有了关于他死亡的新闻报道。为此，本不想过早暴露消息的斯诺，不得不公开在北京美国大使馆召开了新闻发布会，展示了他在红军前线和苏区拍摄的大量图片，这其中就包括他为毛泽东拍摄的那张头戴五角红星八角帽的照片。与此同时，他在妻子海伦的帮助下，开始了《红星照耀中国》的写作。

斯诺首先将毛泽东与他在一九三六年七月十五日和十六日晚上九点开始的关于抗战形势的对话，发表在他到中国走上记者之路的第一站——上海《密勒氏评论报》上。

[图1.32]
《文摘》自称为"杂志之杂志"，1937年1月1日在上海复旦大学创刊，月刊，16开。名誉社长钱新之，社长吴南轩，主编为复旦大学教务长和法学院长孙寒冰等人，由上海黎明书局发行经售，是我国最早的文摘杂志之一。

[图1.33]

美国 ASIA（《亚细亚》）月刊 1937
年 6 月号封面，16 开。此期刊登即
将连载斯诺采写的《毛泽东自传》的
预告。可以看出斯诺写的毛泽东传记
的主标题就是 The Autobiography
of Mao Tse-tung。（美国哈佛燕京
图书馆特别提供）

[图1.34]

美国 ASIA（《亚细亚》）月刊 1937
年 7 月号封面，16 开。此期开始连
载斯诺采写的《毛泽东自传》第一
章 BOYHOOD OF A CHINESE
RED。

ANNOUNCING ONE OF THE MOST EXTRAORDINARY
DOCUMENTS OF MODERN TIMES
TO APPEAR IN FOUR INSTALMENTS IN ASIA MAGAZINE

THE AUTOBIOGRAPHY OF MAO TSE-TUNG

Here is a story which in human interest and historic importance ranks with such major scoops of ASIA's as Lowell Thomas' story of Lawrence of Arabia and Vincent Sheean's report on Abd-el-Krim. Mao Tse-tung was one of the founders of the Communist Party in China. For ten years he has been one of the leaders of the Red Army of China, the exploits of which have been legendary. Today, as Chairman of the Central Committee of the Communist Party of China, he is a dominating figure in the negotiations with the Central Government for an anti-Japanese united front.

The autobiography tells with the greatest candor of Mao Tse-tung's childhood and boyhood, describes in simple and lively fashion his family life, his experiences in school, the events which influenced him toward liberalism and, later,

Communism, and the building of the Red Army. This section of the autobiography gives a vivid picture of China of the early revolutionary days. The inside story of the years from 1923 to 1935 presents the first connected explanation ever published of many events long obscure, and will be of great value to historians of this important period.

Edgar Snow, an experienced and responsible authority on Far Eastern affairs, well known to ASIA readers, stayed with Mao at his headquarters and took down the autobiography just as it was told to him, making no effort to edit or stylize it. It was then read, checked and corrected by Mao Tse-tung's interpreter and personally signed by Mao himself. The autobiography will be published in four instalments, beginning in the July issue.

THE MAN ON WHOSE HEAD THE CHINESE GOVERNMENT PUT A PRICE OF $250,000

You must read ASIA Magazine if you want full, factual and impartial information about the Orient.

ASIA MAGAZINE

A subscription to ASIA Magazine costs $4 for one year, $6 for two years, to any address in the world.

40 E. 49 St., N. Y. C.

这篇刊载于一九三六年十一月十四日《密勒氏评论报》的
谈话，是斯诺采访毛泽东最早公开发表的文本。后来，此
文收入《红星照耀中国》的第三篇《在保安》的第三节，
题为《论抗日战争》。在《毛泽东自传》汪衡译本中，此
文则作为附录以《毛泽东论中日战争》为题收入。此前该
文也曾在《文摘战时旬刊》（《文摘》杂志改名后的刊物）
的第一号的第二页至第三页上作为"特译稿"发表，时间
为一九三七年九月二十八日，译者也是汪衡。

而关于毛泽东个人生平事迹部分的文字，斯诺将
其投寄给美国的 ASIA（《亚细亚》）月刊发表。ASIA
月刊首先在一九三七年六月号的显著位置以 THE

35 | 36
37 |

[图1.35- 图1.37]

美国 ASIA（《亚细亚》）月刊 1937
年 8 月号、9 月号、10 月号封面，
16 开。分别连载斯诺采写的《毛泽
东自传》第二章 SCHOOLING OF
A CHINESE RED，第三章 HOW
THE RED ARMY BEGAN，第四
章 THE RED ARMY IN ACTION。

[图1.38]
《毛泽东口述传》，翟象俊译，复旦
大学出版社 2003 年 12 月第 1 版。

[图1.39]
丁洛译、群众书店 1945 年翻印本《毛
泽东自传》的《前记》。

AUTOBIOGRAPHY OF MAO TSE-TUNG（毛泽东自传）
的大字标题，刊登了连载预告。这是世界上第一次出现"毛
泽东自传"。随后，从七月至十月，该刊分四期连载发表
了"毛泽东自传"，并且在每期章节的标题下，将 The
Autobiography of Mao Tse-tung（毛泽东自传）作为副
标题刊出。这也就是"毛泽东自传"的由来。[图1.33-图1.37]

ASIA 将"毛泽东自传"分四期发表，每次各取一个
章节标题，这就是后来上海文摘社、黎明书局版汪衡译本
《毛泽东自传》四个章节的由来。显然，这与后来出版的《西
行漫记》第四章《一个共产党员的由来》和其他正文分为
六个章节版本的《毛泽东自传》就有所不同。可见，将《毛
泽东自传》划分为四个章节，并不是译者汪衡所为，而是
斯诺写作和 ASIA 月刊编辑的结果。

二〇〇三年十二月，复旦大学出版社重新翻译出版了
英汉对照版的《毛泽东口述传》（翟象俊译）。这个版本
正是采用复旦大学文摘社一九三七年汪衡翻译的《毛泽东
自传》的母本——一九三七年美国出版的 ASIA 月刊的七
月号、八月号、九月号和十月号。其材料来源于美国哈佛
大学的哈佛燕京图书馆。从这本书中，笔者通过对照看出
汪衡译本《毛泽东自传》之所以存在一些译文问题，并非
因为翻译的错误，而是英文原文就有许多错误。而在当时
的国统区上海，作为复旦大学青年学生的汪衡对毛泽东的
了解自然是有限的。遗憾的是，新译的《毛泽东口述传》，
也出现了多处明显的误译和错译，但却给我们提供了许多
非常宝贵的原始信息。[图1.38]

从复旦大学新出版的中英文对照《毛泽东口述传》中，
我们可以看到这样一个"编者按"：

自本期开始刊登的这部自传，传主在过去的十年中，
领导着中国的共产主义运动，为了缉拿他，中央政府曾悬

赏二十五万元。我们相信，这是由一位重要的中国共产党人署名用英文发表的第一份材料。

这部自传是在一位译员的帮助下口述给埃德加·斯诺的。斯诺在红色中国度过了四个月时间。他说："我对毛泽东的采访都是在晚上进行的。这些采访经常持续到清晨一两点钟，因为毛很晚才睡觉，而且经常是在半夜之后才做他最繁重的工作——这一习惯也许可以追溯到他早年担任报社编辑的经历。毛懂得一点英语，但这些采访却由一位留学生吴亮平、一位在保安的年轻的苏维埃干部担任口译。在跟毛的交谈中，我把对我讲述的内容记录下来，然后由译员对我的英文文本进行检查和修正。我没有对它进行篡改，也没有以任何方式试图对它加以改进。"

分期连载的前两部分论述毛的童年和教育。后两部分将讲述他如何成为一个马克思主义者、中国的苏维埃如何组织、红军如何建立起来、如何连续进行战斗，直到最后进行了七千英里的长征到达西北——历史上最伟大的长途跋涉之一。因此，这部自传除了它十足的人情味之外，还为长期以来模糊不清的许多事情提供了一份连贯的背景情况，而这些事情是未来研究这段历史的历史学家们必须论及的。

无独有偶。这篇"编者按"，在一本署名"美·史诺笔记、丁洛译、群众书店

翻印"，一九四五年前后出版的《毛泽东自传》中，是作为"前记"发表的。[图1.39]只是在文字翻译上略有不同，但表达的意思完全一样。文末的落款处，还有这样的几个署名：R.L. 华尔煦、韦尔、裘尔威格、华特。现抄录如下：

最近十年来，中国共产主义的领导分子——中央政府曾悬赏二十五万元取其首级的这个领导分子——的自传，是在这儿开始了。我们相信，这篇东西，可以说是任何共产党要人签名用英文在任何地方发表的东西中最先的材料。

这篇自传，是由毛泽东口述给埃德加·斯诺的，部分地是出于一个通译员的帮助。斯诺曾到过中国赤区，并且勾留至四个月之久。他说："我访问毛泽东的时间，总是在夜里。这种谈话，往往持续到次朝一两点钟。毛泽东是极能熬夜的，常在半夜过后干他的最吃重的工作，这一习惯，发轫于他早年从事记者生涯的时代。毛泽东略懂英语，不过关于这几度的访问，是由在延安的一个年轻的苏维埃政务人员吴亮平（他是一个留学生）担任了通译工作。我用了我跟毛泽东谈话的原有形态，记下了这个故事，然后把这英文原稿交给这位通译者校阅一遍，并且予以改正。我绝没有损坏它，也并不企图修饰它。"

这最初两次话题，讲到毛泽东的少年时代和修养。后面的话题，则触及他怎样

地成为一个马克思主义的、中国苏维埃怎样成立、红军怎样产生、怎样建立迭次的战绩，直到完成了西北去的七千里的"长征"——这是历史上最伟大的总退却之一。这样说来，这篇自传，不仅仅富于极深厚的人生味，更贡献了外界久已隔膜了的许多事件中的一种有关系的故事，而这个故事是必然为这一时代的未来历史家所网罗的。

R.L. 华尔煦 韦尔 袠尔威格 华特

经过对比，我们不难发现上述 ASIA 月刊的"编者按"与这篇"前记"，是同一篇文章。而后者落款署名的这四个人，有可能是 ASIA 月刊的编辑人员。

下面，我们不妨将 ASIA 月刊分四次发表的《毛泽东自传》章节标题与上海文摘社、黎明书局汪衡译本《毛泽东自传》的四个章节的标题进行一下对照。

上海文摘社、黎明书局汪衡译本《毛泽东自传》的章节目录标题为：

第一章，一颗红星的幼年
第二章，在动乱中成长起来
第三章，揭开红史的第一页
第四章，英勇忠诚和超人的忍耐力

ASIA 月刊的四章标题为：

Part 1, Boyhood of A Chinese Red

Part 2, Schooling of A Chinese Red
Part 3, How The Red Army Began
Part 4, The Red Army in Action

在此处，可见 ASIA 月刊英文的四个章节标题更适合"自传"的第一人称叙述方式，而汪衡翻译的四个标题就显得有些像第三人称的评述，不是很贴切。笔者认为，这或许是当时考虑到向读者推介的缘故，汪衡才采取了意译。

其实，在 ASIA 月刊英文版《毛泽东自传》发表时，斯诺曾与该刊编辑就以"自传"之形式发表也曾有过不同的意见。为此，斯诺在《红星照耀中国》中就《毛泽东自传》的内容专门作出了"声明"。该"声明"在由胡愈之等人翻译的上海复社一九三八年二月版《西行漫记》中也曾译为中文。[图1.40]《胡愈之译文集》（译林出版社一九九九年版）收入的《西行漫记》同样保留了这份"声明"。这在由史家康等六人翻译、上海启明书局一九五○年三月出版的《长征 25000 里》一书中有记载。该书在封面上还标明"又名西行漫记""足本"和英文"RED STAR OVER CHINA"（另见急流出版社一九四九年版《西行漫记》）等字样。[图1.41-图1.42]该书共分十三章，在其第四章《一个共产党员的来历》的结尾有这一个"声明"，现抄录如下：

在这里附带声明，毛泽东口述的自传，

是用第一人称口气的，和这里发表的一样。但毛本来要求我用第三人口气发表。如果这样一改，就失掉了许多价值、准确性和趣味。有一家美国杂志愿意分期登载这些稿子，但提出一个条件，就是要作为自传的形式，而不用传记的形式。那时我无法与毛见面，得到他的许可。而且这些稿子如果因为毛泽东个人这一点谦逊态度，而不能在美国发表，这实在牺牲太大。所以由我个人负责，保持原来自传的形式。后来就在《亚细亚》杂志（ASIA）分期发表，曾引起各方面广大的注意和评论。现在就把这已发表过的，作为本书的一章。

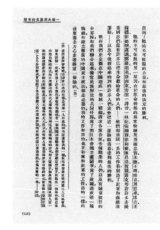

[图1.40]

上海复社 1938 年 2 月版《西行漫记》第 215 页。斯诺在《一个共产党员的来历》（即《毛泽东自传》）处所作的"声明"。

而早在一九四六年由重庆国际出版社出版的《毛泽东自传》也曾把斯诺的这个"声明"作为《代序》发表：[图1.43]

这儿是一个声明：

毛泽东自传，用的是第一人称，跟这儿发表的完全一样。可是，毛氏原先是要求我改用第三人称发表的。如果这样一改，就会失掉了许多正确性和趣味性的价值。

美国一家杂志，愿意分期连载这部自传，但提一个条件，就是要以自传的形式，而不要用传记的形式发表。其时我没法晤见毛氏，也就没法得到他的许可。然而这篇稿子，如果为了毛氏个人这点谦逊态度，而不能在美国发表，这实在觉得牺牲太大，所以就由我个人负责，保持了原来自传的形式。后来，此稿在《亚细亚》杂志上分期连载，曾引起了各方面广大的注意与评论。

末了，译者尚向读者略告一二：

本传系由毛氏在陕北窑洞内口述，史诺依据他所说的用英文记录下来，以后又把这笔记托吴黎平先生重述为中文，请毛氏加以修正。因此，史诺很自信这部稿子"决无失真之处"。

[图1.41]

《西行漫记》，美国 A. 史诺著，亦愚译，急流出版社（上海四川北路 180 弄七八号），由香港嘉华印刷有限公司承印，1949 年九十月间出版。封面有"中国人民解放军长征史实""二万五千里长征""RED STAR OVER CHINA"（红星照耀中国）字样。

[图 1.42]
《长征 25000 里》，史家康等译，
上海启明书局 1950 年 3 月新四版。
《红星照耀中国》的另一种中文版。

[图 1.43]
1946 年由重庆国际出版社刊行的《毛
泽东自传》也曾把斯诺的这个"声明"
作为《代序》发表。

最近蒋毛在此间会晤以来，毛氏声誉日隆。国内外很多人想知道毛氏个人历史，而不可得，史诺此书，实在可补文化界出版界的这一个缺口。毛氏对史诺说过："只把关于我的生活的一个大略告诉你，你以为怎样？"史诺回答道："我正需要这样！"于是本书在双方的同感之中诞生。

（一九四六年一月协商会议揭幕日于陪都）

这篇《代序》文字的前半部分几乎与 ASLA 的"编者按"一模一样，下半部分则增加了译者根据斯诺有关注释说明重新整理的文字，落款时间是"一九四六年一月协商会议揭幕后于陪都"。后来，这个《代序》在"文化大革命"期间翻印的《毛主席的回忆》中，除了个别词句有所不同之外，也作为《代序》发表。但《毛主席的回忆》不是正式出版物。遗憾的是，斯诺关于《毛泽东自传》的这份"声明"在董乐山译本《西行漫记》和此后其他译本中均没有收入。

由此可见，《毛泽东自传》的"自传"不是斯诺强加的，《亚细亚》月刊的编辑和斯诺一起，以他们独特而敏锐的眼光，发现毛泽东口述自传的价值和珍贵之处——"这部自传除了它十足的人情味之外，还为长期以来模糊不清的许多事情提供了一份连贯的背景情况，而这些事情是未来研究这段历史的历史学家们必须论及的。"同时，我们也不难想象，在当时国民党的新闻封锁之下，"自传"二字无疑给这篇最早的毛泽东传记增添了无穷的魅力，它的真实性和亲和力无疑为《毛泽东自传》赢得了无数的读者。这在《红星照耀中国》中文版《西行漫记》一九三八年二月出版之前的一九三七年和毛泽东参加重庆谈判的一九四五年前后，《毛泽东自传》各种版本的大量出版所形成的两个高峰期中就可以看出，《毛泽东自传》比《西行漫记》更加让中国读者接受和欢迎。

《毛泽东自传》最早中文版汪衡译本的发表和出版

THE AUTOBIOGRAPHY OF MAO TSE-TUNG

上海复旦大学文摘社编辑出版的《文摘》杂志是最早刊登《毛泽东自传》的中文刊物，汪衡是《毛泽东自传》最早的中文翻译者、黎明书局是最早出版《毛泽东自传》的出版单位。而《毛泽东自传》也是在国统区第一部以中共领袖真名实姓作为书名的传记，其价值和意义自然非同凡响。

《文摘》自称为"杂志之杂志"，一九三七年一月一日在上海复旦大学创刊，月刊，十六开，彩色封面。名誉社长钱新之，社长吴南轩，主编为复旦大学教务长和法学院院长孙寒冰等人，由黎明书局发行经售，是我国最早的文摘类杂志之一。诞生于血雨腥风中的《文摘》在创刊后共出版了八期，上海就爆发了八一三淞沪会战，被迫停刊。而《毛泽东自传》也就是在一九三七年八月一日出版的这最后一期《文摘》月刊上开始连载的。这一期杂志也是《文摘》合订本的第二卷第二期。[图1.44]

《文摘》杂志在第二卷第二期的"人物种种"栏目内，是以"特译稿"的方式发表《毛泽东自传》的。不久，《文摘》杂志"为适应抗战时期之需要，自第二卷第三期改为旬刊"，即自九月的第九期开始改名为《文摘战时旬刊》，出版周期等均另算，每月八日、十八日和二十八日出版。因战事紧张，上海、南京、武汉相继沦陷，《文摘战时旬刊》至第十六期起迁至汉口出版，从第三十四期起迁至重庆出

[图1.44]

1937 年 8 月 1 日出版的《文摘》月刊第二卷第二期封面。自本期开始连载《毛泽东自传》。

版，共出版一百三十六期。抗战胜利后，一九四五年十二月出版"复原纪念号"，又迁回上海复旦大学，再恢复《文摘》之名出版，同时以第十卷第一期重新起算，在上海新出版的第一期即总第一百三十七期。到了一九四七年《文摘》又改为半月刊，一直出版到一九四八年十一月第十四卷第四期终刊。

黎明书局创办于一九三〇年底，社址位于上海著名的文化街福州路。创办之初租住的是上海南成都路大德里的一幢单间楼房，既是办公室、店面子，又兼做库房，专职人员只有经理徐毓源一人。后来因为经营效益好，才在福州路租了一间独立的门面，前厅做门市，后面是经理和会计室，楼上是编辑部。尽管徐毓源文化水平不高，但其俭朴勤劳，为人忠厚，人缘又好，与复旦大学孙寒冰、伍蠡甫等教授结缘，共办黎明书局，编辑发行《文摘》杂志和出版一些大中学生的教材、文学和农业方面的书籍。

在抗战期间，黎明书局出版了大量的抗战书籍，例如"抗战小丛书""战时民众丛书"等。黎明书局创办之初，规模很小，只有四五个人，没有出过多少书。在一九三六年上海掀起抗日救亡高潮后，汪馥泉、伍蠡甫、贾开基、汪衡、吴道存和冯和法等人也先后加盟，作为《文摘战时旬刊》的共同主编。到《文摘战时旬刊》第五号，杂志除了孙寒冰担任主编之外，

张志让、贾开基、汪衡和冯和法担任了编辑委员，发行者为徐毓源和吴道存。

据笔者考证，《文摘战时旬刊》迁至汉口后，社址在汉口的江汉路联保里。而汉口的黎明书局是以"分局"的名义对外经营的，"总局"仍然是上海四马路中的黎明书局。[图1.45-图1.46]

一九三七年七月，英文杂志《亚细亚》发表《毛泽东自传》后，孙寒冰读后如获至宝，立即找到他的学生亦是文摘社编辑的汪衡，请他来翻译。英文水平很好的汪衡看到文章后极为兴奋，立即着手翻译工作。这样，《文摘》杂志就以比《亚细亚》杂志稍晚一期的进度，在美国和中国几乎同步（从美国航空邮寄到上海）发表连载《毛泽东自传》。

《文摘》杂志共分七次连载《毛泽东自传》，分别是：

第一次：一九三七年八月一日，《文摘》月刊第二卷第二期（总第八期）的第三百七十九页至三百八十三页，标题区内有以下文字："毛泽东自传（特译稿），Edgar Snow 笔录，吴光译，Asia 七月号。"这是《文摘》的最后一期。译者吴光是汪衡笔名。同期杂志发表了署名"峻"译自上海《辛报》七月八日的《毛泽东的夫人何其女士》。[图1.47]"何其"系贺子珍名字的误译，"峻"系汪衡笔名。《毛泽东自传》出版单行本图书时均作了更正。

第二次：一九三七年九月二十八日，

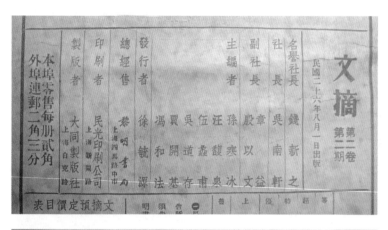

文摘 第二卷第二期
民國二十六年八月一日出版

名譽社長 錢新之
社長 吳南軒
副社長 章益 殷以文
主編者 孫寒冰 汪馥泉 伍蠡甫 吳道存 賈開基 馮和法
發行者 徐毓源
總經售 黎明書局 上海四馬路中市
印刷者 民光印刷公司 上海新閘路
製版者 大同製版社 上海白克路

本埠零售每册貳角
外埠連郵二角三分

[图1.45]
《文摘》杂志编委会成员名单。

復旦大學文摘編輯委員會

馬地泰 袁咏唐 吳耀中 謝傳風 吳秋山
熊昌翼 朱祖舜 葉啓發 蕭逸山 江啓仁
曹乎 王德選 馮汝尚 汪馥寶 鄭彥棻
張人鈞 劉覲壁 盛斯謀 朱經治 李家驊
許淑玉 趙世洵 蔣培亭 趙彰芳 邊令儀
周若林 吳鶴琴 謝公望 韓剛民 徐光裕
謝類一 顧循 陳志馨 王彥立 王樹庭
吳俊 丁伯騮 何嘉裕 沈作枚 汪輯熙
卒煥會 吳仲誠 陳秉森 葉焱 黃楚裳
汪向榮 張嚴 費榮昌 章泰笙 劉志揚
蔣振宇 李世榮 潘鏡清 阮若谷 伍蠡譯
李隆 徐子久 徐家璐 李伯岐 姚啓勛
潘貞邦 曹天鐸 王兆墉 吳文祥 張育文
林廷棟 丁鏡心 張孔容 談益民 韓福珍
王祜 齊錫珍 王海 金之傑 李健富
鄭忝昭 樊慎威 余家宏 石凌高 林粲元
趙鉅榮 楊敏 嚴玉璋 俞逵藻 莊果
余譯芳 黃子文 吳劍嵐 劉銳珩 藍時傑
李錫普 范鶚 朱穎 邵棠 祝修麟
林共仁 吳瑋 劉榮模 黃日焰 徐文炳

[图1.46]
《文摘》杂志主要领导成员。

文摘

毛澤東的夫人何其女士 峻譯

上海「李報」(七月八日)

在外表看起來，毛澤東的夫人何其女士簡直是一個弱不禁風的少婦。其實她的性格是非常的潑辣。少有人看見她穿兵衣服，十年來總是穿着那一套紅軍的制服，皮帶上掛着手鎗和刀；她曾與中央政府的剿共軍隊對過陣，在前線上運傷兵，到後方去，調護病人，組織女軍。而且，在北上之戰役中曾受傷多次，甚至幾乎送了性命。

自與毛澤東同居以來，九年之中終日是奔走勞碌，七年的工夫曾生過五個孩子，但這些孩子全送給了人家，她自己一個也不要。

紅軍由江西總退却時，到處竄逃，直到陝境，步行八千英哩。她的身體上先後受了炸傷廿幾處，到現在，身上還找得到纍纍的血痕。

她現在二十七歲，反動的火焰毫無退減。在這八千英里的退却中，她受盡了人間的痛苦。受傷以後，先教人抬着走，以後換人背着，用騾馬馱着，到最後人和馬全沒有了，便只好步行。而同時又產生了一個小孩，她真是受盡痛苦的人了。

她原名爲何降春，在紅軍中皆呼之爲「女司令」。本爲江西雩山人，是一個小地主的女兒，她父親也曾當過一任縣長。

她曾進過教會小學，她姐姐嫁於毛澤東的哥哥澤覃。澤覃爲國軍所殺，而她的姐姐也至今生死不明。

她由小學校出來後，就在本縣參加婦女運動，一九二七加入共產黨。是年八月一日至廿日之南昌女共軍抵抗國軍一役，即由她領導。

她同毛澤東是在民國十七年結的婚。她在共軍裏曾先後担任政治教授，看護，婦女各組織的領袖；而如遇戰事時，她又是軍人。——總之，隨時隨地，她全有工作。

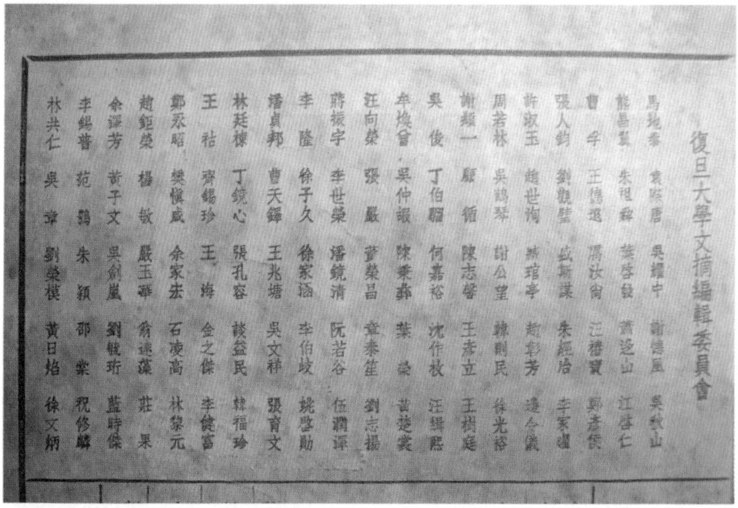

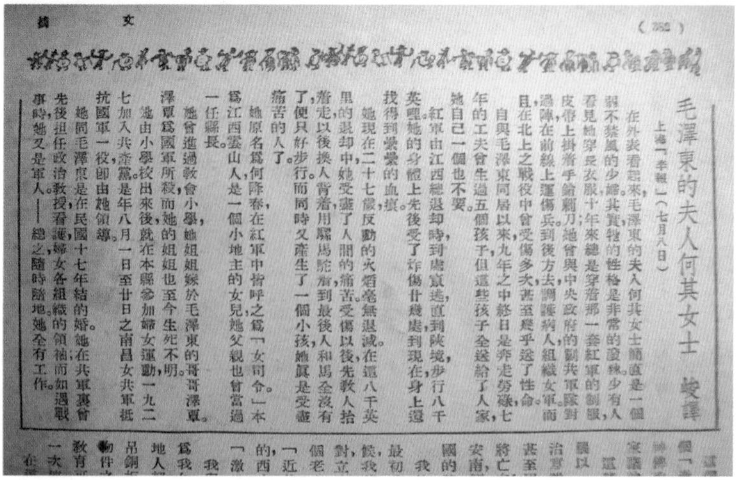

[图1.47]
《文摘战时旬刊》发表的贺子珍小传。

《文摘战时旬刊》第一号的第十四页至十六页。标题区内
有以下文字："毛泽东自传（二），史诺笔录，汪衡译，
Asia 八月号。"发表时，"毛泽东自传"字体由印刷体改
为手书。[图1.48-图1.49]

第三次：一九三七年十月八日，《文摘战时旬刊》第
二号的第十二页至十三页。标题区内有以下文字："毛泽
东自传（三），史诺笔录，汪衡译。"本期发表了毛泽东
一九三七年七月十三日的"抗战题词"。[图1.50-图1.51]

第四次：一九三七年十月十八日，《文摘战时旬刊》
第三号的第五十八页至五十九页。标题区内有以下文字："毛
泽东自传（四），史诺笔录，汪衡译，Asia 九月号。"[图1.52-
图1.53]

第五次：一九三七年十月二十八日，《文摘战时旬刊》
第四号的第八十二页至八十三页。标题区内有以下文字："毛
泽东自传（五），史诺笔录，汪衡译，Asia 九月号。"此
期发表了毛泽东与贺子珍的合影。[图1.54-图1.55]

第六次：一九三七年十一月八日，《文摘战时旬刊》
第五号的第一百一十页至一百一十一页。标题区内有以下
文字："毛泽东自传（六），史诺笔录，汪衡译，Asia
十月号。"此期发表了"毛泽东身后有小母鸡"的照片，
并开始以连载的形式发表署名"史诺著、长风译"的《两
万五千里长征》。长风是汪衡笔名。[图1.56-图1.57]

第七次：一九三七年十一月十八日出版的《文摘战时
旬刊》第六号的第一百三十四页至一百三十五页。标题区
内有以下文字："毛泽东自传（七），史诺笔录，汪衡译。"
连载至此，全文结束。[图1.58-图1.59]

作为《文摘》的创刊人之一，孙寒冰说："文人上不
得前线杀敌，办一个刊物来向日寇作战。"于是，他带领
一群复旦进步爱国学生一起来办《文摘》杂志。要知道，

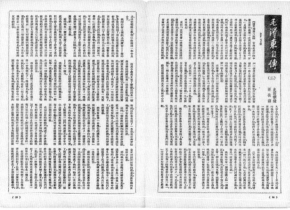

[图 1.48– 图 1.49]

1937 年 9 月 28 日出版的《文摘战时旬刊》第一号，第 14 至第 16 页连载的《毛泽东自传（二）》。

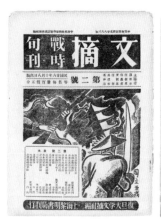

[图 1.50– 图 1.51]

1937 年 10 月 8 日出版的《文摘战时旬刊》第二号，第 12 至第 13 页连载的《毛泽东自传（三）》。

[图 1.52– 图 1.53]

1937 年 10 月 18 日出版的《文摘战时旬刊》第三号，第 58 至第 59 页连载的《毛泽东自传（四）》。

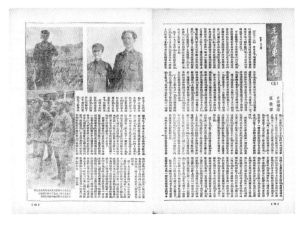

[图 1.54– 图 1.55]

1937 年 10 月 28 日出版的《文摘战时旬刊》第 4 号连载《毛泽东自传（五）》。

[图 1.56– 图 1.57]

1937 年 11 月 8 日出版的《文摘战时旬刊》第 5 号，第 110 至第 111 页连载《毛泽东自传（六）》。并从这一期开始连载汪衡翻译的《两万五千里长征》。

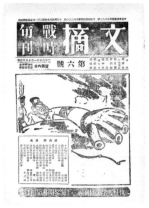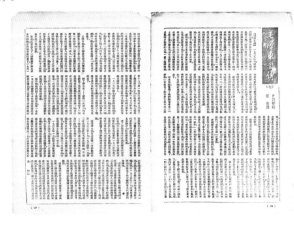

[图 1.58– 图 1.59]

1937 年 11 月 18 日出版的《文摘战时旬刊》第 6 号，第 134 至第 135 页连载的《毛泽东自传（七）》。

白色恐怖之中的上海，在当时国民党严厉的新闻封锁之下，要想正面宣传共产党、宣传毛泽东，那是一件极其困难的事情。

《毛泽东自传》的文稿译成后，如何才能通过国民党严格的"新闻检查制度"呢？这里有一个重要的历史背景我们不能忽略，那就是西安事变后，共同抗日是大势所趋。一九三七年七月七日卢沟桥事变后，中华民族团结抗击日本侵略者的呼声高涨，民族矛盾已经上升为主要矛盾，民族统一战线正在形成，在抗战问题上国共两党走上了合作的道路。这个时候的新闻检查自然要比前十年的新闻封锁要宽松许多。因此，孙寒冰审时度势，一边冒着可能招来杀身之祸的危险，一边千方百计地找人疏通关系，但均告失败。最后，他干脆直接去南京找到时任国民党中央宣传部部长的邵力子。邵力子是在一九三七年二月召开的国民党三中全会上刚刚被任命为国民党中央宣传部部长的。在会上，他积极响应和支持中共提出的"五项要求、四项保证"的建议。在孙寒冰看来，一方面邵力子是复旦大学的校友（有的说是老师），他们之间有过交往，彼此很熟悉；另一方面孙寒冰知道邵力子也曾是共产党的早期党员，是国民党党内的开明人士，是主张国共合作抗日的，作为宣传部长自然有权审批稿件。

于是，身为复旦大学教务长和法学院院长的孙寒冰，抱着一线希望来到南京。

面对孙寒冰送来的美国记者埃德加·斯诺撰写的《毛泽东自传》，邵力子一开始也确实感到左右为难。他知道，如果发表，蒋介石肯定要恼火的，CC特务说不定也会对他加以攻击。但曾是中共创党初期的成员之一，邵力子当然熟悉毛泽东，他们还有过直接的交往共事，不久前他还曾收到过毛泽东从延安寄来的亲笔信。[30]因此，邵力子内心也感到在当前国共合作的大好趋势下，如果把《毛泽东自传》发表出来，帮助人民了解共产党和毛泽东，对于进一步促进国共合作，是很有好处的。于是，他与妻子傅学文也作了商量，最后决定同意《文摘》月刊公开以连载形式发表《毛泽东自传》译稿，提笔批示"准予发表"四个字，还签上了自己的名字。于是，孙寒冰火速赶回上海。

尽管有了邵力子的"尚方宝剑"，但孙寒冰在《文摘》杂志第一次发表《毛泽东自传》时，还是小心翼翼，如履薄冰。笔者研究发现，在一九三七年八月一日《文摘》月刊第二卷第二期第一次发表《毛泽东自传》时，《文摘》杂志并没有把《毛泽东自传》作为重要文章列入封面向读者推荐，只是排在一个比较靠后的"人物种种"栏目中发表。[图1.60]而且在本期这个栏目中发表的五篇文章中，排列的顺序也十分讲究，依次是：

《高尔基上中山先生书》（外论社译）

《集体创作与丁玲》（任天马）

《毛泽东自传（特译稿）》（E.Snow 笔录，吴光译）

《毛泽东夫人何其女士》（峻译）

《萧叁自述》[31]（光未然译）。

把《毛泽东自传》放在丁玲之后和萧三之前，编者可谓用心良苦。而更令我们惊奇的是，编者还故意在内文的排版上费尽心机，故意把《毛泽东自传》编排在一个非常不起眼的角落里，安排在《文摘》杂志本期第三百五九页的左下角，且只占版面的九分之一[图1.61]。

这些小小的历史细节，不容我们忽视。显然，这一切都是编者巧妙、低调地"冷处理"，目的是避免国民党报刊审查机关的纠缠，怕引起不必要的麻烦。

《毛泽东自传》第一次发表后，反响强烈。此时，因日本侵略者轰炸上海，复旦大学遭毁坏，《文摘》改名为《文摘战时旬刊》，《毛泽东自传》从此光明正大地登上了杂志的封面，作为重要文章推荐。在一九三七年九月二十八日改版后的《文摘战时旬刊》第一号第六页上，发表了一篇题为《编者几句话》的短文，说："当我们正着手编辑第九期的《文摘》时，上海便发动了伟大的抗敌战争。复旦的校舍亦于此时遭受暴敌无耻的破坏——但也可说它是作了抗战光荣的牺牲。因此《文摘》的出版日期便暂时宕延了。《文摘》是不能因此中止它的生命的。在这个非常时期中，它更应以非常的姿态继续它的任务。《文摘战时旬刊》的出版便是这个意义……《毛泽东自传》是八期《文摘》上译文的继续……"

在这第一号《文摘战时旬刊》上，封面发表了《蒋委员长申言中国态度》，在第十四页到第十六页上连载了《毛泽东自传（二）》。同时还发表了后来收入《毛泽东自传》的《毛泽东论中日战争》一文。此后《毛泽东自传》一直

[30] 邵力子（1881—1967），浙江绍兴人。1919年在上海主编《民国日报》副刊《觉悟》，是上海共产党早期组织成员之一。1949年作为国民党政府和平谈判代表团成员参加国共和谈，后留北平未返。新中国成立后，曾任全国人大常委会委员、政协全国委员会常务委员、中国国民党革命委员会中央常务委员。1936年9月8日，毛泽东致信时任国民党陕西省政府主席的邵力子说："力子先生：阅报知尚斤斤于'剿匪'，无一言及于御寇，何贤者所见不广也！窃谓《觉悟》时代之力子先生，一行作吏，而面目全变。今则时局越坏越坏，不只一路哭，而是一国一民族哭矣！安得去旧更新，重整《觉悟》旗帜，为此一国一民族添欢喜乎？共产党致国民党书，至祈省览。语云：越人弯弓而射之，则己弯弓而射之，其兄弯弓而射之，则己垂泣而道之。此垂涕而道之言也，先生其不以为河汉乎？'开发西北'，'建设西北'，先生之志则大矣，先生之办法则不可。日本帝国主义正亦有此大志，正用飞机大炮呼声动地而来，先生欲与之争'开发'，争'建设'，舍用同样之飞机大炮呼声动地以去，取消它那一边，则先生之'开发''建设'比不成功，此办法问题也。谈到这个办法问题，询谋佥同，国人皆曰可行，不信先生独不可行，是则国共两党实无不能合作之理。《三国演义》云：天下大势，合久必分，分久必合。弟与先生分十年矣，今又有合的机会，先生其有意乎？书不尽意。"

[31] 萧叁即萧三，原名萧子暲，毛泽东小学的同学，诗人。

连载到一九三七年十一月十八日的第六号全部刊载完毕。

《毛泽东自传》就这样顺利发表连载了。在编辑中，孙寒冰指导汪衡认真翻译，并逐字逐句地推敲、修改，同时做好由黎明书局出版单行本图书的准备。

在十一月八日出版的第五号《文摘战时旬刊》，又开始连载署名长风（即汪衡）翻译的斯诺的另一篇作品《两万五千里长征》。同时，在本期杂志的封底则刊发了这样一则《毛泽东自传》图书的征订广告：[图1.62]

本书是毛泽东先生亲向美国著名记者史诺氏口述身平事迹的忠实记录，是中国革命史上的一个重要文献。原文首先在《亚西亚》杂志上分四期发表，经本社译出在《战时旬刊》中连续刊出，曾引起读者莫大的注意。现原文最后一章已由航空寄到本社，经汪衡先生全部译出，并请周民先生详加校正，改正错误多处。全传共分四章：第一章，一颗红星的幼年；第二章，在动乱中成长起来；第三章，揭开红史的第一页；第四章，英勇忠诚和超人的忍耐力。并附加《毛泽东论中日战争》《毛泽东夫人贺子珍小传》，全书四万余言，珍贵图片数十幅。每册售洋两角，外埠加邮二分。

上海黎明书局发行

四马路中市

一九三七年十一月一日，汪衡译本《毛泽东自传》由黎明书局正式出版，而此时《文摘战时旬刊》仍在连载《毛泽东自传》。更令人们惊奇的是，时任八路军上海办事处主任潘汉年题写了书名。这也是目前发现的五十多种版本《毛泽东自传》中，唯一由中国共产党领导人手书题写书名的正式版本。

《毛泽东自传》一上市，立即成为畅销书。十一月

1937 年 8 月 1 日出版的《文摘》杂志第二卷第二期目录页之《人物种种》。

二十日，在短短的十九天之后，黎明书局迅速推出《毛泽东自传》再版本，发往当时的北平、南京、开封、安庆、成都、广州、济南、保定、西安、天津、重庆、杭州、武汉、郑州、南昌等十五个分发行所和全国各大书局代售，印数高达六七十万册。二○○一年九月由笔者策划、编辑校注、解放军文艺出版社新版的就是十一月二十日的再版本。这两个版本封面是相同的，但正文中的插页图片有数处不同，文字翻译上经过校订后也有多处不同。

在《毛泽东自传》连载过程中，孙寒冰得到了不久前刚刚到任的八路军驻上海办事处主任潘汉年的大力支持，提供了毛泽东一九三七年七月十三日在延安的手书题词——"保卫平津保卫华北保卫全国，同日本帝国主义坚决打到底，这是今日对日作战的总方针。各方面的动员努力，这是达到此总方针的方法。一切动摇游移和消极不努力都是要不得的。"

这幅手书最早刊载于一九三七年十月八日出版的《文摘战时旬刊》第二号的第十三页，是连载《毛泽东自传（三）》

汪衡翻译的《毛泽东自传》作为特译稿刊登在《人物种种》栏目中的位置。

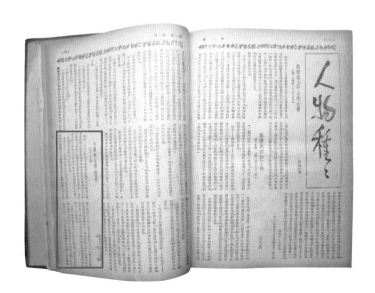

的插图之一。毛泽东题词时间是卢沟桥事变爆发后的第六天。这幅手书题词是如何在两个多月后由延安转到上海并发表的呢？还有"毛泽东身后有小母鸡"的图片又是如何转到上海的呢？潘汉年转交文摘社的可能性最大。

复旦大学《文摘》杂志发表的汪衡译本《毛泽东自传》是最早的中文译本，连载发表后，反响强烈，轰动全国。杂志销量急剧上升，供不应求，每期的印数多达六万份之多。各地书店纷纷要求早日出书。

黎明书局经理徐毓源回忆，《毛泽东自传》单行本图书出版发行后，反响之大、销售量之高都是中国出版史上前所未有的。而很多人就是在读了《毛泽东自传》之后才了解毛泽东、了解中国共产党领导的中国革命的真相，从而走上了革命的道路。因此《毛泽东自传》自然要比为隐蔽出版而更名为《西行漫记》的影响力更加直接更强大。

值得纪念的是——发现和编辑出版《毛泽东自传》的《文摘》主持人孙寒冰先生，却不幸在一九四〇年重庆大轰炸中惨烈牺牲。和北大、清华等大学一样，复旦大学在抗战时期西迁武汉，后又迁至重庆，坐落在北碚黄桷镇。五月二十七日早晨，孙寒冰在校园里一边散步，一边和他的学生、《文摘战时旬刊》编辑刘晚成谈论稿件的编辑修改问题。八时许，晨雾渐渐散去，北碚警报台突然发出空袭警报，作为复旦大学教务长和法学院院长，孙寒冰站在高处不断地拿着望远镜观察敌情，组织师生疏散隐蔽。这时，日军战机向校园投弹，并用机关枪扫射。孙寒冰不幸击中，罹难身亡。当时在复旦大学教书的章靳以、胡风和蒋碧薇皆有文章记载此事，他们皆是目击者。一九四一年八月一日，复旦大学在重庆夏坝树起了一块"复旦师生罹难和孙寒冰墓"，碑文铭刻："呜呼，惨遭寇弹，哀同国殇，全校师生，悲愤无极，将何以益自淬励我为文化工作之创造精神乎？抑何以益自坚强我为民族生存之战斗意志乎？是则吾辈后

[图 1.62]
《文摘战时旬刊》在 1937 年 11 月 8 日出版的第五号，刊登了《毛泽东自传》发行广告。

死者之责己。"读来扼腕，令人警醒。

　　一九三七年十一月一日文摘社、黎明书局出版的单行本图书《毛泽东自传》，与一九三七年十月英国戈兰茨公司首版的《红星照耀中国》，几乎同时出版，比一九三八年一月美国纽约兰登书屋出版的《红星照耀中国》要早，比一九三八年二月上海复社翻译出版的中文版《西行漫记》跨了两个年度早了三个多月。就像斯诺自己所说的那样，《红星照耀中国》一书的英文版还没有出版的时候，它的中文版已经在中国以图书的形式面世。这就是前面提到的一九三七年三月在斯诺的支援帮助下，由王福时、郭达、李放、李华春等人在北京编译出版的《外国记者西北印象记》一书。如果将这本《外国记者西北印象记》与汪衡译本《毛泽东自传》和《二万五千里长征》合起来，正好就是最早的《红星照耀中国》中文版的主体内容。

　　《毛泽东自传》是历史造就又同时造就历史的一本传奇之书。它的历史和《红星照耀中国》既密不可分，又完全不同，各自独立。就《红星照耀中国》来讲，斯诺曾针对书中存在的错误多次进行了重要修订，因此分别有了一九四四年版、一九六八年版、一九七一年版。但斯诺同时也声明，在这几次修订中，"本书的绝大部分，即所有的事件、主要的行记、会谈和人物传记，包括毛泽东的传记，均存其原貌"。也就是说，对"毛泽东自传"部分，斯诺没有修改过。吴黎平先生在校订《毛泽东自述》时，他认为《西行漫记》中关于毛泽东"自传"部分"斯诺后来做了修改"，因此他说"我们一般采用最早版本的记述，只是个别地方采用后来一些版本的文字"。而汪衡译本作为最早的译本自然就更有参考的价值了。而从 ASIA 杂志英文版原文来看，汪衡译本中部分文字的缺失，并不是汪衡有意删除的，而是 ASIA 月刊的编辑删除的。这一点可以在复旦大学出版社二〇〇三年十二月出版的英汉对照版《毛泽东口述传》中找到佐证。

最早的《毛泽东自传》到底是
哪一个版本？

THE AUTOBIOGRAPHY OF
MAO TSE-TUNG

二〇〇一年九月，由笔者策划校订的新版《毛泽东自
传》由解放军文艺出版社出版后，在全国党史界、出版界
和红色收藏界引起强烈反响。而红色收藏界的反响更为突
出，一时间四面八方都涌现出新发现《毛泽东自传》不同
版本的消息。在众多的新消息中，有延安文明书局、延
安书局和汉口抗敌出版社的三个版本被媒体炒作得沸沸扬
扬，认为是自传的最早版本，比上海文摘社、黎明书局
一九三七年十一月一日出版的汪衡译本还要早。

情况是不是如此呢？

我们不妨将这四个版本的《毛泽东自传》来做一个比
较。

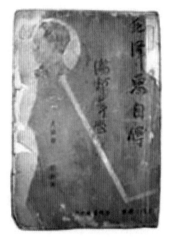

[图1.63]
上海文摘社汪衡译本《毛泽东自传》，
1937 年 11 月 20 日再版本封面。

1. 《毛泽东自传》，史诺录，汪衡译，上海文摘社出版，
黎明书局经售，一九三七年十一月一日初版 [图1.63-图1.64]

本书系"文摘小丛书"之一。这个版本封面有毛泽东
侧面圆形头像。因为封面有潘汉年手书书名更具特点，也
是目前唯一的有中共领导人亲笔题写书名的版本，尤显珍
贵。十一月一日初版本正文内容共分四章，标题分别改为：
一颗红星的幼年、在动乱中成长起来，揭开红史的第一页、
英勇忠诚和超人的忍耐力。附录为《毛泽东论抗日战争》
《毛泽东夫人贺子珍小传》，插页有毛泽东手书抗战的题
词、毛泽东的全身照片、毛泽东与贺子珍的合影等。这个

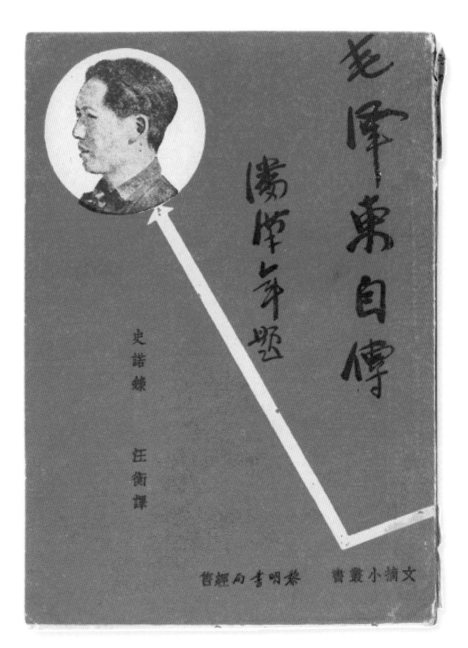

[图1.64]

汪衡译本 1937-1

《毛泽东自传》，署名"史诺录，汪衡译"，上海文摘社 1937 年 11 月 1 日初版。小 32 开，全书共 96 页，
每册实价贰角。列入文摘社"文摘小丛书"。该书在 11 月 20 日再版，封面不变，但正文在文字和插图上
均进行了大量的修订。该书版权页署名发行者为徐毓源，经售处为上海四马路的黎明书局。阅读时，读者
可参见笔者校订的《毛泽东自传》珍藏版简化字部分与影印部分进行比对。该版本系《毛泽东自传》最早
版本，因为封面有潘汉年手题书名而更具特点，尤显珍贵。

[图1.65]

汪衡译本 1937-2-A
《毛泽东自传》，署名"美·史诺录，张宗汉译"，延安文明书局 1937 年 9 月版，10 月再版，11 月出版第三版。小 32 开，正文共 82 页。亦有署名张宗汉、汪衡版本。该书版权页署名发行人陈秋泉、发行者文明书局（陕西延安南大街），实价国币贰角。笔者考证：该版本译者、出版社和出版时间均为假托，系汪衡译本的翻印本或转译本。封面为田一明拍摄的"毛泽东身后有一只小鸡"的图片。

版本首版之后于十一月二十日出版了再版本，封面相同，正文部分亦采用图文并茂的形式，但正文内容和插图作了个别编辑改动。从翻译和编辑上来看，这个再版本比第一版更完善。二〇〇一年笔者策划编辑、解放军文艺出版社重新出版的即这个再版本。二〇〇九年由笔者重新编校的《毛泽东自传》（珍藏版）由中国青年出版社出版，简化字部分依然采用十一月二十日的版本，但影印部分却复制了十一月一日的新版本，供读者参考阅读。

2.《毛泽东自传》，史诺录，张宗汉译，延安文明书局印行，一九三七年九月版 [图1.65- 图1.66]

本书共八十二页另有同年十月的再版本，同年十一月

[图1.66]
汪衡译本 1937-2-B
《毛泽东自传》，署名"美·史诺录，
张宗汉译"，延安文明书局1937年
11月第三版。封面书名的颜色由黑色
改为红色，底色也红改白。

的第三版等。封面为田一明拍摄的"毛泽东站在陕北农家小院，身后有一只小鸡"的图片。内容章节分为四章，标题为：少年时代、动乱中的中年时代、共产党的展开、超人的忠勇和忍耐心。附录有贺子珍小传和朱德、周恩来、林彪等十七个人的剪影。此书后面附录了《译后记——毛泽东到底是个怎样人？》。

现仅更正个别错字、衍字，原文摘录如下——

译后记——毛泽东到底是个怎样人？

"毛泽东到底是个怎样人？"人们对他所惊奇和怀疑的，因为他能作（做）一般人所不能做不愿做的事情，他肯定下工夫做那艰苦而又平凡的事情，一经成功，事情便不平凡了，人也不平凡了。其实他和平常人是没有什么两样的。

真的，毛泽东先生，所言所行，都是很平凡的，例如：革命不爱钱，做大事不做大官，像这类的话，一般人喊得震天响亮，但革命牌子挂不上几天，竟做了大官，发了大财了，而没听得说毛先生是怎样发财的。他是布衣一身，穷得磅硬，只有他与士卒共甘苦，他为人民谋幸福，所以才得到人民的爱戴和拥护。

他的政策，并不是如一般浅见的人所诅咒的一样，正相反而且是很平凡的，主张：大家做工，大家吃饭，以为想着有饭吃，就得做工，能以做工，自然会有饭吃，这和孙中山先生的"各尽其能各取所需"是一样的道理。

近数十年来，因为天灾人祸，内忧外患，弄得老百姓饥寒交迫，死亡流离，很少有人注意到这些严重的问题的。只有富而不仁的人们，更加紧了他们的剥削术，集天下之财富于一身。

实在这问题太严重了，然而用平凡的方法：问题怎样来的，还怎样回去。把他分析一下，一经活用，便有办法：大地主把土地还给农民，资本家把财产散给穷人，富人也去做他应该做的工作，穷人更加紧了他的劳动，合起手来，大家有工作，大家有饭吃，自然而然的民无所争，天下太平。

孙中山先生，曾采用其长，以救中国，中国本无大富，只不过是大贫小贫，将私有和"无有"的制度，折衷一下，也就是我们穷人弱小民族的我们，求救人自救的方法。而毛先生更是在艰苦卓绝的环境中领导着执行着，已经走上光明的大道，怎奈那些强盗们帝国主义者国家，生怕睡狮醒了，因而从中挑拨离间，而好吃懒做的封建残余们，也迷蒙着眼睛，扭回头来，狂吠狂咬，帮助人家杀害自家，竟把这平凡的事情，功败垂成。

先前，人们不明真相，对"杀人放火"的毛泽东，老是害怕他，及至二万五千里的长征成功了人们倒不害怕了，反怀疑他们"怎么过来的"！最近平型关一战，他们的为民的汗马功劳，才活鲜鲜地摆在中华民族的面前，而接受到从未有过的热烈欢迎，每个人都刮目相看，啧啧称赞。然而他们用的方法并不神秘，依旧是平凡的，就是：和民众打成一片，说民众愿说的话，办民众愿办的事，训练民众所需要的武力，民众爱戴他们，而说是自家的军队领袖，而乐为之效命。

常理说老百姓拿钱养兵，兵保护老百姓，这是不可变易的，军阀们和政客们，时时刻刻为自己打算盘，反忘掉主人——老百姓，塌台显眼，还不是应该？不能爱国保民的军队，要他什么用！

现在，大众们对于毛泽东先生已经公认而爱戴了，国事又回复到民（国）十五年的时期而重新做起，携起手来，还是自家，除去心腹病，一致打鬼子，看吧，民族解放，将要随着中日之战而成功呢。

宗汉　一九三七年，九，十四。

在这个"译后记"中，我们可以看到，译者说："最近平型关一战，他们的为民的汗马功劳，才活鲜鲜地摆在中华民族的面前，而接受到从未有过的热烈欢迎，每个人都刮目相看，啧啧称赞。"可见，这篇文章是在平型关战役之后写作的。

我们知道，平型关战役是八路军一一五师主力在平型关东北公路两侧山地，伏击日军精锐坂垣师团第二十一旅团一部，歼灭日军一千多人，取得了全国抗战以来第一个歼灭战的胜利，也是八路军开赴抗日前线后首战告捷。时间发生在一九三七年九月二十五日。十月一日，毛泽东致电在南京与国民党谈判的中共中央代表秦邦宪、叶剑英和潘汉年，通报平型关战役的战果，并指出："是役已将敌攻平型关计划破坏，但敌还从雁门关一带进攻。我游击支队正活动于灵丘、涞源、蔚县之间，颇有缴获。敌用大兵团对付我游击队，还不知道红军游击战法。我们捷报发至全国，连日各省祝捷电甚多。"

再来看看这篇《译后记——毛泽东到底是个怎样人？》，译者宗汉落款时间是："一九三七年，九，十四。"显然，这与九月二十五日平型关战斗胜利相差了十一天。于是，历史的破绽就出现了：张宗汉怎么可能提前在十四日写出十一天后的二十五日才发生的事情呢！由此可以推断：张宗汉译、延安文明书局一九三七年九月版《毛泽东自传》，其出版时间是不正确的。而凭当时延安的印刷条件，也很难在九月二十五日之后的九月份最后的五六天内完成印刷工作。目前，诸多专家、学者和收藏家均认为该版本和下述汉口抗敌出版社一九三七年九月版的李杜译本，是最早的《毛泽东自传》单行本图书。但笔者认为这个论断是错误的。

3.《毛泽东自传》，史诺笔录、李杜译，汉口抗敌出版社，一九三七年九月版 [图1.67-图1.68]

这个版本共八十九页，前六十二页为自传正文。自第六十三页开始为附录，有《毛泽东夫人贺子珍小传》《毛泽东论抗日及联合战线》《毛泽东论抗战必胜》《毛泽东等呈蒋介石一致对日抗战电文》等四篇文章。封面为白色，印有"毛泽东自传"五个红色标宋繁体大字和几行小字，右上方印着毛泽东侧面黑色头像；封二是毛泽东手书题词，与上海文摘社版相同；封三

为版权页，标明发行者是汉口抗敌出版社，发行时间为一九三七年九月出版。此书译者李杜是谁，尚不知悉。

笔者综合《文摘战时旬刊》一九三八年一月八日出版的第八号（新年特大号）的封底广告和紧接着出版的第九号的封底广告，可以初步得出这样一个结论，当时在汉口有一个战时读物编译社似乎也隶属于黎明书局，或者说也是像上海复旦大学文摘社与黎明书局的关系一样，是"合伙人"。而从封底广告中还可以看出，当《文摘战时旬刊》在上海时，封底的广告全是文摘社出版的图书广告，而到了汉口，杂志封底的广告全是战时读物编译社的图书广告了。由此可见，"战时读物编译社"或许是孙寒冰、汪衡等人到汉口后重新成立的一家新的出版社（从出版社"战时读物"的名称上也可以看出），与《文摘战时旬刊》一起大作抗战文章，积极宣传抗日救国。战时读物编译社还出版过《毛泽东抗战言论集》《中国的新西北》《朱德传》和《抗敌将领印象记》等多种图书。

而从这个"汉口抗敌出版社"名称上来看，也应该是一个新成立的出版社，但它是否与文摘社和黎明书局以及《文摘战时旬刊》有某种关系？译者李杜到底是谁、是否是汪衡的笔名？还有待进一步考证。但笔者以为是汪衡的可能性也比较大。原因有二：一是《毛泽东自传》的中文版是汪衡第一个翻译的，二是因为十年后汪衡

[图1.68]

汪衡译本 1937-4

《毛泽东自传》，署名"史
诺笔录"，抗敌救亡出版社版，
译者和出版时间不详，小32
开。笔者考证：该版本出版
时间应是1937年，实际出版
地点应该是在武汉，与李杜
译本类似系汪衡译本的翻印
本或转译本。毛泽东表兄文
运昌曾收藏有此版本。

[图1.67]

汪衡译本 1937-3

《毛泽东自传》，署名"美国史诺笔录，李杜译"，汉口抗敌出版社1937年9月初版，小32开，
正文共90页，每册实价国币贰角五分。前62页为自传正文，分为四章，即：第一章"少年
时代"，第二章"在动乱中成长起来"，第三章"共党的展开"，第四章"从围剿到长征"，
与上海文摘社汪衡译本相似。自第63页开始为附录：分别是《毛泽东夫人贺子珍小传》《毛
泽东论抗日及联合战线》《毛泽东论抗战必胜》《毛泽东等呈蒋介石一致对日抗战电文》等
四篇文章。封面为白色，印有"毛泽东自传"五个红色标宋繁体大字，右上方印有毛泽东侧
面黑色头像，与上海文摘社汪衡译本相同；封二是毛泽东手书题词，亦与汪衡译本相同；封
三为版权页，标明发行者是汉口抗敌出版社。

笔者考证：该版本译者、出版社和出版时间均为假托，系汪衡译本的翻印本或转译本。

在美国也曾用相似的笔名"李同"主编过《留美学生通讯》，而那个年代换个笔名是非常常见的事情。

因此，值得我们研究的一个重要疑点是：《毛泽东自传》的英文文稿在美国《亚细亚》月刊以连载的形式首次发表于七月号至十月号上，但延安文明书局和汉口抗敌出版社怎么就能够提前到九月份在中国出版了中文版图书了呢？这或许正是《毛泽东自传》最早版本之争、也最需要揭开的谜。

笔者认为：《毛泽东自传》之所以很快就有中文版在国统区和解放区（包括延安）出版，有可能与中央当时的宣传政策密切有关。在当时，毛泽东等中共高层领导人的谈话一般情况下都是留有副本的。与斯诺的谈话经吴黎平、黄华等翻译后，自然在中央有关部门是应该有存档的。因此笔者大胆推测，延安文明书局一九三七年九月版和汉口抗敌出版社一九三七年九月版的《毛泽东自传》，之所以早于上海文摘社汪衡译本，只有两种原因和可能性：一是党中央留下的毛泽东与斯诺谈话的副本，二是延安文明书局和汉口抗敌出版社在出版年月的准确性上有问题，尤其是革命类的书籍为了保证安全出版发行，故意将出版日期提前或改变出版地点在那个年代是一种常识，也是常事。前述延安文明书局一九三七年九月出版的张宗汉译本就是一个明证。而图书版权页上的出版日期

提前或推后在出版界至今也是屡见不鲜的。像王福时等人翻译的《外国记者西北印象记》就是假托"上海丁丑编译社"出版的。因此，笔者认为后一种可能性比较大。但有一点是肯定的，那就是《毛泽东自传》的出版单位应该都是进步出版社，是拥护民族统一战线和国共合作的，其中大多是在中共地下党组织或党员的领导下经营的。而汪衡译本《毛泽东自传》之所以是最早的，是有具体真实的历史根据可以证实的。

4.《毛泽东自传》，斯诺著，张洛甫译，延安书局发行，一九三七年十月初版 [图1.69]

这个版本共九十页。附录有《毛泽东夫人贺子珍小传》《毛泽东论抗日及联合战线》《毛泽东等呈蒋委员长一致对日抗战电文》。译者张洛甫是否是张闻天，还有待考证。这个版本还有同年十月的再版本。该版本与"张宗汉译，延安文明书局印行版本"均可在《解放区根据地图书目录》中找到。

值得研究的是，该版本的译者张洛甫与延安文明书局印行一九三七年九月十四日版的译者张宗汉是否是同一人？是否是张闻天？而最早发表《毛泽东自传》的英文杂志 ASIA（《亚细亚》）又是如何传到延安的？或者是当年延安留有斯诺采访的手稿备份？而这个版本的封面正是"毛泽东身后有小鸡"的那张照片，与上海文

摘社黎明书局汪衡译本插页相同。这一切都是一个没有解开的谜。

有学者认为张洛甫即张闻天（时任中共中央委员会书记），但亦有人认为不是。笔者认为张宗汉和张洛甫都是假托之名。因为尽管张闻天英语水平很高，还翻译过西方的文学作品，但在延安由他出面翻译这本书的可能性不大。虽然张闻天长期使用"洛甫"这个化名（亦作笔名），而史料中却从未见过他使用"张洛甫"这个名字，且"洛甫"之名最早使用也是在一年后的一九三八年生活书店出版的《中国革命》这本书上。而张宗汉又是谁呢？是否就是张闻天呢？据现有资料考证，张闻天曾使用过张应皋（幼名）、洛夫、刘云、赵天、平江、思美、歌特、科德、闻天、张普等笔名或化名，但却从来没有用过张宗汉这个名字。

从上述四种版本版权页所标注的出版时间来看，张宗汉译、延安文明书局印行的一九三七年九月版，李杜译、汉口抗敌出版社发行的一九三七年九月版，张洛甫译、延安书局发行的一九三七年十月版，这三个版本是目前发现的《毛泽东自传》的最早版本之一，而且都比汪衡译的文摘社、黎明书局一九三七年十一月一日版的《毛泽东自传》出版时间要早，但比《文摘》杂志同年八月一日开始连载的时间要晚。由此，《毛泽东自传》的谜团也出现了——

到底谁是最早的版本（单行本图书）？到底谁是第一个翻译《毛泽东自传》的人？既然汪衡是《毛泽东自传》最早的中文翻译者，而且上海的《文摘》杂志又是最早发表《毛泽东自传》中文的杂志，为什么汉口、延安却早于上海出版《毛泽东自传》单行本图书？张宗汉、李杜、张洛甫到底是谁？而张宗汉译本的后记落款时间为什么与文中"平型关大捷"的时间出现了严重错误，留下破绽？

笔者经过考证认为：上述汉口抗敌出版社李杜译本、延安文明书局张宗汉译本和陕西延安书局张洛甫译本《毛泽东自传》，它们在图书版权页所署的出版时间上，尽管都早于上海文摘社汪衡译本《毛泽东自传》，但笔者认为这三个版本《毛泽东自传》都存在是汪衡译本《毛泽东自传》"翻版书"的嫌疑，它们在出版时间、地点的准确性上都存在问题。疑点有五：

第一，《毛泽东自传》的英文本是以连载的形式首次发表在美国 ASIA（《亚细亚》）月刊一九三七年七月号至十月号上，而延安文明书局、汉口抗敌出版社和陕西延安书店怎么可能提前于同年九月在中国出版中文版单行本图书呢？

第二，从出版和印刷技术条件上来说，一九三七年九月的延安不可能具备这样的铅印和彩印技术。那时陕北只有简陋的石印设备，没有铅印厂，延安的"软件"和"硬件"上都不可能有这种条件。

[图1.69]

汪衡译本 1937-5
《毛泽东自传》，斯诺著，张洛甫译，陕西延安书局，1937 年 10 月初版。正文共 90 页。附录有《毛泽东夫人贺子珍小传》《毛泽东论抗日及联合战线》《毛泽东等呈蒋委员长一致对日抗战电文》。每册实价国币贰角五分。版权页署名发行者为陕西延安书局，经售处为江大图书公司。笔者考证：该版本译者、出版社和出版时间均为假托，系汪衡译本的翻印本或转译本，实际出版印刷地点应在武汉。该版本还有同年 12 月的再版本。这个版本与"张宗汉译，延安文明书局印行版本"均可在《解放区根据地图书目录》中找到。

第三，一九三七年的延安没有延安文明书局和陕西延安书局这样的出版机构。我们知道，在革命战争年代，中共党的报刊、图书发行机构是新华书店，它是一九三九年九月一日才在延安成立的。延安最早的书店是一九三七年六七月间成立的光华书店。而作为中共党的报刊、图书发行机构的新华书店，就是在光华书店的基础上于一九三九年九月一日才在延安成立的。中共中央和毛泽东向来重视新闻和出版发行事业，中央红军胜利到达陕北后，虽然有了石印设备，但非常简陋。中共中央当即指定专人筹备铅印厂，成立中央印刷厂，并设立了中央出版局，廖承志任局长。一九三九年三月二十二日，出版局改为中央出版发行部，由李富春兼任部长。新华书店是在光华书店的基础上创建起来的。而光华书店也只是一九三七年六七月间才在延安城内开办的，仅有两间门面和三名工作人员。一九三八年十一月二十日延安遭日寇轰炸后，光华书店才在西山挖了三个窑洞。而他们的主要工作也只是销售经营图书报刊，没有编辑出版和发行。更为困难的是，那时的延安受国民党蒋介石政府新闻和经济封锁，不仅缺印刷装备，印刷条件和技术力量都很差，有些字根本没有字模，只能靠手刻，而且纸张更是稀缺，更谈不上电力和电动设备了。他们在延安附近的茶房开办了一个土法造纸厂，用马兰草制造出当时颇有名声的"马兰纸"，纸质十分低劣粗糙。如一九四二年在延安出版的《红军长征记》，纸张用的就是这种"马兰纸"，质量就根本无法跟延安文明书局和延安书局一九三七年出版的《毛泽东自传》相比。在发行上，他们的交通工具非常原始，就是靠肩背手提，步行分送，如到绥德要步行六天，到晋西北就得走十多天。显然，延安文明书局张宗汉译本《毛泽东自传》和延安书局张洛甫译本《毛泽东自传》，它们无论从铅印、纸张、装订质量和发行等技术指标来看，在一九三七年九月的延安是不可能实现的。

汉口抗敌出版社一九三七年九月的李杜译本《毛泽东自传》在出版时间上也是不准确的，它很可能就是汪衡译本的翻印本。因为文摘社和黎明书局在一九三七年十一月十八日之前就已经搬家迁址汉口，而黎明书局汪衡译本《毛泽东自传》十一月二十日的再版本是否在汉口印刷也未可知。由此，笔者认为：张宗汉、李杜和张洛甫三种译本的《毛泽东自传》，在那个战乱年代翻译出版都存在转译、编译或翻印汪衡译本的嫌疑。而一九三七年十一月以后尤其是四十年代出版的、正文分为六个章节的《毛泽东自传》，转译或编译自《红星照耀中国》的可能性比较大。

一九三七年前后，因全国抗战爆发，国共合作，国民政府对新闻出版机构的管控放松了一些，李杜译本的汉口抗敌出版社显然是一个临时建立的出版机构，而汪衡所在的文摘社也是在一九三七年十一月十八日前后搬迁到汉口时建立了一个名叫战时读物编译社的出版机构，出版了大量抗战图书，并编辑出版《文摘战时旬刊》。在同时期，汉口还有一家抗敌救亡出版社也出版发行了《毛泽东自传》。可见，上述延安文明书局、陕西延安书局和汉口抗敌出版社、抗敌救亡出版社等四家出版机构都是临时性的，此后也没有看到它们出版发行的其他出版物。

第四，延安文明书局张宗汉译本译后记《毛泽东到底是个怎样人？》一文有明显史实错误。前文已作说明。张宗汉译本

《毛泽东自传》的出版时间是错误的。

第五，张宗汉、李杜、张洛甫这三位译者的个人资料目前史料上没有能够得到证实，只有译者汪衡的身份可以确认，且真实可信。

值得注意的是，延安文明书局版译者张宗汉与陕西延安书局版译者张洛甫是否是同一人？又是否是张闻天呢？笔者考证认为，张宗汉和张洛甫既不是同一人，更不是张闻天，都是假托之名，他从来都没有使用过张宗汉和张洛甫这两个名字。而据中央档案馆馆藏革命历史资料显示，延安文明书局发行的张宗汉译本《毛泽东自传》，有附录《毛泽东夫人贺子珍女士小传》，也与上海文摘社汪衡译本是相同的，而署名却十分奇怪地变成了"张宗汉、汪衡翻译"。这就足以证明汪衡仍然是《毛泽东自传》最早的译者，亦可见该版本极可能是汪衡译本的翻印本。汉口抗敌出版社李杜译本的译者李杜是谁尚不知悉。但笔者认为极有可能就是汪衡。原因有三：一是《毛泽东自传》的中文汪衡是第一个翻译者；二是因为十年后汪衡在美国也曾用相似的笔名李同主编过《留美学生通讯》；三是那个年代换个笔名是非常常见的事情，且《毛泽东自传》第一次在《文摘》刊载时，汪衡用的就是笔名"吴光"，在翻译《毛泽东夫人何其（应为贺子珍）女士》一文时使用的笔名为"峻"，后来在翻译《二万五千里长征》时使用的笔名

为"长风"。而作为国民党政府的禁书，出于安全考虑，《毛泽东自传》的出版者在译者真实姓名和出版单位、地点、时间上作出一种"伪装"和改变，是一种常事，也是一种常识。

综上所述，笔者认为汪衡是《毛泽东自传》中文版的最早译者，上海文摘社、黎明书局一九三七年十一月一日出版的汪衡译本《毛泽东自传》是真正的最早版本。

因此，笔者推断：在那个战乱年代出版的《毛泽东自传》其他任何版本的译者、出版者都存在转载、编译和假托文摘社汪衡版《毛泽东自传》的嫌疑，也就是说，一九三七年八月一日开始连载发表、十一月一日出版单行本的，由文摘社编辑、黎明书局销售、汪衡翻译、潘汉年题写书名的《毛泽东自传》是最早、最珍贵的版本。而张宗汉译、延安文明书局印行的一九三七年九月版，李杜译、汉口抗敌出版社发行的一九三七年九月版，张洛甫译、延安书局发行的一九三七年十月版，这三个版本的出版时间是否准确，有待进一步考证。而且这三位译者的真实身份，目前仍然没有充分的史料证据。

《毛泽东自传》版本知多少？

THE AUTOBIOGRAPHY OF
MAO TSE-TUNG

根据笔者近二十年来的研究考证，包括中国国家图书馆在内的各大图书馆、博物馆和民间收藏家收藏的《毛泽东自传》单行本图书有六七十种左右。而这些版本的再版本、翻印本、伪装本和盗版本，因年代久远，其大多数的真实出版时间、地点、译者已经无法查实。

从出版时间上来讲，《毛泽东自传》出版的高峰期主要是两个阶段：第一阶段是在一九三七年到一九三八年前后，这是全国抗战爆发和斯诺陆续发表中共苏区新闻采访系列报道及《红星照耀中国》一书初版的时期；第二个阶段是在十年之后的一九四六年到一九四九年间，这个时期国共两党经过重庆谈判之后，无论是政治还是军事，中共已经逐渐取得明显优势。在第一个时间段上，因为国共合作，国民党在对宣传共产党的书刊控制上稍微宽松了一些。而第二个时间段，中共已经控制东北和华北地区。从出版地点上看，第一阶段多集中在华东和华南地区的上海、武汉，第二阶段多集中在重庆谈判所在地和中共控制的华北和东北地区，这与中国革命的历史进程也正好是相吻合的。

现将《毛泽东自传》版本资料辑录（不完全统计）如下：

1. 《毛泽东自传》，史诺笔录，汪衡译，上海复旦大学文摘社出版，黎明书局经售，一九三七年十一月一日初版，十一月二十日再版。附录有《毛泽东论中日战争》《毛泽东夫人贺子珍小传》。该版本第一版与再版本封面相同，

因为封面有潘汉年手题书名而更具特点，犹显珍贵。笔者策划重新出版的即这个版本。[图1.63-图1.64]

2.《毛泽东自传》，斯诺著，张宗汉译，延安文明书局印行，一九三七年九月十四日出版。正文共八十二页，同年十月再版，十一月三版。封面为田一明拍摄的"毛泽东身后有一只小鸡"的图片。[图1.65-图1.66]

3.《毛泽东自传》，美国史诺笔录、李杜译，汉口抗敌出版社，一九三七年九月版。正文共九十页，前六十二页为自传正文，分为四章，即：第一章"少年时代"，第二章"在动乱中成长起来"，第三章"共党的展开"，第四章"从围剿到长征"。与上海文摘社汪衡译本相似。自第六十三页开始为附录：分别是《毛泽东夫人贺子珍小传》《毛泽东论抗日及联合战线》《毛泽东论抗战必胜》《毛泽东等呈蒋介石一致对日抗战电文》等四篇文章。封面为白色，印有"毛泽东自传"五个红色标宋繁体大字，右上方印有毛泽东侧面黑色头像，与上海文摘社汪衡译本相同；封二是毛泽东手书题词，亦与汪衡译本相同；封三为版权页，标明发行者是汉口抗敌出版社。[图1.67-图1.68]

4.《毛泽东自传》，斯诺著，张洛甫译，陕西延安书局，一九三七年十月初版。正文共九十页。附录有《毛泽东夫人贺子珍小传》《毛泽东论抗日及联合战线》《毛泽东等呈蒋委员长一致对日抗战电文》。该版本还有同年十二月的再版本。这个版本与"张宗汉译，延安文明书局印行版本"均可在《解放区根据地图书目录》中找到。

5.《毛泽东自传》，史诺笔录，抗敌救亡出版社印行。译者、出版时间未详。笔者认为应是一九三七年至一九三八年间出版物。[图1.69]

6.《毛泽东自传》，斯诺记录，平凡译，上海战时文化书局，一九三七年版。[图1.70]

7.《毛泽东自传》，美国A.斯诺记录，翰青、黄峰合译，上海东方图书杂志公司发行、光明书局经售，一九三七年十一月初版。附录有：《毛泽东论中国抗日民族统一战线》《毛泽东论抗日联合战线》《毛泽东论抗战必胜》《毛泽东等呈蒋委员长一致对日抗战电文》。[图1.71]

8.《毛泽东自传》，斯诺著，翰青、黄峰合译，上海新生图书公司，一九三八年一月版。插页有毛泽东全身照片、毛泽东与贺子珍合影、毛泽东在红军大学演讲等照片。内容与上述上海东方图书杂志公司发行、光明书局经售的版本基本相同。

9.《毛泽东自传》，署名"施诺笔录，韩白浪译"，时代史料保存社出版，一九三八年一月二十日初版，三千册，实价二角。小三十二开，正文共计七十六页。出版地点为上海。分《我的童年》《求学时代》《斗争道上》和《长征前后》四章，附录为《毛泽东夫人贺子珍女士》。[图1.72]

10.《毛泽东自传》，署名"史诺录，汪衡译"，大众书店（大连市天津街

一三三号）出版发行，一九四六年四月二十日初版，六月三十日再版。小三十二开。印刷者为大众印书馆（大连市育才街九号），总经售为新文化书店。[图1.73]

11.《毛泽东自传》，署名"史诺笔录，汪衡译"，封面注明"附：中外人士眼中的毛泽东、毛泽东论中日战争"，东北书店一九四六年八月版，小三十二开。笔者考证：此版本系汪衡译本增补《毛泽东印象记》一书内容编著而成。东北书店曾在一九四六年十月编辑、一九四七年一月出版了许之桢编译的《毛泽东印象记》。这两部书是同时期编辑印刷的。[图1.74]

12.《毛泽东自传》，署名"毛泽东先生述，史诺笔录，

[图1.70]
汪衡译本 1937-6
《毛泽东自传》，斯诺记录，平凡译，上海战时文化书局 1937 年版。

[图1.72]
汪衡译本 1938-1
《毛泽东自传》，署名"施诺笔录，韩白浪译"，时代史料保存社出版，1938年1月20日初版，3000册，实价二角。小32开，正文共计76页。出版地点为上海。该版本分《我的童年》《求学时代》《斗争道上》和《长征前后》四章，附录为《毛泽东夫人贺子珍女士》。笔者考证：该版本译者、出版社和出版时间均为假托，系汪衡译本的翻印本或转译本。

汪衡译"，封面注明"附：毛泽东论中日战争、毛夫人贺子珍小传"，小三十二开。具体出版单位、时间、地址未详。笔者考证：此版本系汪衡译本的翻印本，应为东北书店在一九四六年出版。[图1.75]

13.《中国共产党年表（附）毛泽东自传》，斯诺笔录，汪衡译，冀中新华书店一九四六年出版。前六页内容为《中国共产党年表》。小三十二开，正文共计四十四页。版权页注明：冀中新华书店位于"河间市十字街西路北"，并在高阳县城内、束鹿旧城、任丘城内设有分店。笔者考证：此书系汪衡译本上海文摘社一九三七年十一月再版本的翻印本，但内容上已经做了重要的调整和修订，与东北书店一九四六年八月版相同。[图1.76]

14.《毛泽东自传》，史诺著，方霖译，上海梅林书店，一九四六年一月版。[图1.87]

15.《毛泽东自传》，毛泽东口述，美·史诺著，国际出版社刊行（重庆），一九四六年一月版。

16.《毛泽东自传》，署名"美·史诺笔记，丁洛译"，上海三友图书公司印行，一九四六年二月版。小三十二开，七十页。此版本群众书店曾出版翻印本，出版时间、地点未详。[图1.112]

17.《毛泽东自传》，斯诺记录，丁洛译，群众书店翻印。书名《毛泽东自传》也是手写体。出版时间未详。

18.《毛泽东自传》，史诺录，汪衡译，大连大众书店出版发行，新文化书店总经售，一九四六年四月二十日初版，六月三十日再版。

19.《毛泽东自传》，署名[美]史诺著、吴平译，国际出版社，一九四六年版，共五十四页。

20.《毛泽东自传》，署名"史诺著，毕正译"，新建出版社印行，一九四六年版。作者情况和具体出版地址未详。[图1.111]

21. 《毛泽东自传》，署名"美国爱特迦史诺著，毕正译"，新建出版社印行。分六章：第一章少年时代，第二章长沙时代，第三章革命的前奏，第四章国民革命时代，第五章新政权运动，第六章红军之成长。该版本有三种不同封面的版次品种，封面设计在书名、社名和作者署名的字体、字号、颜色和位置上略有不同。作者情况和具体出版时间、地址未详。[图1.108-图1.110]

22. 《毛泽东自传》，史诺著，庞真译，新民图书编辑社出版，小三十二开，正文共四十六页。全书共分为四章，标题为译者以一首"打油七绝"自拟，颇富诗意，分别是《幼年生活——儿时耕读已雄心》《少壮时期——马乱兵慌实玉成》《中共兴起——苦聪知行坚灼见》《超人精神——贞忠英勇为人民》。译者还撰写了《弁言》和《后记》。译者情况和出版时间未详。笔者考证此版本应该是在一九四六年前后出版。[图1.113]

23. 《毛泽东自传》，版权页署名"著者：爱德迦·史诺，译者方霖，发行者梅林书店"，一九四六年一月版，二月再版，封面相同，出版地均为上海。小三十二开，正文共六十八页。笔者考证：方霖译本与汪衡译本不同。汪衡译本《毛泽东自传》共四章，原版为 ASIA 英文版；方霖译本为六章，原版应为《红星照耀中国》（一九三八年二月的中文最早译名为《西行漫记》）。方霖译本是二十世纪四十年代发行较多的版本之一。

24. 《毛泽东自传》，爱德迦·史诺著、毛泽东口述，中新书店经售，一九四六年版。共四十页。定价每册人民券三十元。出版地为北平干面胡同三号。亦有未注明出版时间版本。

25.《中国共产党年表（附）毛泽东自传》，斯诺笔录，汪衡译，胶东新华书店一九四七年七月版、十一月再版。小三十二开，正文共计四十页。两个版本之间只是封面更

[图1.73]
汪衡译本 1946-1
《毛泽东自传》，署名"史诺录，汪衡译"，大众书店（大连市天津街133号）出版发行，1946年4月20日初版，6月30日再版。小32开。印刷者为大众印书馆（大连市育才街9号），总经售为新文化书店。此版本系汪衡译本的翻印本，封面除删除了潘汉年题签之外，均与1937年11月上海文摘社版相同。

[图 1.74]

汪衡译本 1946-2

《毛泽东自传》，署名"毛泽东先生述，史诺笔录，汪衡译"，封面注明"附：毛泽东论中日战争、毛夫人贺子珍小传"，小 32 开。具体出版单位、时间、地址未详。笔者考证：此版本系汪衡译本的翻印本，应为东北书店在 1946 年出版。

[图 1.75]

汪衡译本 1946-3

《毛泽东自传》，署名"史诺笔录，汪衡译"，封面注明"附：中外人士眼中的毛泽东、毛泽东论中日战争"，东北书店 1946 年 8 月版，小 32 开。笔者考证：此版本系汪衡译本增补《毛泽东印象记》一书内容编著而成。东北书店曾在 1946 年 10 月编辑、1947 年 1 月出版了许之桢编译的《毛泽东印象记》。这两部书是同时期编辑印刷的。

换了毛泽东的图片。此版本的书名、正文内容和封面设计与冀中新华书店一九四六年版相同。[图 1.77-图 1.78]

26. 《中国共产党年表（附）毛泽东自传》，斯诺笔录，汪衡译，冀东新华书店一九四七年十月一日出版。小三十二开，正文共计四十页。正文内容与东北书店一九四六年八月版相同。此版本为石印本。[图 1.79]

27. 《毛泽东自传》，署名"史诺笔录，方霖译"，香港新民主出版社一九四七年三月初版，封面注明"毛泽东

[图 1.77–图 1.78]

汪衡译本 1947-1

《中国共产党年表（附）毛泽东自传》，斯诺笔录，汪衡译，胶东新华书店 1947 年 7 月版、11 月再版。小32 开，正文共计 40 页。两个版本之间只是封面更换了毛泽东的图片。此版本的书名、正文内容和封面设计与冀中新华书店 1946 年版相同。

[图 1.76]

汪衡译本 1946-4

《中国共产党年表（附）毛泽东自传》，斯诺笔录，汪衡译，冀中新华书店 1946 年出版。前 6 页内容为《中国共产党年表》。小 32 开，正文共计 44 页。版权页注明：冀中新华书店位于"河间市十字街西路北"，并在高阳县城内、束鹿旧城、任丘城内设有分店。笔者考证：此书系汪衡译本上海文摘社 1937 年 11 月再版本的翻印本，但内容上已经做了重要的调整和修订，与东北书店 1946 年 8 月版相同。

[图1.79]

汪衡译本 1947-2

《中国共产党年表（附）毛泽东自传》，斯诺笔录，汪衡译，冀东新华书店1947年10月1日出版。小32开，正文共计40页。正文内容与东北书店1946年8月版相同。此版本为石印本。

[图1.80]

汪衡译本 1948-1

《中国共产党年表（附）毛泽东自传》，斯诺笔录，汪衡译，大连大众书店印行，1948年8月出版。小32开，正文共计44页。正文内容与东北书店1946年8月版相同。

[图1.81]

汪衡译本 1948-2

《中国共产党年表（附）毛泽东自传》，斯诺笔录，汪衡译，东北书店安东分店印行，1948年12月出版。小32开，正文共计44页。正文内容与东北书店1946年8月版相同。

研究丛书"。小三十二开，正文共五十六页。全书共分为六章，并附录《中国共产党年表》。香港新民主出版社是中共南方局领导下一九四六年三月在香港成立的。[图1.88]

28.《毛泽东自传》，新人出版社一九四七年三月版，小三十二开。此版本与香港新民主出版社一九四七年三月版封面整体基本相同，但封面"毛泽东研究丛书"改为"人民英雄传之一"。笔者考证：此版本系方霖译本香港新民主出版社一九四七年三月版的翻印本。[图1.89]

29.《毛泽东自传》，斯诺著，汪衡译，佳木斯东北新华书店出版，一九四七年十二月版。

30.《毛泽东自传》，署名"史诺笔录，方霖译"，香港新民主出版社一九四八年三月版，小三十二开。此版本与一九四七年版内容相同，封面重新进行了设计。[图1.90]

31.《毛泽东自传》，署名"史诺笔录，方霖译"，香港新民主出版社一九四八年五月版，小三十二开。此版本

与一九四八年三月版在封面的颜色上重新进行了设计。[图1.91]

32.《中国共产党年表（附）毛泽东自传》，斯诺笔录，汪衡译，大连大众书店印行，一九四八年八月出版。小三十二开，正文共计四十四页。正文内容与东北书店一九四六年八月版相同。[图1.80]

33.《中国共产党年表（附）毛泽东自传》，斯诺笔录，汪衡译，东北书店安东分店印行，一九四八年十二月出版。小三十二开，正文共计四十四页。正文内容与东北书店一九四六年八月版相同。[图1.81]

34.《毛泽东自传》，斯诺著，编译者不详，新时代文化出版社发行一九四九年十二月版。小三十二开，正文共四十六页。封面印有"伟大人民的领袖毛泽东"。笔者考证为汪衡译本翻印本。[图1.82]

35.《毛泽东自传》，斯诺著，汪衡译，重庆市民出版社印行。出版时间不详。小三十二开，共计三十二页。内容与东北书店一九四六年八月版相同。亦有封面没有标明出版单位版本的石印本。笔者考证认为此版本应为新时代文化出版社发行一九四九年十二月版的翻印本。[图1.83-图1.84]

36.《毛泽东自传》，斯诺著，汪衡译，重庆市印刷业职工工会宣传组印行，一九四九年十二月出版。小三十二开，共计三十八页。内容与东北书店一九四六年八月版相同。[图1.85]

37.《毛泽东自传》，署名"美·史诺录，张宗汉译"，延安文明书局出版，昆明华侨书店印行。一九四九年十二月。翻印本。笔者考证应为汪衡译本翻印本。[图1.86]

38.《毛泽东自传》，署名"史诺笔录，方霖译"，香港新民主出版社一九四九年版，小三十二开。此版本系一九四八年版再版本。[图1.92]

39.《毛泽东自传》，署名"毛泽东口述：爱德迦·史诺著"，北平中新书店版。小三十二开，正文共四十页。出版地位北平干面胡同三号。出版时间、译者未详。据考证系方霖译本上海梅林书店一九四六年一月的翻印本。[图1.93]

40.《毛泽东自传》，署名"毛泽东口述：爱德迦·史诺著"，北京民生书店版。小三十二开，正文共四十六页。出版时间、译者未详。但从"北京"二字来看，出版时间应为一九四九年底至一九五〇年底左右。本版系方霖译本上海梅林书店一九四六年一月的翻印本。[图1.94]

41.《毛泽东自传》，毛泽东口述，爱德迦史诺录，北京科学社发行（北京琉璃厂二六二号）。小三十二开。出版时间、译者未详。据考证系方霖译本上海梅林书店一九四六年一月的翻印本。[图1.95]

42.《毛泽东自传》，新人出版社一九四九年十月二十五日印行，小三十二开，译者未详。据考证系方霖译本上海梅林书店一九四六年一月的翻印本。[图1.96]

43.《毛泽东自传》，新人出版社出版。

[图 1.82]

汪衡译本 1949-1

《毛泽东自传》，斯诺著，编译者不详，新时代文化出版社发行 1949 年 12 月版。小 32 开，正文共 46 页。封面印有"伟大人民的领袖毛泽东"。笔者考证为汪衡译本翻印本。

[图 1.83- 图 1.84]

汪衡译本 1949-2

《毛泽东自传》，斯诺著，汪衡译，重庆市民出版社印行。出版时间不详。小 32 开，共计 32 页。内容与东北书店 1946 年 8 月版相同。亦有封面没有标明出版单位版本的石印本（见图）。笔者考证认为此版本应为新时代文化出版社发行 1949 年 12 月版的翻印本。

[图 1.85]

汪衡译本 1949-3

《毛泽东自传》，斯诺著，汪衡译，重庆市印刷业职工工会宣传组印行，1949 年 12 月出版。小 32 开，共计 38 页。内容与东北书店 1946 年 8 月版相同。

[图 1.86]

汪衡译本 1949-4

《毛泽东自传》，署名"美·史诺录，张宗汉译"，延安文明书局出版，昆明华侨书店印行。1949 年 12 月。翻印本。笔者考证应为汪衡译本翻印本。

[图1.87]
方霖译本 1946-1

《毛泽东自传》，版权页署名"著者：爱德迦·史诺，译者方霖，发行者梅林书店"，1946 年 1 月版，2 月再版，封面相同，出版地均为上海。小 32 开，正文共 68 页。笔者考证：方霖译本与汪衡译本不同。汪衡译本《毛泽东自传》共四章，原版为 ASIA 英文版；方霖译本为六章，原版应为《红星照耀中国》（1938 年 2 月的中文最早译名为《西行漫记》）。方霖译本是 20 世纪 40 年代发行较多的版本之一。

[图1.88]

方霖译本 1947-1

《毛泽东自传》，署名"史诺笔录，方霖译"，香港新民主出版社 1947 年 3 月初版，封面注明"毛泽东研究丛书"。小 32 开，正文共 56 页。全书共分为六章，并附录《中国共产党年表》。香港新民主出版社是中共南方局领导下 1946 年 3 月在香港成立的。

[图1.89]
方霖译本1947-2
《毛泽东自传》，新人出版
社1947年3月版，小32开。
此版本与香港新民主出版社
1947年3月版封面整体基
本相同，但封面"毛泽东研
究丛书"改为"人民英雄传
之一"。笔者考证：此版本
系方霖译本香港新民主出版
社1947年3月版的翻印本。
新人出版社是假托之名。

[图1.90]
方霖译本1948-1
《毛泽东自传》，署名"史
诺笔录，方霖译"，香港新
民主出版社1948年3月版，
小32开。此版本与1947年
版内容相同，封面重新进行
了设计。

1947-2

1948-1

[图1.91]
方霖译本1948-2
《毛泽东自传》，署名"史诺笔录，方霖译"，
香港新民主出版社1948年5月版，小32开。
此版本与1948年3月版在封面的颜色上重
新进行了设计。

[图1.92]
方霖译本1949-1
《毛泽东自传》，署名"史诺笔录，方
霖译"，香港新民主出版社1949年版，
小32开。此版本系1948年版再版本。

[图 1.94]

方霖译本 1949-3

《毛泽东自传》，署名"毛泽东口述：
爱德迦·史诺著"，北京民生书店版。
小 32 开，正文共 46 页。出版时间、译
者未详。据考证系方霖译本上海梅林书
店 1946 年 1 月的翻印本。

[图 1.93]

方霖译本 1949-2

《毛泽东自传》，署名"毛泽东口述：爱德迦·史诺著"，北平中新
书店版。小 32 开，正文共 40 页。出版地位北平干面胡同三号。出
版时间、译者未详。据考证系方霖译本上海梅林书店 1946 年 1 月的
翻印本。

[图 1.95]

方霖译本 1949-4

《毛泽东自传》，署名"毛泽东口述，爱德迦史诺录"，北京科学社
发行（北京琉璃厂 262 号）。小 32 开。出版时间、译者未详。据考
证系方霖译本上海梅林书店 1946 年 1 月的翻印本。

[图1.96]
方霖译本 1949-5
《毛泽东自传》，新人出版社 1949
年 10 月 25 日印行，小 32 开，译者
未详。据考证系方霖译本上海梅林书
店 1946 年 1 月的翻印本。

[图1.97]
方霖译本 1949-6
《毛泽东自传》，新人出版社出版。
小 32 开，正文共计 40 页。出版时间、
译者未详。据考证系方霖译本上海
梅林书店 1946 年 1 月的翻印本。

[图1.98]
方霖译本 1949-7
《毛泽东自传》，广州新广东出版
社 1949 年 10 月 25 日出版。有
1950 年 1 月再版重印本。小 32 开，
正文共计 40 页。译者未详。据考
证系方霖译本上海梅林书店 1946
年 1 月的翻印本。

小三十二开，正文共计四十页。出版时间、译者未详。据
考证系方霖译本上海梅林书店一九四六年一月的翻印本。[图 1.97]

44.《毛泽东自传》，广州新广东出版社一九四九年
十月二十五日出版。有一九五〇年一月再版重印本。小
三十二开，正文共计四十页。译者未详。据考证系方霖译
本上海梅林书店一九四六年一月的翻印本。[图 1.98]

45.《毛泽东自传》，史诺笔录，方霖译，兴梅书店
一九四九年十月印行。小三十二开，正文共计六十二页。
据考证系本上海梅林书店一九四六年一月的翻印本。[图 1.99]

46.《毛泽东自传》，史诺笔录，方霖译。小三十二开。
出版时间、译者未详。据考证系本上海梅林书店一九四六
年一月的翻印本。[图 1.100]

47.《毛泽东自传》，国强出版社，译者、出版时间不

详。小三十二开，正文共计四十二页。据考证系本上海梅
林书店一九四六年一月的翻印本。[图1.101]

48.《毛泽东自传》，国民出版社一九四九年印行。译
者未详。小三十二开，正文共计四十二页。据考证系本上
海梅林书店一九四六年一月的翻印本。[图1.102]

49.《毛泽东自传》，译者、出版社、出版时间不详。
封面上有"十一月购于台湾"字样。小三十二开，正文共

[图1.99]

方霖译本 1949-8

《毛泽东自传》，史诺笔录，方霖译，兴梅书店 1949 年 10 月印行。小 32 开，正
文共计 62 页。据考证系本上海梅林书店 1946 年 1 月的翻印本。

计四十页。据考证系本上海梅林书店一九四六年一月的翻印本。[图1.103]

50.《毛泽东自传》，署名"史诺笔录，天明译"，文孚出版社一九四九年五月三十日印行。小三十二开，正文共计四十八页。定价为人民币券五十元。此版本正文内容不分章节。据考证，译本文字与汪衡译本接近。出版地为上海河南中路金隆街二十一号。封面毛泽东的速写画作者

[图1.100]
方霖译本 1949-9
《毛泽东自传》，史诺笔录，方霖译。小 32 开。出版时间、译者未详。据考证系本上海梅林书店 1946 年 1 月的翻印本。

[图1.101]
方霖译本 1949-10
《毛泽东自传》，国强出版社，译者、出版时间不详。小 32 开，正文共计 42 页。据考证系本上海梅林书店 1946 年 1 月的翻印本。

系著名漫画家米谷（本名朱吾石）一九四八年作于香港。
毛泽东表兄文运昌曾收藏此版本《毛泽东自传》求学出版
社翻印本。[图1.104]

51.《毛泽东自传》，署名"史诺笔录，天明译"，学
生出版社印行。小三十二开，正文共计三十页。出版时间
不详，应为文孚出版社一九四九年五月版的翻印本。[图1.105]

52.《毛泽东自传》，署名"史诺记，天明译"，出版

[图1.102]
方霖译本 1949-11
《毛泽东自传》，国民出版社 1949 年印行。译者未详。小 32 开，正文共计 42 页。据考证系本上海梅林书店 1946 年 1 月的翻印本。

[图1.103]
方霖译本 1949-12
《毛泽东自传》，译者、出版社、出版时间不详。封面上有"十一月购于台湾"字样。小 32 开，正文共计 40 页。据考证系本上海梅林书店 1946 年 1 月的翻印本。

时间和出版单位未详。笔者考证应为文孚出版社一九四九年五月版的翻印本，出版时间在一九四九年至一九五〇年前后。[图1.106]

53.《毛泽东自传》，署名"史诺记，天明译"，湖南省书报编印生产合作社印行。笔者考证应为文孚出版社一九四九年五月版的翻印本，出版时间在一九四九年至一九五〇年前后。[图1.107]

[图1.104]

天明译本 1949-1

《毛泽东自传》，署名"史诺笔录，天明译"，文孚出版社 1949 年 5 月 30 日印行。小 32 开，正文共计 48 页。定价为人民币券五十元。此版本正文内容不分章节。据考证，译本文字与汪衡译本接近。出版地为上海河南中路金隆街 21 号。封面毛泽东的速写画作系著名漫画家米谷（本名朱吾石）1948 年作于香港。毛泽东表兄文运昌曾收藏此版本《毛泽东自传》求学出版社翻印本。

[图 1.105]
天明译本 1949-2
《毛泽东自传》，署名"史诺笔录，
天明译"，学生出版社印行。小 32 开，
正文共 30 页。出版时间不详，应
为文孚出版社 1949 年 5 月版的翻印
本。

[图 1.106]
天明译本 1949-3
《毛泽东自传》，署名"史诺记，天
明译"，出版时间和出版单位未详。
笔者考证应为文孚出版社 1949 年 5
月版的翻印本。

[图 1.107]
天明译本 1949-4
《毛泽东自传》，署名"史诺记，天
明译"，湖南省书报编印生产合作
社印行。笔者考证应为文孚出版社
1949 年 5 月版的翻印本，出版时间
在 1949 年至 1950 年前后。

54.《毛泽东自传》，毛泽东口述，张尚志编译，余鲁
校订，上海三风书局一九四九年三月初版。小三十二开，
正文共三十二页。扉页有毛泽东《沁园春》诗词手迹。但
内容由汪衡译本的第一人称改为第三人称叙述。[图 1.114]

55.《毛泽东自传》，署名"史诺笔录"，中南出版
社一九五〇年十二月初版。卷首《编者的话》作于"椰嘉达"
（雅加达）。亦有版本署名"［美］史诺（E.Snow）著，
中南出版社译"，武汉中南出版社，小三十二开，正文共
计七十页。[图 1.115]

56.《毛泽东自传》，合力出版社印行。出版时间和
译者未详。

57.《毛泽东自传》，前锋出版社印行。出版时间和
译者未详。

58.《毛泽东自传》，广东真理图书公司。出版时间
和译者未详。[图 1.27]

图2

图3

图1

[图1.108- 图1.110]
毕正译本 1946-1
《毛泽东自传》，署名"美国爱特迦
史诺著，毕正译"，新建出版社印行，
小32开。该版本有三种不同封面的
版式品种，封面设计在书名、社名和
作者署名的字体、字号、颜色和位置
上略有不同。作者情况和具体出版时
间、地址未详，笔者认为此版本出版
时间应该是 1946 年左右。（见图1、
2、3）

　　此外，以汪衡译本为主，《毛泽东自传》在不同地区
又出现了其他更名版本。

　　1.《毛泽东传》，斯诺原著，欧阳明德译，上海救亡
图书出版社一九三七年十一月三十日印行。小三十二开，
正文五十四页。封面书名"毛泽东传"由"长江题"。
笔者考证：此版本应为汪衡译本一九三七年十一月文摘
版的翻印本。[图1.116]

　　2.《毛泽东奋斗史》，笔录者史诺，译者鲁凯，上海

[图1.111]

毕正译本 1946-2

《毛泽东自传》，署名"史诺著，毕正译"，新建出版社印行，1946年版。作者情况和具体出版地址未详。

[图1.112]

丁洛译本 1946-1

《毛泽东自传》，署名"美·史诺笔记，丁洛译"，上海三友图书公司印行，1946年2月版。小32开，70页。此版本群众书店曾出版翻印本，出版时间、地点未详。

[图1.113]

庞真译本

《毛泽东自传》，史诺著，庞真译，新民图书编辑社出版，小32开，正文共46页。全书共分为四章，标题为译者以一首"打油七绝"自拟，颇富诗意，分别是《幼年生活——儿时耕读已雄心》《少壮时期——马乱兵慌实玉成》《中共兴起——苦聪知行坚灼见》《超人精神——贞忠英勇为人民》。译者还撰写了《弁言》和《后记》。译者情况和出版时间未详。笔者考证此版本应该是在1946年前后出版。

[图 1.114]

未详译本 -1
《毛泽东自传》，毛泽东口述，张尚志编译，余鲁校订，上海三风书局1949 年 3 月初版。小 32 开，正文共 32 页。扉页有毛泽东《沁园春》诗词手迹。但内容由汪衡译本的第一人称改为第三人称叙述。

前锋出版社发行，一九三七年十一月出版。三十六开，九十页。本译本系汪衡译本的翻印本，"自传"四章的标题则改为《我的家庭奋斗》《我的生活奋斗》《我的阶级奋斗》《我的战争奋斗》。开篇黑白插页收入《毛泽东先生及其夫人近影》和毛泽东一九三七年七月十三日的抗战题词，书前收入江帆的《毛泽东先生的传略》和衡天的《毛泽东夫人贺志珍女士传略》两篇，附录收入《毛泽东关于特别问题谈话》《毛泽东在保安关于联合阵线谈话》《毛泽东谈论中日战争》。目前发现的版本缺少封面，但书脊上却依稀可见红色宋体"毛泽东自传"字样。[图 1.117—图 1.119]

[图 1.115]

未详译本 -2

《毛泽东自传》，署名"史诺笔录"，中南出版社 1950 年 12 月初版。卷首《编者的话》作于"椰嘉达"
（雅加达）。亦有版本署名"（美）史诺（E.Snow）著，中南出版社译"，武汉中南出版社，小 32 开，
正文共计 70 页。

［图 1.116］
更名译本 - 1
《毛泽东传》，斯诺原著，欧阳明
德译，上海救亡图书出版社 1937 年
11 月 30 日印行。小 32 开，正文 54
页。封面书名"毛泽东传"由"长江
题"。笔者考证：此版本应为汪衡译
本 1937 年 11 月文摘版的翻印本。

3.《毛泽东生平》，太岳新华书店，一九四七年一月印行，七月再版。小三十二开，正文六十八页。该版本包括汪衡译本《毛泽东自传》、萧三著《毛泽东同志的儿童时代（初稿）》和《毛泽东同志的初期革命活动》，附录为《毛主席在重庆》。［图 1.120- 图 1.121］

4.《毛泽东传》，汪衡译，东北书店一九四七年初版，四十开，正文共计五十四页。笔者考证：此版本应为汪衡译本一九三七年十一月文摘版的翻印本。［图 1.122］

5.《毛泽东传》，斯诺著，汪衡译，华北新华书店版，小三十二开，正文共计六十四页。笔者考证：此版本应为汪衡译本一九三七年十一月文摘版的翻印本。［图 1.123］

6.《毛泽东传》，署名"毛泽东先生述，斯诺笔录，汪衡译"，哈北印刷厂翻印。小三十二开，正文共计三十六页。笔者考证：此版本应为汪衡译本一九三七年十一月文摘版的翻印本，与东北书店一九四六年八月版相同。［图 1.124］

7.《毛泽东》，斯诺、爱泼斯坦等著，吉林书店一九四八年版。小三十二开，正文共计一百二十页。内容

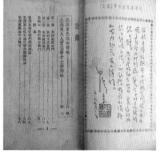

［图 1.117- 图 1.119］
更名译本—2
《毛泽东奋斗史》，笔录者史诺，译者鲁凯，上海前锋出版社发行，1937 年 11 月出版。
36 开，90 页。

[图 1.120- 图 1.121]
更名译本－3
《毛泽东生平》，太岳新华书店，1947年 1 月印行，7 月再版。小 32 开，正文 68 页。该版本包括汪衡译本《毛泽东自传》、萧三著《毛泽东同志的儿童时代（初稿）》和《毛泽东同志的初期革命活动》，附录为《毛主席在重庆》。

[图 1.122]
更名译本 -4
《毛泽东传》，汪衡译，东北书店1947 年初版，40 开，正文共计 54 页。笔者考证：此版本应为汪衡译本 1937年 11 月文摘版的翻印本。

[图1.123]
更名译本 -5
《毛泽东传》，斯诺著，汪衡译，华北新华书店版，
小32开，正文共计64页。笔者考证：此版本应为汪
衡译本1937年11月文摘版的翻印本。

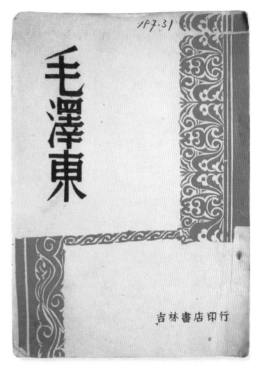

[图1.125]
更名译本 - 7
《毛泽东》，斯诺、爱泼斯坦等著，吉林书店1948年版。
小32开，正文共计120页。内容包括汪衡译本《毛泽东自传》、
孔厥《人民领袖这样爱咱们》、斯诺和爱泼斯坦等著《外国
记者印象中的毛泽东》、柳六文等著《重庆之行》。

包括汪衡译本《毛泽东自传》、孔厥《人民领袖这样爱咱
们》、斯诺和爱泼斯坦等著《外国记者印象中的毛泽东》、
柳六文等著《重庆之行》。[图1.125]

　　8.《毛泽东革命史》，史诺著，未署译者，国强出版
社印行，出版时间未详。小三十二开，正文共计四十页。
全书共分六章，系方霖译本的翻印本。[图1.126]

　　9.《毛泽东主席自述小传》，扉页印有"施诺笔录，
范萍译述"，新时代出版社印行，一九四九年五月出版，
出版地点在上海。小三十二开，正文共计六十页。全书共

[图1.126]
更名译本 - 8
《毛泽东革命史》，史诺著，未署译者，
国强出版社印行，出版时间未详。小
32开，正文共计40页。全书共分六
章，系方霖译本的翻印本。

[图1.124]
更名译本 - 6
《毛泽东传》，署名"毛泽东先生述，
斯诺笔录，汪衡译"，哈北印刷厂翻印。
小32开，正文共计36页。笔者考证：
此版本应为汪衡译本1937年11月
文摘版的翻印本，与东北书店1946
年8月版相同。

分六章，系方霖译本的翻印本。[图1.127]

　　10.《毛泽东自传及其他》，林明编，智慧出版社印行，一九四九年五月版。小三十二开，正文共计三十二页。本书仅摘录了汪衡译本《毛泽东自传》第一章，其余内容为毛泽东的著作。[图1.128]

　　11.《毛泽东的故事》，史诺著，汪衡译，东南书报社翻印，一九四九年六月版。小三十二开，正文共计四十六页。此版本应为汪衡译本一九三七年十一月文摘版的翻印本。[图1.129]

　　12.《人民领袖毛泽东奋斗史》，史诺著，王岱译，大

[图 1.128]
更名译本 - 10
《毛泽东自传及其他》，林明编，智
慧出版社印行，1949 年 5 月版。小
32 开，正文共计 32 页。本书仅摘录
了汪衡译本《毛泽东自传》第一章，
其余内容为毛泽东的著作。

[图 1.127]
更名译本 - 9
《毛泽东主席自述小传》，扉页印有"施诺笔录，范萍译述"，新时代出版社印行，
1949 年 5 月出版，出版地点在上海。小 32 开，正文共计 60 页。全书共分六章，
系方霖译本的翻印本。

众读物出版社一九四九年六月版。小三十二开，正文共计
四十六页。全书共分六章，系方霖译本的翻印本。[图 1.130]

　　13.《毛泽东与中国共产党》，山东渤海军区前锋报社
编印，一九四九年六月版。小三十二开，正文共计四十六
页。内容包括萧三《毛泽东同志略传》、张如心著《毛泽
东同志的作风》和斯诺写的《毛泽东与中国共产党》《毛
泽东与中国工农红军》。斯诺的这两篇文章即汪衡译本《毛
泽东自传》的第三、四章。[图 1.131]

14.《毛泽东与中国》，萧三等著，嫩江新华出版社出版，时间未详。小三十二开，正文共计八十二页。内容包括萧三著《毛泽东同志略传》、汪衡译本《毛泽东自传》、萧三《毛泽东同志的初期革命活动》、爱泼斯坦著《这就是毛泽东》、张如心著《毛泽东的人生观》。 [图 1.132]

15.《人民领袖毛泽东传》，著译者未署名，上海大舵出版社一九四九年六月版。十六开，十六页。系根据斯诺

[图 1.129]
更名译本 –11
《毛泽东的故事》，史诺著，汪衡译，东南书报社翻印，1949 年 6 月版。小 32 开，正文共计 46 页。此版本应为汪衡译本 1937 年 11 月文摘版的翻印本。

[图 1.130]
更名译本 – 12
《人民领袖毛泽东奋斗史》，史诺著，王岱译，大众读物出版社 1949 年 6 月版。小 32 开，正文共计 46 页。全书共分六章，系方霖译本的翻印本。

[图1.131]
更名译本 -13
《毛泽东与中国共产党》，山东渤海
军区前锋报社编印，1949年6月版。
小32开，正文共计46页。内容包括
萧三《毛泽东同志略传》、张如心著
《毛泽东同志的作风》和斯诺写的《毛
泽东与中国共产党》《毛泽东与中国
工农红军》。斯诺的这两篇文章即汪
衡译本《毛泽东自传》的第三、四章。

笔录的《毛泽东自传》和《西行漫记》等编译。[图1.133]

16.《人民领袖毛泽东》，斯诺、爱泼斯坦等著，东北新华书店辽东分店一九四九年九月版。小三十二开，正文共计一百一十二页。全书包括汪衡译本《毛泽东自传》、草明等著《中国人民和毛泽东》、爱泼斯坦等著《外国记者印象中的毛泽东》、柳六文等著《重庆之行》。[图1.134]

17.《东方红》，陈天海编，平原出版社一九四九年六月版。小三十二开，六十页。内容包括郭沫若《在毛泽东的旗帜下》、斯特朗《毛泽东路线的发展》、艾思奇《论毛泽东思想》、李山《伟大的毛泽东》，以及方霖译本上海梅林一九四六年一月版《毛泽东自传》。[图1.135]

最后，值得研究和关注的是，《毛泽东自传》的内容早在一九三九年就在苏联出版过俄文版，这本一百零二页的"以一位美国记者一九三六年据毛泽东谈话所做的记录为基础"的传记，由苏联"国家政治读物出版社"出版，书名就叫《毛泽东》。[图1.142-图1.143]可见，该书也就是毛泽东口述、斯诺记录的《毛泽东自传》。俄文版《毛泽东》封面是缎面精装，右面正中红底竖印黄色"毛泽东"三字是毛泽东本人手书，左面是俄文的"毛泽东"几个金色字。扉页上印有苏沃罗夫绘制的毛泽东素描肖像，并注明"传略"二字。书中还有中文和俄文印刷的"全世界无产者联合起来！"。除此之外，书中还有前言和附录。版权页上署名为"苏联国家档案馆与 M.基谢廖夫编写"。而在这篇前言中用了近八千字的篇幅盛赞毛泽东为"光荣的人民英雄和中国共产党的领袖"，"无限热爱自己祖国的榜样和全心全意为自己的人民服务的人"，"杰出的革命统帅、天才的战略家与全面的国务活动家"；"毛泽东的生活史即是整整一代中国人民争取自由和独立的历史"，"它的名字广为人知并赢得千万人民大众的热爱，它传到中国最偏僻的地方，并远播于中国疆域之外"。文中还说："苏

[图1.132]

更名译本 -14

《毛泽东与中国》，萧三等著，嫩江新华出版社出版，时间未详。小32开，正文共计82页。内容包括萧三著《毛泽东同志略传》、汪衡译本《毛泽东自传》、萧三《毛泽东同志的初期革命活动》、爱泼斯坦著《这就是毛泽东》、张如心著《毛泽东的人生观》。

[图1.133]

更名译本 -15

《人民领袖毛泽东传》，著译者未署名，上海大舵出版社1949年6月版。16开，16页。系根据斯诺笔录的《毛泽东自传》和《西行漫记》等编译。

联劳动人民对毛泽东的名字感到亲切和珍贵，他们不懈地关注着伟大的中国人民的英勇斗争"，而"苏联读者将会饶有兴趣地阅读伟大的中国革命者关于自己的生活和斗争的传记故事"。而这也是苏联出版的第一本毛泽东传记。

关于《毛泽东自传》的出版史，笔者曾著述《解谜〈毛泽东自传〉》（中国青年出版社二〇〇八年一月出版）。当然，故事并没有结束，我相信，还会有更多《毛泽东自传》的故事浮出水面。而历史本身，就像我们努力追求还原历史的真实一样，如此的妙不可言。

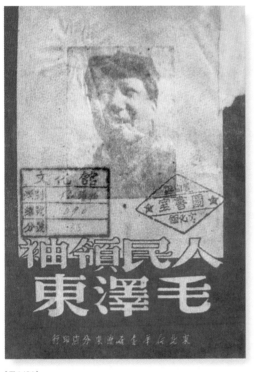

[图 1.134]
更名译本 –16
《人民领袖毛泽东》，斯诺、爱泼斯坦等著，东北新华书店
辽东分店 1949 年 9 月版。小 32 开，正文共计 112 页。全
书包括汪衡译本《毛泽东自传》、草明等著《中国人民和毛
泽东》、爱泼斯坦等著《外国记者印象中的毛泽东》、柳六
文等著《重庆之行》。

[图 1.135]
更名译本 –17
《东方红》，陈天河编，平原出版社 1949 年 6 月版。小 32
开，60 页。内容包括郭沫若《在毛泽东的旗帜下》、斯特朗
《毛泽东路线的发展》、艾思奇《论毛泽东思想》、李山《伟
大的毛泽东》，以及方霖译本上海梅林书店 1946 年 1 月版《毛
泽东自传》。

　　作为超级传奇的红色经典，《毛泽东自传》的确是中
国新闻出版史上的一个神话。截至笔者二〇〇一年重新再
版一九三七年版汪衡译本《毛泽东自传》之前，[图 1.144] 新中
国成立以来，《毛泽东自传》没有重新公开出版过单行本
图书（除"文化大革命"中非正式出版物之外）。[图 1.137~图 1.141]
一九七九年十二月，经中共中央批准，人民出版社出版了
经时任毛泽东和斯诺翻译吴黎平（吴亮平）先生重新校订
的《毛泽东一九三六同斯诺的谈话：关于自己的革命经历
和红军长征等问题》，[图 1.145] 收入了《一个共产党员的经历》

[图 1.136]

《毛泽东自传》

《毛泽东自传》，现代出版公司 1970
年 7 月香港再版，32 开，130 页，并
辑《毛泽东会见记》《毛泽东与我》，
署名"史诺、萧瑜"著作。

[图 1.137– 图 1.138]

《毛泽东自传》

"文化大革命"期间红卫兵组织或"革命
造反总部"翻印的《毛泽东自传》。

[图 1.139– 图 1.141]

《毛主席的回忆》

"文化大革命"期间红卫兵组织或"革
命造反总部"将《毛泽东自传》改名
为《毛主席的回忆》，大量翻印或油印。

[图1.144]

2001年解放军文艺出版社版《毛泽东自传》的宣传海报。

[图1.145]

《毛泽东一九三六年同斯诺谈话》，人民出版社1979年12月版。

[图1.146]

《毛泽东自述》，人民出版社1993年版。

[图1.147]

《毛泽东自传》，斯诺录，汪衡译，丁晓平编校，台湾古籍出版有限公司2002年3月版。

[图1.148]

《毛泽东自传》，斯诺录，汪衡译，丁晓平编校，香港皇冠出版社2001年12月版。

[图1.149]

《毛泽东自传》，斯诺录，汪衡译，丁晓平编校，韩国多乐园出版社2002年1月版。

[图1.150]
《毛泽东自传》，中国青年出版社
2009 年版。

[图1.151]
《毛泽东自传》，典藏版，中国青年
出版社 2014 年版。

（即《毛泽东自传》的内容）和《长征》，以及《论反对日本帝国主义》《论统一战线》《中国共产党和世界事务》等文章。一九九三年，人民出版社将此书重新整理，改名为《毛泽东自述》，[图1.146]后来又于一九九六年再次重新整理，增加与斯诺一九三九年、一九六五年和一九七〇年的谈话，同时增补了一九三七年毛泽东与海伦·斯诺、詹姆斯·贝特兰，一九四四年与冈瑟·斯坦因，一九四六年与安娜·路易斯·斯特朗的多篇谈话。[图1.30]但以《毛泽东自传》为书名的至今依然是汪衡译本。二〇〇一年九月，解放军文艺出版社新版（简化字和一九三七年十一月二十日黎明书局再版影印对照本）推出后，台湾、香港两地出版机构也推出了繁体字版，[图1.147-图1.148]韩国也推出了韩文版，[图1.149]二〇〇九年，经笔者重新编辑校注，收入了《毛泽东自传》在美国《亚细亚》（ASIA）杂志的英文影印原版、汪衡译本在上海《文摘》（后改名《文摘战时旬刊》）的中译本杂志原版、黎明书局一九三七年十一月一日新版原版，分平装和精装两种版本由中国青年出版社出版，深受读者喜爱。[图1.150-图1.151]

第二章

漫東陳印象記

THE AUTOBIOGRAPHY OF MAO TSE-TUNG

《毛泽东自传》
《毛泽东印象》姊妹篇

　　毛泽东，是中国一个时代的象征。他是中国乃至世界的一个永恒的记忆。而这个记忆，对于中国人民来说，是与告别苦难和屈辱、与解放和当家做主站起来紧密相连的。这个记忆像是一个巨大的磁场，有着无限的引力，历史不会忘记，人民也不会忘记。

　　中国人民对毛泽东的记忆是红色的。而这些红色的记忆，却最早来源于西方人的笔下。在二十世纪三十年代末到四十年代末的十年左右的时间里，以著名美国进步记者埃德加·斯诺为代表的一群公平、公正、正义、富有良知和同情心的西方人，以他们的远见卓识和优秀品质，冲破政治封锁和重重艰险，把毛泽东和他的亲密战友们领导的所谓"赤匪"们进行的中国革命的真相公布给全世界，发表出版了大量的优秀作品。这些珍贵的文字如今都是中国革命史的重要文献和第一手历史资料。而最早出版的毛泽东传记类图书就是一九三七年同在上海出版的《毛泽东自传》和《毛泽东印象记》，作者均为埃德加·斯诺。

　　和《毛泽东自传》一样，斯诺写的《毛泽东印象记》（又名《毛泽东印象》）后来都成为《红星照耀中国》的重要篇章，即《红星照耀中国》中译本《西行漫记》一书第三篇《在保安》的第一节《苏维埃掌权人物》。此文最早发表在一九三七年四月十五日斯诺自己主编的《民主》杂志上，题为《苏维埃巨人》。有些中文版本将此文标题译为"苏维埃强人"或"苏维埃巨人"。中文版目前发现最早刊登于一九三七年三月二十五日的《救国时报》，题为《一个非常的伟人》，同时刊登了毛泽东和贺子珍的合影。王福时在他翻译的《外国记者西北印象记》中翻译为《毛泽东——苏维埃的台柱》。新中国成立前，此文曾多次以《毛泽东印象》或《毛泽东印象记》为题收入同名单行本图书出版，其实就是斯诺眼里的毛泽东。

斯诺的《毛泽东印象记》

THE AUTOBIOGRAPHY OF MAO TSE-TUNG

苏维埃掌权人物[35]

小村庄在西北很多，但是城市不论大小却不常见。除了红军草创的工业以外，西北完全是个农业区，有些地方，还是半游牧区。因此，纵马登上崎岖的山顶，看到下面苍翠的山谷中保安的一片古老城墙，确实使人觉得十分意外。

在唐朝和金朝的时候，保安曾是抵御北方游牧民族入侵的边防要塞。至今人们犹可在一条狭仄的隘口两旁，看到堡垒的残迹，被下午的阳光染成一片火红色。当年蒙古人的征略大军，就是通过这条隘口大举倾入这个山谷里来的。保安还有一座内城，从前驻扎过边防军；最近经过红军修缮的一道高大的用作防御的砖墙，围绕着约莫一英里见方的地方，就是现在保安城所在。[36]

我在这里终于找到了南京同他打了十年仗的共产党领袖——毛泽东，用最近采用的正式头衔，就是"中华人民苏维埃共和国"的主席。旧名"中华工农苏维埃共和国"已在共产党开始实行争取建立统一战线的新政策的时候放弃了。

周恩来的电报已经收到，他们正等待着我，"外交部"里已替我预备好一个房间，我暂时成了苏维埃国家的客人。我到了后，保安外侨的人数顿然剧增。另外的一个西方侨民就是一个称作李德同志的德国人。

[35] 摘自《西行漫记》第60—70页，董乐山译，生活·读书·新知三联书店1979年12月第1版。

[36] 延安原来叫肤施，1936年12月为红军所占领。

[图2.1]
1936 年，毛泽东在陕北保安（今陕西省志丹县）。

我到后不久，就见到了毛泽东，他是个面容瘦削、看上去很像林肯的人物，个子高出一般的中国人，背有些驼，一头浓密的黑发留得很长，双眼炯炯有神，鼻梁很高，颧骨突出。[图2.1]我在一刹那间所得的印象，是一个非常精明的知识分子的面孔，可是在好几天里面，我总没有证实这一点的机会。我第二次看见他是傍晚的时候，毛泽东光着头在街上走，一边和两个年轻的农民谈着话，一边认真地做着手势。我起先认不出是他，后来等到别人指出才知道。南京虽然悬赏二十五万元要他的首级，可是他却毫不介意地和旁的行人一起在走。

关于毛泽东，我可以单独写一本书。我跟他谈了许多夜晚，谈到各种广泛的问题，我也从士兵和共产党员那里听到关于他的许多故事。我同他谈话后写的访问记录就有大约两万字。他幼年和青年时代的情形，他怎样成为国民党和国民革命的一个领袖，为什么成为一个共产主义者，红军怎样成长壮大起来，他统统告诉了我。他向我介绍了长征到西北的情形，并且写了一首关于长征的旧诗给我。他又告诉我许多其他著名的红军战士的故事，从朱德一直到那个把藏有苏维埃政府档案的两只铁制文件箱背在肩上走了长征全程的青年。

从这样丰富的未经利用、不为人知的材料中，我怎么能够用寥寥数百个字把这个农民出身的知识分子转变为革命家的故事告诉你们呢？我不想作这样压缩的尝试。毛泽东生平的历史是整整一代人的一个丰富的横断面，是要了解中国国内动向的原委的一个重要指南，我以后还要根据他所告诉我的情况，把他个人历史的那个丰富的激动人心的纪录写进本书。但是 我在这里想要谈一些主观的印象，还有关于他的令人感到兴趣的少数事实。

首先，切莫以为毛泽东可以做中国的"救星"。这完全是胡说八道。决不会有一个人可以做中国的"救星"。但是，不可以否认，你觉得他的身上有一种天命的力量。这并不是什么昙花一现的东西，而是一种实实在在的根本活力。你觉得这个人身上不论有什么异乎寻常的地方，都是产生于他对中国人民大众，特别是农民——这些占中国人口绝大多数的贫穷饥饿、受剥削、不识字，但又宽厚大度、勇敢无畏、如今还敢于造反的人们——的迫切要求作了综合和表达，达到了不可思议的程度。假使他们的这些要求以及推动他们前进的运动是可以复兴中国的动力，那么，在这个极其富有历史性的意义上，毛泽东也许可能成为一个非常伟大的人物。

但是我并不想宣布历史的判决。同时，除了他的政治生活以外，毛泽东作为个人也是一个使人感到兴趣的人物。因为，虽然他的名字同蒋介石一样为许多中国人所熟悉，可是关于他的情况却很少知道，因此有着各种各样关于他的奇怪传说。我是访问他的第一个外国新闻记者。

毛泽东有能够从死里逃生、大难不死的传说。南京曾经一再宣告他死了，可是没有几天以后，报上的新闻栏又出现了他的消息，而且活跃如昔。国民党也曾经好几次正式宣布"击毙"并埋葬了朱德，有时还得到有"千里眼"的传教士的旁证。尽管如此，这两个著名人物多次遭难，可并不妨碍他们参与许多次惊人壮举，其中包括长征。说

[37] 据原书注释：参阅《中华苏维埃共和国的基本法律》(1934年伦敦劳伦斯书店出版）。其中包括苏区临时宪法和关于"资产阶级民主革命"阶段的基本目标的说明。又可参阅《红色中国：毛泽东主席关于中华苏维埃共和国的发展的报告》(1934年伦敦）

真的，当我访问红色中国的时候，报上正盛传毛泽东的又一次死讯，但我却看到他活得好好的。不过，关于他的死里逃生、大难不死的传说，看来是有一些根据的，那就是，他虽身经百战，有一次还被敌军俘获而逃脱，有世界上最高的赏格缉拿他的首级，可是在这许多年头里，他从来没有受过一次伤。

有一个晚上，一个红军医生——一个曾在欧洲学习、精通医道的人——给他作全面体格检查，我正好在他的屋子里，结果宣布他身体非常健康。他从来没有得过肺病或任何其他"不治之症"，并不像有些想入非非的旅行家所谣传的那样。他的肺部是完全健康的，尽管他跟大部分红军指挥员不一样，吸烟没有节制。在长征路上，毛泽东和李德（另一个烟瘾很重的人）进行了独特的植物学研究，遍尝各种的叶子，要寻出烟叶的代替品来。

毛泽东现在的夫人贺子珍——从前是小学教员，现在本人也是个共产党的组织者——却不及她丈夫幸运。她受到过十多处伤，是炸弹碎片造成的，不过都是表面的伤。[图2.2]正当我离开保安以前，毛氏夫妇新生了一个女孩子。毛泽东的前妻杨开慧曾生了两个孩子。她是一个中国名教授的女儿，数年前被何键杀害。

毛泽东现年（一九三七年）四十四岁。在第二次中华全国苏维埃大会上，他被选为中央苏维埃临时政府主席，这次大会的出席者，代表着当时生活在红色法律[37]下的九百万左右的人民。说到这里，我要附带插入几句话。据毛泽东的估计，中央苏维埃政府在一九三四年直接控制下的各区最高人口数字如下：江西苏区三百万；鄂皖豫苏区二百万；湘赣鄂苏区一百万；赣湘苏区一百万；浙闽苏区一百万；湘鄂苏区一百万；总共九百万。有些估计高达此数的十倍，令人难以置信，大概是把红军或红色游击队所活动的各个地区全部人口加在一起而得出来的。我把中国苏区人民有八千万的数字告诉毛泽东的时候，他就笑了起来，并且说，要是他们真的有这样广大的面积，革命就差不多胜利了。不过当然，红色游击队的地区，人口还有好几百万。

毛泽东在中国的共产党势力范围内的影响，今天大概比什么人都要大。在几乎所有组织里，他都是一位委员——如革命军事委员会、中央政治局、财政委员会、组织委员会、公共卫生委员会，以及其他等等。他的实际影响是通过在政治局的支配地位发挥出来的，因为政治局有着决定党、政、军政策的大权。不过虽然每个人都知道他而且尊重他，但没有——至少现在还没有——在他身上搞英雄崇拜的一套。我从来没有碰到过一个中国共产党人，口中老是叨念着"我们的伟大领袖"。我没有听到过有人把毛泽东的名字当作中国人民的同义语，但是，我却也从来没有碰到过一个不喜欢"主席"——个个人都这样叫他——或不景仰他的人。他个人在运动中的作用，显然是很大的。

在我看来，毛泽东是一个令人极感兴趣而复杂的人。他有着中国农民的质朴纯真的性格，颇有幽默感，喜欢憨笑。甚至在说到自己的时候和苏维埃的缺点的时候他也笑得厉害——但是这种孩子气的笑，丝毫也不会动摇他内心对他目标的信念。他说话平易，生活简朴，有些人可能以为他有点粗俗。然而他把天真质朴的奇怪品质同锐利的机智和老练的世故结合了起来。

我想我第一次的印象——主要是天生精明这一点——大概是不错的。然而毛泽东还是一个精通中国旧学的有成就的学者，他博览群书，对哲学和历史有深入的研究，他有演讲和写作的才能，记忆力异乎常人，专心致志的能力不同寻常，个人习惯和外表落拓不羁，但是对于工作却事无巨细都一丝不苟，他精力过人，不知疲倦，是一个颇有天才的军事和政治战略家。许多日本人都认为他是中国现有的最有才干的战略家，这是令人很感到兴趣的事。

红军正在保安盖起几所新建筑，但当我在那里的时候，住处是非常原始的。毛泽东和他的夫人住在两间窑洞里，四壁简陋，空无所有，只挂了一些地图。比这更差的他都经历过了，但因为是一个湖南"富"农的儿子，他也经历过比这更好的。

毛氏夫妇的主要奢侈品是一顶蚊帐。除此之外，毛泽东的生活和红军一般战士没有什么两样。做了十年红军领袖，千百次地没收了地主、官僚和税吏的财产，他所有的财物却依然是一卷铺盖，几件随身衣物——包括两套布制服。他虽然除了主席以外还是红军的一个指挥员，他所佩的领章，也不过是普通红军战士所佩的两条红领章。

我曾几次同毛泽东一起去参加过村民和红军学员的群众大会，去过红色剧院。他毫不惹眼地坐在观众的中间，玩得很高兴。我记得有一次在抗日剧社看戏，休息的时候，群众一致要求毛泽东和林彪来一次合唱。林彪是红军大学的校长，只有二十八岁，他以前是蒋介石参谋部里一个著名的年轻军校毕业生。林彪像一个小学生似的涨红了脸，讲了几句很得体的话，请女共产党员代替他们唱支歌，逃脱了"点名表演"。

毛泽东的伙食也同每个人一样，但因为是湖南人，他有着南方人"爱辣"的癖好。他甚至用辣椒夹着馒头吃。除了这种癖好之外，他对于吃的东西就很随便。有一次吃晚饭的时候，我听到他发挥爱吃辣的人都是革命者的理论。他首先举出他的本省湖南，就是因产生革命家出名的。他又列举了西班牙、墨西哥、俄国和法国来证明他的说法，可是后来有人提出意大利人也是以爱吃红辣椒和大蒜出名的例子来

[图2.2]
毛泽东和夫人贺子珍（1936
年在保安，斯诺摄）

反驳他，他又只得笑着认输了。附带说一句，"赤匪"中
间流行的一首最有趣的歌曲叫《红辣椒》。它唱的是辣椒
对自己活着供人吃食没有意义感到不满，它嘲笑白菜、菠菜、
青豆的浑浑噩噩，没有骨气的生活，终于领导了一场蔬菜
的"起义"。这首《红辣椒》是毛主席最爱唱的歌。[38]

他似乎一点也没有自大狂的征象，但个人自尊心极强，
他的态度使人感到他有着一种在必要时候当机立断的魄力。
我从来没有看见他生过气，不过我听到别人说，他有几次
曾经大发脾气，使人害怕。在那种时候，据说他嬉笑怒骂
的本领是极其杰出和无法招架的。

我发现他对于当前世界政治惊人地熟悉。甚至在长征
途上，红军似乎也收到无线电新闻广播，在西北，他们还
出版着自己的报纸。毛泽东熟读世界历史，对于欧洲社会
和政治的情形，也有实际的了解。他对英国的工党很感兴
趣，详尽地问我关于工党目前的政策，很快就使我答不上
来了。他似乎觉得很难理解，像英国那样工人有参政权的

[38] 参见本书第十章《毛主席最爱唱
的辣椒歌》。

国家，为什么仍没有一个工人的政府。我的答案恐怕并没有使他满意。他对于麦克唐纳表示极端的蔑视，他说麦克唐纳是个"汉奸"——即英国人民的头号叛徒。

他对于罗斯福总统的看法是令人很感兴趣的。他相信罗斯福是个反法西斯主义者，以为中国可以跟这样的人合作。他又问到许多关于美国新政和罗斯福外交政策的问题。他所提问题表明他对于这两个政策的目标都有很明白的了解。他把墨索里尼和希特勒看作走江湖的骗子，但认为墨索里尼能干得多，一个真正的权术家，有历史知识，而希特勒，却不过是资本家的没有意志的傀儡。

毛泽东读过许多关于印度的书，对于那个国家也有一定的看法。主要的一点，就是认为印度不经过土地革命是永远不会实现独立的。他问到我关于甘地、尼赫鲁、查多巴蒂亚以及我所知道的其他印度领袖的情况。他知道一些美国的黑人问题，把黑人和美国印第安人所遭受的待遇，跟苏联对待少数民族的政策相对照。我指出美国的黑人和苏联的少数民族在历史和心理背景上有着某些很大的不同，他对此也表示有兴趣。有兴趣——但是并不同意我。

毛泽东是个认真研究哲学的人。我有一阵子每天晚上都去见他，向他采访共产党的党史，有一次一个客人带了几本哲学新书来给他，于是毛泽东就要求我改期再谈。他花了三四夜的功夫专心读了这几本书，在这期间，他似乎是什么都不管了。他读书的范围不仅限于马克思主义的哲学家，而且也读过一些古希腊哲学家、斯宾诺莎、康德、歌德、黑格尔、卢梭等人的著作。

我常常在想毛泽东自己对于武力、暴力以及"杀人的必要性"等问题的责任感。他年轻的时候，就有强烈的自由主义的和人道主义的倾向，从理想主义转到现实主义的过渡只能是在哲学上开始的。虽然他出身农民，但在年轻时候，本人却不曾怎么受过地主的压迫，像许多共产党员那样。还有，马克思主义虽然是他思想的核心，但据我的推想，阶级仇恨对他来说大概基本上是他的哲学体系中的一种理性的产物，而不是本能的冲动。

他的身上似乎没有什么可以称为宗教感情的东西。我相信他的判断都是根据理性和必要作出的。因此我认为他在生与死的问题上，在共产主义运动中大概基本上起着一种节制的作用。我觉得他想把他的哲学，即"长期观点"的辩证法，作为任何大规模行动中的权衡标准，而在这个思想范围内，人命的宝贵只是相对的。这在中国的领袖人物中间显然是很不平常的，因为从历史上来说，他们往往置权宜于伦理之上。

毛泽东每天工作十三四个小时，常常到深夜两三点钟才休息。他的身体仿佛是铁打的。他认为这要归因于他在少年时代在父亲的田里干过苦活，要归因于他在学校读书的刻苦时期，当时他与几个志同道合的人组织斯巴达俱乐部一类的团体。他们常常饿着肚皮，到华南山林中作长途的徒步跋涉，在严寒的日子去游泳，在雨雪中光着脊梁——这一切都是为了要锻炼他们自己。他们凭直觉知道，中国的来日需要他们有忍受最大的艰难困苦的能力。

有一次，毛泽东曾经花了整整一个夏天走遍他的家乡湖南全省。他靠挨家挨户替农家做工换饭吃，有时候甚至靠行乞。有一次他几天不吃饭，只吃些硬豆和水——这又是一种"锻炼"肠胃的方法。他早年在这次农村漫游中所结交的友谊，日后对他是有很大价值的，因为十年以后，他开始把湖南的成千上万的农民组成了有名的农民协会，这到一九二七年国共分裂后，成了苏维埃最初的基础。

毛泽东在我的印象中是一个有相当深邃感情的人。我记得有一两次当他讲到已死的同志或回忆到少年时代湖南由于饥荒引起的大米暴动中发生死人事件的时候，他的眼睛是润湿的。在那次暴动中他的省里有几个饥饿的农民因到衙门要粮而被砍了头。有一个战士告诉我，他曾经亲眼看到毛泽东把自己的上衣脱下来给一位在前线受伤的弟兄穿。他们又说当红军战士没有鞋穿的时候，他也不愿意穿鞋的。

然而我非常怀疑，他是否能够博得中国上层知识分子的敬仰，也许这并不完全因为他有非凡的头脑，而是因为他有农民的个人习惯。巴莱托[39]的中国门徒们也许要嫌他粗鲁的吧。我记得有一天我和毛泽东谈话的时候，看见他心不在焉地松下了裤带，搜寻着什么寄生物——不过话得说回来，巴莱托要是生活在同样的环境中可能也非搜寻一下不可。但我可以断定，巴莱托决不会当着红军大学校长的面前松下裤子的——我有一次访问林彪的时候，毛泽东却这样做过。小小的窑洞里非常热。毛泽东把身子向床上一躺，脱下了裤子，向着壁上的军用地图，仔细研究了

[39] 原书注释：一译博洽（一八四八——九二三年），意大利经济学家和社会学家，《通俗资本论》作者。——译注

二十分钟——偶然只有林彪插口问他一些日期和人名，而毛泽东都是一概知道的。他随便的习惯和他完全不在乎个人外表这一点相一致，虽然他完全有条件可以打扮得同巧克力糖果匣上的将军和《中国名人录》中的政治家照片一样。

在六千英里的长征途中，除了几个星期生病以外，毛泽东和普通战士一样都是步行的。在最近几年中，他只要"叛变"投向国民党，就可以升官发财，这也适用于大部分红军指挥员。这些共产党人十年来忠于主义的坚定性，你如不知道中国收买其他造反者的"银弹"的历史，是无法充分估计的。

在我看来，他说的话是真诚、老实的。我有机会核对他的许多话，结果往往发现这些话是对的。他对我进行了几次不太过分的政治宣传，但是同我在"非匪区"所受到的政治宣传比起来，却算不得什么。无论对我写的文章，或拍的照片，他从来不加任何检查，对这优待，我非常感激。他尽力使我弄到能够说明苏区生活的各个方面的材料。

由于在今天中国政局上的极大重要性，他的关于共产党政策的一些主要讲话，是值得认真考虑的。因为在今天，西北全境以及其他各地武装和非武装的中国人民似乎都拥护他们的许多政策，因此，这些政策很可能成为造就中国命运发生根本变化的重要手段。

"印象"是"自传"的姊妹篇

THE AUTOBIOGRAPHY OF MAO TSE-TUNG

正如埃德加·斯诺在《毛泽东印象记》中所说的："毛泽东生平的历史是整整一代人的一个丰富的横断面，是要了解中国国内动向的原委的一个重要指南。"在二十世纪三十年代，中国革命正处于水深火热之中，国民党蒋介石对共产党毛泽东领导的"红色苏区"，除了进行严厉的经济、政治和军事封锁之外，还进行了严格的新闻封锁。为了打破这种封锁，中国共产党积极通过各种渠道向外界宣传自己的纲领、路线和主张，把事实的真相告诉给全中国人民和全世界。

毫无疑问，长达十年的新闻封锁，对新闻记者来说，无疑是"一个强大的诱惑"。面对这个"全世界等待了十年的头号新闻"，美国进步记者埃德加·斯诺以其独立的品格和正义、富有良知的同情心，抓住了他从来没有"听说过现代新闻史上有过比这还要好的机会"，于一九三六年七月中旬到达陕北的保安，并于七月十五、十六日夜，与毛泽东进行了对话。斯诺因此成为国民党对共产党实行新闻封锁十年来第一个进入陕北"红区"采访的记者，直至一九三六年十月底回到北平，开始写作发表关于中国共产党领导的中国革命和毛泽东个人生平事迹的连续新闻报道，而《毛泽东自传》和《毛泽东印象记》（即《红星照耀中国》第三篇的第一节《苏维埃的掌权人物》），均是其书中最为重要的篇章。后者最早发表在一九三七年四月十五日出版的《民主》杂志，题为《苏维埃巨人》，有些中文版本将此文收录单行本图书出版时，将标题改译为《苏维埃强人》。

一九三七年十月，英国伦敦戈兰茨公司将这些文章结集为《红星照耀中国》出版。早在同年八月一日，《毛泽东自传》这一系列连载文章也已被上海复旦大学文摘社《文摘》月刊编辑汪衡译成中文在该杂志开始连载，并与一九三七年十一月一日出版了《毛泽东自传》的单行本图书。也就在这年的十二月，《毛泽东印象记》的单行本也由上海救亡出版社印行。可见，这两本书几乎与英文版的《红星照耀中国》同时出版。而中文版《西行漫记》直到一九三八年二月才由上海复社出版。

从目前发现和现存的资料显示，一九三七年至一九四八年间出版的《毛泽东印象记》和《毛泽东印象》这两类单行本图书，均收入了埃德加·斯诺撰写的《毛泽东印象记》。而作为收入此文的单行本的《毛泽东印象记》，目前发现的最早版本与单行本的《毛泽东自传》的出版地点相同，均在上海。这本一九三七年十一月由上海进步图书馆出版、白华编译，并于一九三七年十二月再版的《毛泽东印象记》，也比中文版《西行漫记》要早。此后，有关毛泽东传记类的图书，像《毛泽东印象记》《毛泽东印象》等单行本图书与《毛泽东自传》一样，如雨后春笋，在全国各地以二十多种相似版本出版发行，一版再版，畅销全国。《毛泽东自传》和《毛泽东印象记》《毛泽东印象》两类图书，前者是毛泽东自述人生经历，后者是别人眼里的毛泽东，两书相互补充相映生辉，成了名副其实的姊妹篇。

《毛泽东印象记》和《毛泽东印象》这两种图书的出版时间，和《毛泽东自传》一样，主要集中在一九三七年斯诺撰写系列新闻报道之际和一九四五年毛泽东参加重庆谈判前后。这对宣传中国共产党和中国革命，戳穿当时国民党多年来把红军描绘成"堕落、愚昧无知的土匪，只知道烧杀抢掠，共产共妻"来迷惑人民大众的谣言，以及后来重庆谈判建立联合统一战线起到了积极作用。这两种书的发行区域先以上海为中心的华东地区为主，后以重庆地区和华北、东北地区为主。

一九三七年左右出版的《毛泽东印象记》，主要以埃德加·斯诺采写的文章为主，主要编译者为大华或白华，此乃同一人的化名。而一九四五年后出版的《毛泽东印象记》的主要编译者叫许之桢（又名许豪）和齐文。许之桢（一九〇一一一九六四），湖南汉寿人。一九二一年二月在上海加入中国共产主义青年团，一九二二年十一月到莫斯科学习，年底加入中国共产党，一九二四年回国。先后任中共湖南省委组织部部长、宣传部部长。一九二八年至一九三八年在苏联工作，一九三八年四月回国后，任延安马列学院编译部部长、中共中央出版局秘书长。而此间出版的《毛泽东印象》的作者署名全部为爱泼斯坦，其内容是以重庆谈判报道毛泽东的作品和萧三撰写的《毛泽东同志略传》等文章为主。

经考证，这四十多种不同版本的《毛泽东印象记》《毛泽东印象》，尽管内容相差无几，但却像《毛泽东自传》一样，如今仅只能在大型的图书馆、博物馆和档案馆里可以查到，还有一些仍流落在民间收藏家手中，有的"养在深闺人难识"，有的因年久而已经失传或绝版，对人民大众来说，是十分罕见，无缘拜读，甚至是闻所未闻的。发掘整理和编辑出版这些历史资料、著作，不仅十分必要，而且非常迫切和有意义。二〇〇三年九月，笔者曾重新整理编选了《毛泽东印象》，由中央文献出版社出版；二〇〇一年十二月，笔者再次增补了新的内容，由中国青年出版社出版。

《毛泽东印象》版本考述与研究

THE AUTOBIOGRAPHY OF MAO TSE-TUNG

据考证和从民间收藏家手中获得的相关资料显示，目前发现和保存完好的关于《毛泽东印象记》和《毛泽东印象》共三十多个版本，辑录如下供参考。

《毛泽东印象记》版本图录

1. 《毛泽东印象记》，斯诺著，白华编译，上海进步图书馆一九三七年十一月五日出版，东方图书杂志公司总经销，定价一角五分。三十二开，六十页。封面为红色，书名为毛笔手书，右上角为毛泽东在延安发表演讲的背影黑白照片。[图2.3]书中收入《毛泽东印象记》和《抗日问题》《联合阵线问题》《关于红军》《关于特区工业》等文章，并附录《斯诺口中的特区和红军》。书前有编者白华写的《关于作者》斯诺的介绍文字。此书在十二月二十日再版，封面书名由手写体改成印刷体。[图2.4]书稿内容增补了《与英国记者贝特兰的谈话》，页码增至八十八页。毛泽东的这篇《与英国记者贝特兰的谈话》，一九三七年十一月十三日刊登于延安的《解放》杂志第一卷第二十三期。

值得一提的是，斯诺撰写的这篇《毛泽东印象记》，还曾在一本名叫《实报半月刊》的杂志发表。这份杂志一九三五年十月创刊于北平，旨在报告探讨国际问题、向国人灌输政治常识，介绍经济状况。一九三七年六月一日，

[图 2.3]
《毛泽东印象记》，斯诺著，白华编译，上海进步图书馆 1937 年 11 月 5 日版，东方图书杂志公司总经销。

[图 2.4]
《毛泽东印象》，斯诺著，白华编译，上海进步图书馆 1937 年 12 月 20 日再版。

[图 2.5]
1937 年 6 月 1 日出版的《实报半月刊》，刊登了《一个叛逆者的素描——毛泽东》。

《实报半月刊》第十六期在"人物志"栏目中，以《一个叛逆者的素描——毛泽东》为题，刊登了斯诺的这篇人物特写作品，约两千八百字。在《编辑后记》中我们可以看到："得之君节译施乐先生原作品《毛泽东素描》；无论为王为寇，其为人物者也，刊之于人物志。"有关史料显示，该刊因为刊登此文遭国民党当局勒令查封而停刊。[图 2.5]

2. 《毛泽东印象记》，A.斯诺著，大华编译，救亡出版社（上海）一九三七年十二月第一版，一九三八年一月再版。三十二开，五十八页。主要内容目次为与上海进步图书馆版本基本相同，即《关于作者》《毛泽东印象记》

《抗日问题》《联合战线问题》《关于红军》；附录为《斯
诺口中的特区和红军》和《与英国记者贝特兰之谈话》。[图2.6]

二〇〇三年，笔者曾以此版本作为母本，作了增补修
订，以《毛泽东印象》为书名，由中央文献出版社再版了
该书。[图2.7]

3. 《毛泽东印象记》，斯诺著，白华编译，上海文摘
社一九三七年十二月出版。

4. 《毛泽东印象记》，A.斯诺著，白华编译，民族
书局一九三七年十二月二十日出版。经售处有开明书店（重
庆）、光明书局、上海杂志公司、华中图书公司（成都祠

[图2.6]
《毛泽东印象记》，斯诺著，白华编译，
上海救亡出版社 1937 年 12 月版。

[图2.7]
《毛泽东印象》，丁晓平、方健康编
选，中央文献出版社 2003 年 9 月版。

[图2.8、图2.9]
《毛泽东印象记》（斯诺著，白华编
译，民族书局 1937 年 12 月 20 日版）
书名页及版权页。

堂街）、北新书局。收入《毛泽东印象记》（陈仁译述）、《抗日问题》《联合战线问题》《关于红军》《关于特区工业》等文章，附录有《斯诺口中的特区和红军》《毛泽东与英国记者贝特兰之谈话》。[图2.8-图2.9]

5. 《毛泽东印象记》，爱泼斯坦等著，许之桢编译，东北书店出版（佳木斯），一九四六年十月版，六十二页，有照片，扉页有毛泽东照片。

6. 《毛泽东印象记》，爱泼斯坦等著，许之桢编译，东北书店印行（牡丹江），一九四七年一月版。内容包括两部分，第一部分包括：萧三的《毛泽东同志略传》、爱泼斯坦的《这就是毛泽东——中国共产党的领袖》、斯诺的《毛泽东印象记》、斯坦因两篇《毛泽东会见记》和斯特朗的《毛泽东访问记》。第二部分题为"重庆之行"，收入《中国人有了一个大救星，这救星就是您》《衷心的欢呼》《中苏文协庆祝会上的毛泽东》和柳六文《我所知道的毛泽东先生二三事》，以及《陕甘宁边区人民想念毛主席》等文章。封面有毛泽东头像。[图2.10]

7. 《毛泽东印象记》，爱泼斯坦等著，许之桢编译，东北书店出版（牡丹江），一九四七年一月版，六十二页。目次为《毛泽东同志略传》（萧三著）、《这就是毛泽东——中国共产党的领袖》（I.爱泼斯坦著）、《毛泽东印象记》（A.斯诺著）、《毛泽东会见记》（根瑟·斯坦因著）、《毛泽东访问记》（斯特朗著）、《重庆之行特辑》（内收特写和通讯五篇）。此版内容与上一个版本基本相同，只是封面没有毛泽东照片。[图2.11]

8. 《毛泽东印象记》，许之桢编译，东北书店印行，一九四八年三月版第三版。内容与上述版本基本相同，但封面设计不同。[图2.12]

9. 《毛泽东印象记》，许之桢编译，东北书店出版（哈尔滨），一九四八年第三版，六十六页。主要内容有：《毛

[图2.10]
《毛泽东印象记》，爱泼斯坦等著，许之桢编译，东北书店（牡丹江）1947年1月版。封面有毛泽东红底图像。

[图 2.11]

《毛泽东印象记》爱泼斯坦等著，许之桢编译，东北书店 1947 年 1 月版。

[图 2.12]

《毛泽东印象记》，许之桢编译，东北书店 1948 年 3 月版第三版。

泽东同志略传》（萧三）、《这就是毛泽东——中国共产党的领袖》（爱泼斯坦）、《毛泽东印象记》（斯诺）等六篇文章。

10. 《毛泽东印象记》，萧三等著，新华书店一九四七年三月出版。三十二开，七十六页，内容与东北书店版相同。其中《重庆之行特辑》收入在《新华日报》《解放日报》的五篇特写和通讯为《中国人民有了一个大救星，这个救星就是您》《"毛泽东万岁"的呼声如雷霆从四面八方轰响而起》《中苏友协庆祝会上的毛泽东》《我所知道的毛泽东先生二三事》《陕甘宁边区人民谈论毛泽东》。^[图 2.13]

[图 2.13]

《毛泽东印象记》，萧三等著，新华书店 1947 年 3 月出版。

11. 《毛泽东印象记》，[美] 斯诺等原著，译者不详，晋察冀新华书店（张家口）一九四七年九月印行，三十二开，四十四页。有照片，封面有毛泽东戴帽子的头像。内容与东北书店许之桢编译本相比，删除了"重庆之行特辑"。^[图 2.14]

12. 《毛泽东印象记》，[美] 斯诺著，译者不详，晋绥新华书店一九四七年版，六十四页。内容与东北书店版相同。^[图 2.15]

13. 《毛泽东印象记》，许豪辑，晋绥新华书店出版，一九四七版，六十四页。

14. 《毛泽东印象记》，斯诺等原著，许之桢编译，华北新华书店一九四八年三月版，四十八页。编者后记署

[图 2.14]

《毛泽东印象记》，斯诺等原著，晋察冀新华书店 1947 年 9 月版。

[图2.15]
《毛泽东印象记》，斯诺等原著，晋绥新华书店1947年版。

[图2.16]
《毛泽东印象记》斯诺等原著，华北新华书店1948年3月版。

[图2.17]
《毛泽东印象记》，华东新华书店1948年8月三版。

名：许豪。主要内容有：《毛泽东同志略传》（萧三）、《这就是毛泽东——中国共产党的领袖》（爱泼斯坦）、《毛泽东印象记》（斯诺）等六篇文章。[图2.16]

15. 《毛泽东印象记》，斯特朗等著，编译者未详，华东新华书店一九四八年八月第三版，A.斯特朗等著，新华小文库。内容同华北新华书店一九四八年三月版基本相同。[图2.17]

16. 《毛泽东印象记》，[美]斯诺等著，太岳（沁源）新华书店出版一九四八年十二月版，五十页。首篇是萧三撰写的《毛泽东同志略传》。[图2.18]

17. 《毛泽东印象记》，A.斯诺等原著，中原新华书店一九四九年一月版。书稿内容包括萧三的《毛泽东同志略传》、爱泼斯坦的《这就是毛泽东——中国共产党的领袖》、斯诺的《毛泽东印象记》、斯坦因两篇《毛泽东会见记》和斯特朗的《毛泽东访问记》。书末有许豪一九四六年十月二十一日撰写的《编后记》。[图2.19-2.20]

18. 《毛泽东印象记》，斯诺等原著，编译者未详，成都新华书店一九四九年印行，三十二开，四十二页。内

[图 2.18]

《毛泽东印象记》，斯诺等原著，太岳（沁源）新华书店 1948 年 12 月初版。

[图 2.19]

《毛泽东印象记》，斯诺等原著，中原新华书店 1949 年 1 月版。

[图 2.21]

《毛泽东印象记》，斯诺等原著，成都新华书店 1949 年版。

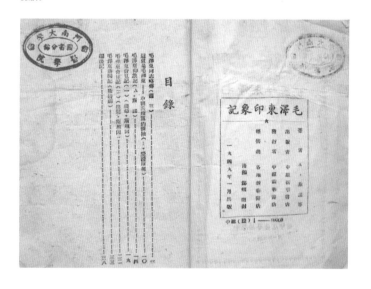

[图 2.20]

《毛泽东印象记》（斯诺等原著，中原新华书店 1949 年 1 月版）的版权页和目录。

容包括萧三的《毛泽东略传》、爱泼斯坦的《这就是毛泽东——中国共产党的领袖》、斯诺的《毛泽东印象记》节选、斯坦因的《毛泽东会见记》和斯特朗的《毛泽东访问记》。

[图 2.21]

19.《毛泽东印象记》，许之桢编译，三联书店（北京），一九六〇年版，五十四页。内部读物。

[图 2.22]
《毛泽东印象》，爱泼斯坦等著，齐文编译，人民出版社 1945 年 10 月初版。

《毛泽东印象》版本图录

1. 《毛泽东印象》：[美] 爱泼斯坦等著，齐文编译，人民出版社（重庆）一九四五年十月初版，七十页，三十二开。爱泼斯坦等著，齐文编译。人民丛刊第 1 辑。目录：《这就是毛泽东——中国共产党的领袖》（爱泼斯坦）、《访问毛泽东》（福尔曼）、《毛泽东会见记》（斯坦因）和赵超构、孔昭恺各一篇《毛泽东先生访问记》。附录为大公报的《毛泽东先生到重庆》、新华日报《中苏文协庆祝会上的毛泽东》、萧三的《毛泽东同志的初期革命活动》、柳六文的《我所知道的毛泽东先生二三事》以及齐文于一九四五年九月二十五日撰写的《编后记》。[图 2.22]一九四六年一月，该书出版了再版本，正文进行了删减，五十八页，三十二开。封面为毛泽东赴重庆谈判时的照片。[图 2.23]

2. 《毛泽东印象》：[美] 爱泼斯坦等著，齐文辑，冀东新华书店（遵化），一九四五年九月版，六十页，

[图 2.23]
《毛泽东印象》，爱泼斯坦等著，齐文编译，人民出版社 1946 年 1 月再版。

[图 2.24]
《毛泽东印象》，爱泼斯坦等著，齐文辑，冀东新华书店 1946 年版。

[图 2.25]
《毛泽东印象》，爱泼斯坦等著，齐文辑，旅顺民众书店 1946 年 4 月版。

三十二开。正文内容包括爱泼斯坦的《这就是毛泽东——中国共产党的领袖》、福尔曼的《访问毛泽东》、斯坦因的《毛泽东会见记》、赵超构的《毛泽东先生访问记》和孔照恺的《毛泽东先生访问记》。附录五种包括《毛泽东先生到重庆》（新华日报）、《毛泽东同志的初期革命活动》（萧三）、《我所知道的毛泽东先生二三事》（柳六文）、《送毛泽东飞重庆》（萧三）。[图2.24]

3. 《毛泽东印象》：[美]爱泼斯坦等著，齐文辑，旅顺民众书店一九四五版，五十页，三十二开。收文五篇：《这就是毛泽东—中国共产党的领袖》（爱泼斯坦）、《访问毛泽东》（福尔曼）、《毛泽东会见记》（斯坦因）、《毛泽东先生访问记》（赵超构、孔照恺各一篇）。附录五种：《毛泽东先生到重庆》（新华日报）、《毛泽东同志的初期革命活动》（萧三）、《我所知道的毛泽东先生二三事》（柳六文）、《送毛泽东飞重庆》（萧三）。[图2.25]

4. 《毛泽东印象》，爱泼斯坦等著，齐文编译，烟台烟威文化供应社一九四六年四月翻印，烟台日报社印刷，

[图2.26]
《毛泽东印象》，爱泼斯坦等著，齐文编译，烟台烟威文化供应社1946年4月翻印。

[图2.27]
《毛泽东印象》，爱泼斯坦等著，齐文编译，华北新华书店1946年5月版。

[图2.28]
《毛泽东印象》，爱泼斯坦等著，齐文辑，山东新华书店1946年8月增订本。

[图 2.29]
《毛泽东印象》，爱泼斯坦等著，华中新华书店 1946 年版。

[图 2.30]
《毛泽东印象》，爱泼斯坦等著，出版社未详，1948 年版。

三十二开，五十二页。内容与人民出版社一九四六年一月再版本基本相同。[图 2.26]

5. 《毛泽东印象》：[美]爱泼斯坦等著，华北新华书店（邯郸）一九四六年五月发行，三十四页，三十二开。收文五篇：《这就是毛泽东——中国共产党的领袖》（爱泼斯坦）、《访问毛泽东》（福尔曼）、《毛泽东会见记》（斯坦因）、《毛泽东先生访问记》（赵超构、孔照恺各一篇）。附录五种：《毛泽东先生到重庆》（新华日报）、《毛泽东同志的初期革命活动》（萧三）、《我所知道的毛泽东先生二三事》（柳六文）、《送毛泽东飞重庆》（萧三）。[图 2.27]

6. 《毛泽东印象》，[美]I. 爱泼斯坦等著，华北新华书店（邯郸），一九四六年七月版，三十二开，三十四页。

7. 《毛泽东印象》，[美]爱泼斯坦等著，冀南书店（威县），一九四六年七月版，三十四页，三十二开。

8.《毛泽东印象》，爱泼斯坦著，齐文辑，山东新华书店一九四六年八月增订再版，三十二开，六十四页。收入内容包括：柳亚子诗词《赠毛润之老友》、毛泽东《沁园春·雪》、柳亚子和诗一首《沁园春》；爱泼斯坦的《这就是毛泽东——中国共产党的领袖》、福尔曼的《访问毛泽东》、斯坦因的《毛泽东会见记》、赵超构的《毛泽东先生访问记》、孔昭恺的《毛泽东先生访问记》；子岗的《毛泽东先生到重庆》和未署名作者的《毛泽东在人民心中》《毛泽东在中苏文化协会》，萧三的《送毛主席飞重庆》；柳六文的《我所知道的毛泽东先生二三事》、谢觉哉的《几个片段》、未署名作者的《第一个"七一"》、谭政的《三湾改编》、莫休的《无比的理解力和创造力》、徐特立的《毛泽东的实际精神》；附录为萧三的《毛泽东同志的初期革命活动》。[图 2.28]

9. 《毛泽东印象》，[美]爱泼斯坦等著，华中新华

[图 2.31]

《毛泽东印象》，爱泼斯坦等著，豫皖苏新华书店 1949 年 1 月版。

[图 2.32]

《毛泽东印象》，爱泼斯坦等著，新华书店南通分店 1949 年 5 月翻印版。

[图 2.33]

《毛泽东的印象》，爱泼斯坦等著，香港学习出版社版，出版时间未详。

书店（盐阜），一九四六年版，六十六页，三十二开。内容与山东新华书店版本相同。 [图 2.29]

10.《毛泽东印象》，爱泼斯坦著，出版者未署名，一九四八年版，三十二开，五十页。收入内容包括：爱泼斯坦的《这就是毛泽东——中国共产党的领袖》、福尔曼的《访问毛泽东》、斯坦因的《毛泽东会见记》、赵超构的《毛泽东先生访问记》、孔昭恺的《毛泽东先生访问记》；附录为萧三的《毛泽东同志的初期革命活动》和柳六文的《我所知道的毛泽东先生二三事》。 [图 2.30]

11.《毛泽东印象》，I.爱泼斯坦等著，豫皖苏新华书店出版一九四九年一月出版，为增订再版本。总分店为开封，分

支店为界首、商丘、周家口。内容包括四部分：第一部分为"卷头诗"：柳亚子的《赠毛润之老友》和毛泽东、柳亚子的《沁园春》；第二部分为"毛泽东印象"，内容同人民出版社版相同；第三部分为"毛泽东在重庆"，收入子冈的《毛泽东先生到重庆》、重庆新华日报的《毛泽东在人民心中》和《毛泽东在中苏文化协会》以及萧三的诗歌《送毛主席飞重庆》；第四部分为"毛泽东二三事"，收入柳六文的《我所知道的毛泽东先生二三事》、谢觉哉的《几个片段》、谭政的《三湾改编》、莫休的《无比的理解力和创造力》、徐特立的《毛主席的实际精神》等；附录为萧三的《毛泽东同志的初期革命活动》。 [图 2.31]

12.《毛泽东印象》，爱泼斯坦等著，

[图2.34]

《毛泽东会见记》，斯诺、史沫特莱著，思三、汪馥泉译，上海文化出版社1937年11月20日版。

[图2.35]

《毛泽东朱德彭德怀贺龙周恩来叶挺访问记》，未署名作者，成都亚光文化社1938年3月初版。

[图2.36]

《毛泽东访问记》，斯特朗著，中共晋绥分局宣传部1946年10月印。

新华书店南通分店一九四九年版，三十二开，六十页。内容与豫皖苏新华书店出版基本相同。

13.《毛泽东印象》，I.爱泼斯坦等著，新华书店南通分店一九四九年五月翻印出版。内容基本同豫皖苏新华书店一九四九年一月增订再版相同。[图2.32]

14.《毛泽东的印象》，香港学习出版社，齐文编译，没有注明出版时间，版本同上。内容为爱泼斯坦的《这就是毛泽东——中国共产党的领袖》、福尔曼的《访问毛泽东》、斯坦因的《毛泽东会见记》、赵超构的《毛泽东先生访问记》、孔昭恺的《毛泽东先生访问记》；附录为萧三的《毛泽东同志的初期革命活动》和柳六文的《我所知道的毛泽东先生二三事》。[图2.33]

此外还有两种与《毛泽东印象》基本相同的《访问毛泽东记》和《毛泽东在重庆》，辑录如下，供参考。

15 《毛泽东会见记》，斯诺、史沫特莱著，思三、汪馥泉译，上海文化出版社一九三七年十一月二十日出版，三十二开，五十六页。收入的两篇文章分别是斯诺的《毛泽东访问记》和史沫特莱的《毛泽东访问记》，书末附有《中国共产党抗日救国十大纲领》。[图2.34]

16.《毛泽东朱德彭德怀贺龙周恩来叶挺访问记》，未署名作者，成都亚光文化社一九三八年三月初版，五十六开，八十六页。收入文章依次为《毛泽东先生与延安新中华报的记者谈话》《毛泽东谈抗战前途》《毛泽东少年时代》《朱德小传》

《目前抗战形势与今后任务》《彭德怀小传》《中国
的夏伯阳——贺龙》《贺龙的革命史》《周恩来先生
访问记》《周恩来小传》《周恩来陈绍禹秦邦宪访问
记》《叶挺印象记》。 [图2.35]

17.《毛泽东访问记》，斯特朗著，中共晋绥分
局宣传部一九四六年十月印，三十二开，十二页。这
篇谈话即毛泽东一九四六年八月六日在延安接受斯特
朗采访时，发表的"一切反动派都是纸老虎"著名论
断的谈话。附录为《毛主席答美记者所提问题》《斯
大林答英记者所提问题》。 [图2.36]

18.《访问毛泽东记》，署名"中外名记者合
著"，文献出版社印行（上海斜土路文德里十八号），
一九四九年六月初版，三十二开，四十二页。封面有"人
民领袖风采录"字样，主要内容有：《访毛泽东与蓝苹》
（孚尔曼，即福尔曼）、《这就是中共领袖毛泽东》（勃
司坦，即爱泼斯坦）、《与毛泽东会谈的三小时》（根
瑟·斯坦因）、《毛泽东先生访问记》（赵超构）、《毛
泽东同志的初期革命活动》（萧三）、《毛泽东先生
到重庆》（彭子冈）、《中苏文协庆祝会上的毛泽东》、
《我所知道的毛泽东先生二三事》（柳六文）。 [图2.37]

21.《毛泽东在重庆》，上海合众国际社刊行，
爱泼斯坦等著，齐文编译，一九四五年十一月初版，
曾出版二版和三版。目录：《这就是毛泽东中国共产
党的领袖》（爱泼斯坦）、《访问毛泽东》（福尔曼）、
《毛泽东会见记》（斯坦因）和赵超构、孔昭恺各一
篇《毛泽东先生访问记》、大公报的《毛泽东先生到
重庆》、新华日报的《中苏文协庆祝会上的毛泽东》、
萧三的《毛泽东的初期革命活动》、柳六文的《我所
知道的毛泽东先生二三事》。此书内容上与一九四五
年重庆谈判后出版的《毛泽东印象》《毛泽东印象记》

[图2.37]
《访问毛泽东记》，署名"中外名记者合著"，
文献出版社1949年6月初版。

基本一样，但出版时间相对早些。[图2.38-2.39]

22. 《毛泽东在重庆》，爱泼斯坦等著，辽东建国书社出版，出版时间未详。三十二开，十六页。收入文章有《毛泽东传略》《毛主席到了重庆》《中外人士关心毛泽东》《千万双眼睛盼望着毛泽东》《歌颂毛泽东》。附录为《中央社公布之国共谈判会议记录全文》。[图2.40]

《救国时报》上的毛泽东

　　二十世纪三十年代，《毛泽东自传》的采访、翻译和出版，被誉为中国新闻出版史上的"神话"。毛泽东生平传记的传播史，也是一部新闻出版史。纵观中国乃至世界近现代史，大凡政治家都有过办报的经历，"马恩列斯毛"无不如此。由此可见，舆论本身就是革命的一个重要武器。毛泽东更可谓是把"枪杆子"和"笔杆子"结合运用得出神入化的大师。而中国共产党从诞生那一天开始，就始终紧紧地把新闻出版工作作为政治斗争的重要工具和平台，有力地配合军事、外交等各方面的斗争，从而最终赢得了中国革命的胜利。而在海外创办的《救国时报》，就是其中最为杰出的代表。

从《救国报》到《救国时报》：
中共在海外最有影响力的报刊

NATIONAL TIMES

　　一九二七年蒋介石发动四一二反革命政变之后，白色恐怖下的中国共产党在血雨腥风中转入地下，其在国内的新闻出版工作也转入地下。到了一九三五年，为了把四万万同胞的抗日呼声和中国共产党关于全民团结、抗日救国的主张传播到全国和海外侨胞中去，共产国际和驻共产国际的中共代表团加大了宣传舆论工作的力度，决定创办《救国报》。

　　一九三五年五月，《救国报》在莫斯科创刊，编辑部设在莫斯科红场附近的"十月二十五日大街"十号苏联外国工人出版局中文部。印制和发行工作地点在阿尔巴特大街火花印刷厂。报社工作主要由李立三负责，共有十多人，组稿、编辑、校对、排版、设计和印刷一条龙。受当时环境制约，在唯一的社会主义国家苏联向世界邮寄印刷宣传品比较困难，为了做好向中国国内和欧美其他国家的海外发行工作，《救国报》就以旅法华人的名义向法国当局申请，在巴黎设立了发行办事处。《救国报》在巴黎的工作主要由吴玉章负责。 [图3.1]

　　经过半年的运行，《救国报》在海外的影响力越来越大，受到中国国内抗日军民和海内外爱国同胞、侨胞的欢迎，尤其是中共提出"停止内战、共同抗日"的"民族统一战线"主张，深入人心，到十一月初已经出版了十五期。就在第十六期即将印刷的时候，法国政府当局突然通知："经

[图3.1]
吴玉章在莫斯科。

阁议通过，停止邮寄《救国报》。"原来，国民党蒋介石政府当局看到《救国报》后，视其为洪水猛兽，立即指使驻法国使馆向法国政府提出要求，勒令其停止发行。经过一个多月的多次交涉，都未能获得认可。于是，吴玉章就和法国共产党的同志进行商量，转而利用法国政府标榜的言论出版自由，把《救国报》改名为《救国时报》，重新申请备案。就这样，《救国报》"变脸"为《救国时报》，获得了法国当局的批准。一九三五年十二月九日，原本已经编辑好的《救国报》第十六期"转身"为《救国时报》第一期，《救国时报》在巴黎创刊出版发行。[图3.2]

本人收藏有一部商务印书馆香港分馆一九八〇年影印的《救国时报》（一九三五年十二月至一九三八年二月）的合订本，遗憾的是尚缺第四十二期至第四十四期、第四十六期至第五十期。

《救国时报》第一任总编辑由李立三担任，后来继任者为陈潭秋（一九三七年）和赵毅敏（一九三八年）。副总编辑分别为廖焕醒、张报、周毅；编辑部其他成员还有李克、王德、林达森、欧阳欣、张涛、邱静山、于辛超等，胡秋原、艾一尘、于斌、萧三等也参加过编辑工作。除了李立三、陈潭秋、陈云等中共领导人给予指导外，何香凝、陶行知、陈铭枢、王造时等爱国民主人士也给予了大力支持。其在巴黎的编辑、出版和发行工作实际上由吴玉章担主要责任。

《救国时报》经济十分困难，"办报经费几乎到了山穷水尽的状况，印费邮费均无法支付"，自创刊伊始就经常在头版头条位置专门发表启事，成立"本报募集改刊日报基金"，始终得到海外华侨和国内爱国志士的大力支持。尤其是中共领导的东北抗日联军将士也给予捐款，如杨靖宇（一三〇〇元）、王德泰（五〇〇元）、赵尚志（一二〇〇元）、李延禄（二〇〇〇元）。为此，报社还专门在第一版显著位置公开向捐款的仁人志士表达感谢。

《救国时报》创刊之初为周刊，一张四开四版，不久改为五日刊。稿件多时曾出八个版，最多时出版十六个版（多为合刊）。因为消息全面准确，读者面越来越大，发行量由最初的五千份增长到两万份，在海外发行到四十三个国家和地区，国内发行基本覆盖了北平、上海、广州、天津、重庆、武汉、西安等大城市，成为中共在海外最有影响力的报刊。因为苏联新闻出版审查制度过于严格琐碎，又因路途遥远增加邮寄发行成本的困难，《救国时报》的编辑出版工作中心逐渐从莫斯科转移至巴黎，报社主要工作就由在巴黎的吴玉章领导，吴克坚负责编辑，陈大邦负责印刷。

一九三七年卢沟桥事变后，全国抗日民族统一战线已经形成，中共中央机关报《新中华报》和《新华日报》在国内也可公开出版发行，《救国时报》的历史使命基本完成。就在这个时候，苏联发生了清洗"托派"的斗争,《救国时报》的工人大都受到牵连而遭逮捕,报社陷于停顿。一九三八年二月十日,《救国时报》在编辑出版了一百五十二期后(如果加上改版前出版的十五期《救国报》,共计出版一百六十七期),决定移到美国继续出版,但未能实现,不得不宣告停刊。

《救国时报》是中共驻共产国际代表团在海外主办的一张中文报纸,也是中国共产党在国外从事抗日民族统一战线宣传的机关报,它紧紧围绕抗日救国这个主题主线,除在第一时间发表了大量反映中国人民争取民族独立解放的消息、评论之外,还发表了大量有关东北抗日联军将领杨靖宇、王德泰、赵尚志、周保中、李延禄的文章,同时介绍了苏联社

[图3.2]
1935年12月9日,《救国时报》创刊号的发刊词。

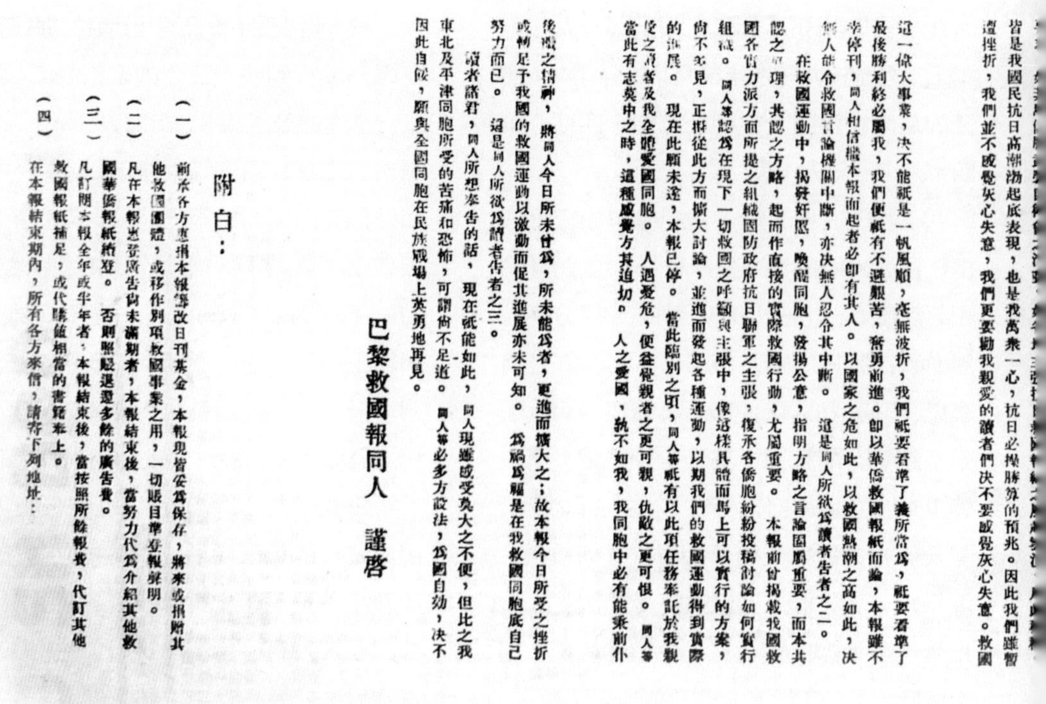

巴黎救国报同人 谨启

附白：

(一)前东方寄本报等改日刊基金,本报现妥为保存,将来或捐赠此他救国团体,或移作别项救国事业之用,合并声明。

(二)凡在本报遗登广告向未满期者,本报结束后,当努力代为介绍其他团体续报纸续登。否则照退还多余的广告费。

(三)凡订阅本报全年或半年者,本报结束后,当按照所余报纸,代订其他救国报纸补足,或代购值相当的书籍奉上。

(四)在本报结束期内,所有各方来信,请寄下列地址：

会主义革命和建设的情况，其中，关于中国工农红军和红军长征的报道，最为有名的作品就是邓发以笔名"杨定华"署名的《雪山草地行军记》和《由甘肃到山西》，成为最早以连载的形式系统介绍长征的作品。本人曾著述《世界是这样知道长征的：长征叙述史》，由中国青年出版社出版，对此作了详细说明。

告 讀 者 書

Supplément au n° 3 du Qiu Quo Sh
Bao « Au Secours de la Patrie ».
7, rue Commines
Paris (3e)

親愛的讀者們！海內外同胞們！

本報自今年五月出版以來，承蒙東北義勇將領、兄弟、各地同胞、同業，或惠捐款項，或代寫推銷，或代募捐，或登廣告，或予以精神及物質上之援助，推誠愛護，與日俱增，同人等方以為本報將長期與讀者相見，我們的努力將在救國事業上將遠益勞，因此近月來愈發奮勉，正在多方設法，籌改日刊，不意輿論者相見了。

在本報第十六期剛要發行之際，忽然接到法政府通知，說是巴黎藏區遇，停止郵寄本報。同人等對旅居國法律素無不合，一個無端被介停止發行，必係巴黎或南京政府從中唆使之所致，蹤跡雖以後，仍可恢復發行，不意奔走近月，終致華輿顧途，日人或南京政府攜防能力，必係攝嫂本報而後快意，同人等寄居他處，處境艱危，日人或南力，因此不得不於此時宣告停刊，別圖將來為祖國效力之地。同人等此數月來為國衣縮食，舍辛茹苦，原則略盡國民天責，今不幸乃忍受此挫折，實不勝悲憤，而一想及國內外同胞，不能無讀者相見了。

對於本報信託之深，期望之切，愛護贊助之周至，又令人感奮所感動！因此常與我各親愛讀者卻將告別之頃，滿想河北煙反土海震恐狀況，同人等不能不將充滿心而要泣的話，拖要為提愛的讀者告，為全國同胞告：

本報宗旨在抗日救國，其彼日人視為眼中之釘，固無足怪，其必為日人所追害，亦早在我們的意料之中，但如果南京政府對於本國人在海外主張救國之報紙亦必加以摧殘，則其動機與行動，實與其四年來降日媚外，迫害愛國行動無二致。本報對於南京政府經有所指謫，唯一事實，為有目共見。日本報對於蔣介行及國民黨仍以同敵態度相待，一再宣言，祇問抗日與否，不問其他，倘能抗日，何能同仇。本報對於蔣介行及國民黨仍以同敵態度相待，一再宣言，祇問抗日與否，不問其他，此種態度，自問確然大公，足以代表全國人民之公意。本報現難被迫停刊，同人等仍不肯以自身所受之痛苦而改變我們以全國人民之心的態度。日寇是我們的死敵，反對日寇，我們一息尚存，此志不解。至於國內，我們仍祇問反日不反日，不問其是什麼人，什麼黨，甚至不問其身給了我們些什麼迫害。

抗日反日勢力，我們為國家民族計，祇有誓死反對到底。

一。

日寇對我之侵略日益加劇，我國底危機日益加深，這是眼前的事實；但我國民奮起抗日寇者便是我們的朋友，誰不抗日，誰要幫助日寇來堅道本國抗日者，這是同人等所欲為讀者告者之

毛泽东著作、生平和照片在《救国时报》上的报道介绍

NATIONAL TIMES

作为中共在海外公开发行的唯一报刊，《救国时报》又是如何向世界宣传、介绍毛泽东的呢？我们不妨从现在依然存世的报纸中，一页一页地寻找，看看能否发现新的历史和故事。

《救国时报》从创刊号开始，就在第一时间报道中国共产党和有关毛泽东的消息。但第一次以毛泽东的姓名作为新闻标题，却是在一九三六年一月二十九日。本期是第九、十期合刊，该报在第五版和第六版发表了《中国苏维埃政府主席毛泽东和人民外交委员长王稼祥最近谈话》。该文是以与红色中华社记者访谈的形式发表的谈话，经由广播播出。[图 3.3]

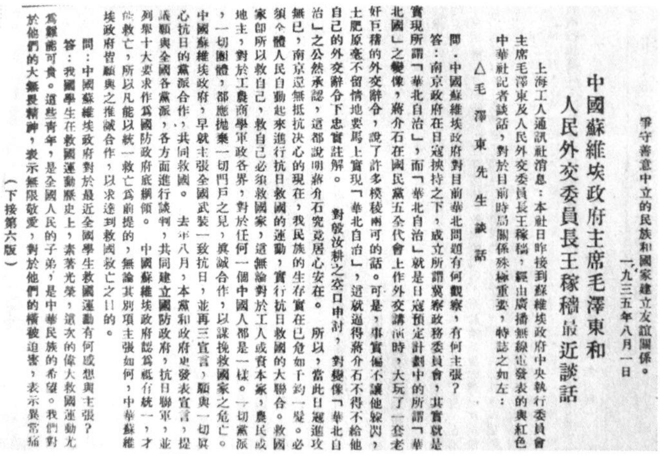

爭守善意中立的民族和國家建立友誼關係。

一九三五年八月一日

中國蘇維埃政府主席毛澤東和
人民外交委員長王稼穡最近談話

上海工人通訊社消息：本社日昨接到蘇維埃政府中央執行委員會主席毛澤東及人民外交委員長王稼穡，經由廣播無線電發表的與紅色中華社記者談話，對於目前時局關係殊極重要，特誌之如左：

△毛澤東先生談話

問．中國蘇維埃政府對目前華北問題有何觀察，有何主張？

答：南京政府在日寇挾持之下，成立所謂冀察政務委員會，其實就是實現所謂「華北自治」，而「華北自治」就是日寇預定計劃中的所謂「華北國」之變像，蔣介石在國民黨五全代會上作外交講演時，大玩了一套老奸巨猾的外交辭令，說了許多模稜兩可的話。可是，事實偏不讓他躲閃，土肥原毫不留情地要馬上實現「華北自治」，這就逼得蔣介石不得不給他自己的外交辭令下忠實註解。　對殷汝耕之空口申討，對變像「華北自治」之公然承認，這都說明蔣介石究竟居心安在。　所以，當此日寇進攻無已，南京逕無抵抗決心的現在，我民族的生存實在已危如千鈞一髮。必須全體人民自動起來進行抗日救國的運動，實行抗日救國的大聯合。救國家即所以救自己，救自己必須救國家，這無論對於工人或資本家，農民或地主，對於工農商學軍政各界，對於任何一個中國人都是一樣。一切黨派，一切團體，都應拋棄一切門戶之見，真誠合作，以謀挽救國家之危亡。中國蘇維埃政府，早就主張全國武裝一致抗日，並再三宣言，願與一切真心抗日的黨派合作，共同救國。　去年八月，本黨和政府更發表宣言，提議願與全國各黨派，各方面進行談判，共同建立國防政府，抗日聯軍，並列舉十大要求作爲國防政府底綱領。　中國蘇維埃政府認爲祇有統一，才能救亡，所以凡能以統一救亡爲前提的，無論其別項主張如何，中華蘇維埃政府皆願與之推誠合作，以求達到救國救亡之目的。

問：中國蘇維埃政府對於最近全國學生救國運動有何感想與主張？

答：我國學生在救國運動歷史上，素著光榮，這次的偉大救國運動尤爲難能可貴。這些青年，是全國人民的子弟，是中華民族的希望。我們對於他們的大無畏精神，表示無限敬愛，對於他們的橫被迫害，表示異常痛

（下接第六版）

[图 3.3]

1936 年 1 月 29 日，《救国时报》第九、十期合刊，在第五版和第六版发表了《中国苏维埃政府主席毛泽东和人民外交委员长王稼祥最近谈话》。

《救国时报》的这则消息转载自上海工人通讯社。毛泽东主要回答了三个问题：一是中国苏维埃政府对目前华北问题有何观察、有何主张？二是中国苏维埃政府对于最近全国学生救国运动有何感想与主张？三是最近各方盛传蒋介石已与红军成立停战协定，究竟事实内幕如何？而在第六版的正文中，发表了毛泽东照片一幅，照片的说明文字为"中华苏维埃政府主席毛泽东先生"。此照片一九二七年拍摄于武汉，也是毛泽东的第一张标准照。[图3.4]

一九三六年三月二十七日，第十二期《救国时报》在第三版发表通讯《历尽艰苦红军始达北上抗日》，同时再次发表毛泽东一九二七年在武汉拍摄的照片，只是说明文字改为"领导红军出动抗日讨逆之毛泽东氏"。[图3.5]

[图3.4]
《救国时报》第一次刊登毛泽东的标准照。

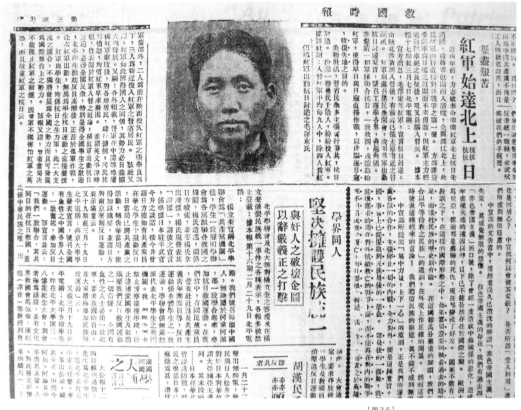

从一九三六年六月二十五日出版的第三十八期开始，六月三十日出版的第三十九期、七月八日出版的第四十一期，《救国时报》连续在第一版头条位置发表《中华苏维埃人民共和国西北抗日红军大学招生布告》，签署者为西北革命军事委员会主席毛泽东，副主席周恩来、彭德怀，校长周昆，政治委员袁国平。招生科目及学额为四科，分别是军事指挥科，名额为一千名；政治工作科，名额为一千二百名；游击战争科，名额为三百名；培养工兵、骑兵、炮兵的特科，各为三百名。除特科为一年外，每科学制均为半年。第一期开学为一九三六年四月一日，以后每月一日开一班。[图 3.6]

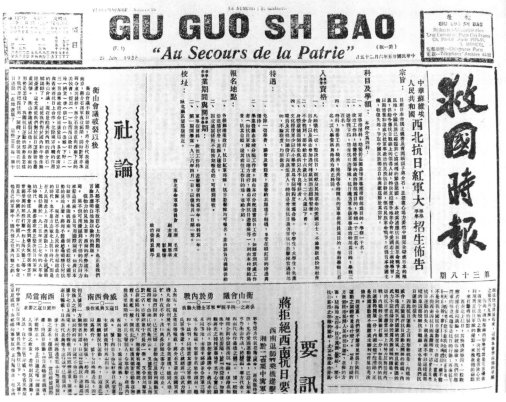

[图 3.6]

1936 年 6 月 25 日，《救国时报》
在头版头条位置刊登《中华苏维埃人
民共和国西北抗日红军大学招生布
告》。

一九三六年九月十八日，是九一八事变五周年纪念日。
这一天出版的《救国时报》第五十五期和五十六期合刊，
在第五版发表了共产国际执委会总书记季米特洛夫撰写的
长篇文章《中国共产党十五周年纪念》，同时刊登了王明
的长篇文章《为独立自由幸福的中国而奋斗》（从第五版
至第八版）。其中，在第五版刊登了季米特洛夫、毛泽东
和朱德的照片，毛泽东的照片依然是一九二七年在武汉拍
摄的那一张，图片说明也依然是"中华人民苏维埃政府主
席毛泽东"。[图3.7]而在第六版，则刊登了一张"中国全国
第一次苏维埃代表大会"会场照片，是毛泽东在一九三一
年十一月七日中华全国苏维埃"一大"上讲话的情景。[图3.8]

[图 3.7]

1936 年 9 月 18 日，《救国时报》刊登的季米特洛夫、毛泽东和朱德的照片。因印刷技术原因，该报印制十分粗糙，有时会出现"开天窗"现象。

[图 3.8]

1936 年 9 月 18 日，《救国时报》刊登的毛泽东 1931 年 11 月 7 日在中华全国苏维埃"一大"上讲话的照片。

一九三六年十月十三日，《救国时报》从第三版开始连载行恭撰写的《江西苏维埃区域的回忆录》。此文总共连载了至少五期，后四期分别刊登在十一月十日、十一月三十日、十二月十日。文章虽然没有直接描写毛泽东，但多次写到毛泽东在江西苏区的经历和故事。

一九三六年十月三十日出版的第六十四期《救国时报》，在第三版以整版篇幅刊登了《中国共产党致中国国民党书》。[图3.9] 该文系毛泽东于一九三六年八月二十五日，以中国共产党中央委员会的名义写给中国国民党的。这也是在《救国时报》第一次以整版规格发表毛泽东的著作，并在编者按中说：“日昨从英国方面得一份最近中国共产党致国民党书的英文译本。觉到国共合作问题是目前全民团结一致抗日的中心枢纽，国共两党的态度如何，正是全国人民所极端注意的，故亟为译出，以供众览。唯辗转翻译的结果，与本文词句，会有差别之处，俟觅得原文即当更正。”此文，一九九三年十二月收入《毛泽东文集》第一卷。

在本期《救国时报》的第四版，还刊登了《苏维埃政府领袖毛泽东先生致章陶邹沈四先生信》。[图3.10] 这封信，是毛泽东于一九三六年八月十日写给章乃器、陶行知、邹韬奋、沈钧儒诸位先生及全国救国联合会全体会员的公开信。《救国时报》在标题下加了一个副标题“关于团结御侮几个基本条件与最低要求的讨论”。这封信也是从英文本转译过来的。编者按称：“毛先生这一信的伟大政治意义及由此而显示出的团结御侮光明伟大的前途，每个读者都可完全明了，用不着任何注释的”。

一九三六年十一月十日，《救国时报》在第二版“祖国消息”栏目，以《红军主力集中西北抗日》为主标题，以“美记者畅谈苏区红军现状，坚决执行共产党的新政策”为副标题，报道了红军长征即将胜利会师的形势。[图3.11] 这篇十月三十日写于天津的报道，说：“美联社记者斯诺昨日由西北回北平；他旅行西北共五月，在陕甘宁苏区逗留四月。路透社发表斯诺谈话，叙述苏区情形，颇有为外间所不易闻悉者，据称：‘红军许他（斯氏自称）自由地在苏区行动，并得摄影描绘。他与毛泽东及其他领袖谈过话。红军现在西北的力量，至少有十万人，枪及机关枪都完备，服装亦整齐，最近且已发给了冬服。战斗力比在江西时更见增强；虽然数量上比以前少了些，可是主力集中，使质量更加优良。苏维埃政府有自己的邮政银行。领导人对于国际形势甚为熟悉。有与南京、东京、伯力、莫斯科及其他大都市通消息的无线电站。有日报。枪支系新式，彭德怀有骑兵二千。共产党的政策较前大变更，主要在反日，而不是反南京；红军希望能够速与中国各军成立协定，合作抗日，恢复一九二五—二七年的国共合作时统一战

[图3.9]

1936 年 10 月 30 日，《救国时报》在第三版以整版篇幅刊
登了毛泽东起草的《中国共产党致中国国民党书》。

[图 3.10]

1936 年 9 月 18 日，《救国时报》刊登的《苏维埃政府领袖毛泽东先生致章陶邹沈四先生信》。

[图 3.11]

1936 年 11 月 10 日，《救国时报》在第二版"祖国消息"栏目，以《红军主力集中西北抗日》报道了斯诺采访苏区和毛泽东的情况。

线情形。斯诺指斥报上流行之宣传，谓红军中有俄国顾问全非事实，他证明在苏区中并未见有俄国人。但是他称曾见有一德国人在那里帮助红军，可惜未悉其姓名。红军之所困难为缺乏医药。在政府军与红军间有六月之久，已无严重冲突；红军确未准备与任何中国军队作战。红军的战斗员身体悉强健，多数在十七岁至二十三岁之间。指挥员年事略长。平常无战事有政治课，有免费的报读。'美联社还发表了斯诺的甘陕苏区视察记，内称：'在苏区首都住了一月，知红军收买农民的粮食，都是就地按时价给值。农民很乐意苏维埃政权，每家至少有一人自由报名当红军。在红军中有一队回教徒的自治联合军，主力系在宁夏所组织，未知红军旨趣时，曾与红军作过战，但后来了解苏维埃政府的民族政策系在着重各民族之自决，并知道苏维埃政府确愿平等地联合各民族一致抗日救国，遂与红军一致协作。苏区税捐最轻。私家营业不但为苏维埃政府所允许并且受保护与帮助。地主的财产及土地，只在地方多数农民要求下才实行没收。'云云。外籍记者之叙述当系纯本客观事实，故记者特为介绍于此。"

一九三六年十一月三十日，《救国时报》第六十九期在第一版"要讯"栏目中，刊登消息《红军要求东出援绥抗日，蒋氏反向红军大举进攻》。报道称：胡宗南部两旅被红军缴械。

一九三六年十二月二十日，《救国时报》第七十三期在第二版以整版篇幅并转第三版的规格，发表了《中华苏维埃政府主席毛泽东先生论抗日救国联合战线》。[图3.12]该文编者按说："美国著名记者斯诺氏旅居我国为时甚久，历任欧美各大报驻华记者，其所为通讯，记载翔实，眼光远大，素为欧美所爱读。今年斯氏又受英国前驱报[40]所委托，赴陕甘苏区一带作业务旅行，斯氏在苏区曾居留数月之久，历访苏维埃政府当局各要人，并实际观察一切。旋将访问及观察所得，写成通讯，寄由前驱报发表。上海密勒氏评论，因斯氏所作中国苏区通讯，极属名贵难得，向前驱报特别接洽，将斯氏通讯一部分在该评论上

发表，以饷中国读者，此稿即系密勒氏评论第七十八卷第十一、十二两期所载之斯诺氏与中华苏维埃政府主席毛泽东氏谈话记录之一部分通讯。本报以密勒氏报之读者尚仅限于国人识英文者，因特为译成中文在本报发表。"

《密勒氏评论报》是美国人鲍威尔在上海主编的一份英文报纸，斯诺从美国到中国工作的第一站，就是在这家报纸当实习记者。《救国时报》翻译发表的这篇《毛泽东先生论抗日救国联合战线》，是斯诺与毛泽东关于抗日战争的谈话，分为两个部分。第一部分是一九三六年七月十六日在保安与毛泽东《关于帝国主义问题》的谈话，第二部分是一九三六年九月二十三日在保安与毛泽东《关于联合战线》问题的谈话。这篇谈话在《毛泽东自传》中是以《毛泽东论中日战争》为题，作为附录之一收入的。在《红星照耀中国》（《西行漫记》）中是第三篇的第三节《论抗日战争》。上海《文摘战时旬刊》在一九三七年九月二十八日，也发表了由汪衡翻译的《毛泽东论中日战争》。一九九三年十二月，此文收入《毛泽东文集》第一卷。

《救国时报》在一九三六年十二月二十日刊登斯诺与毛泽东的谈话《毛泽东先生论抗日救国联合战线》的同时，还第一次发表了斯诺给毛泽东拍摄的头戴红星八角帽的戎装照，说明文字依然是"中

[图 3.12]
1936 年 12 月 20 日，《救国时报》
在第二版以整版篇幅并转第三版发表
《中华苏维埃政府主席毛泽东先生论
抗日救国联合战线》。

华苏维埃政府主席毛泽东先生"。这比一九三七年一月
二十五日出版的美国《生活》杂志第二卷第四期发表这张
照片的时间还要早。也就是说，上海《密勒氏评论报》是
最早发表这张照片的英文媒体，而《救国时报》则是最早
刊登这张照片的中文媒体。此后，《救国时报》刊发的毛
泽东个人肖像均为这张戎装照。

　　值得研究的是，同期《救国时报》在第三版紧接着刊
登了《附斯诺氏关于其苏区旅行记载错误的更正信》。《救
国时报》的译者在编者按中说："在密勒氏评论报未接到
斯诺氏与毛泽东谈话之前，该报于第十期中曾发表斯诺氏
的旅行苏区的记载，内容有错误之处，斯诺氏之更正，是
指这记载而言，与本报本期所译载该报第十一、十二两期

所登载斯诺氏与毛泽东氏的谈话无涉……
译者。"

下面，笔者将斯诺的"更正信"全文
摘录如下：

主笔先生：

我刚才看见在贵刊十一月七号那期的
三百五十页上，有一篇关于我从中国苏区
旅行回来所谓我的谈话的记载，但当中几
段内有些记载是错误的，为着事实真相正
确起见，所以我一定要恳求你们更正。

你们并没有说出你们转载那个报告的
来源，但是一般地好像是同天津庸报和其
他的日本报纸及有些中国报纸上完全假造
我的"谈话"一样。没有一个日本新闻记
者同我谈到关于我的旅行，所以在他们通
讯报告里引着我的话是不可靠的。

现在请让我利用贵报的篇幅，来对于
上述一个报告中失实之处，作一个更正。
我相信你们是会诚实地把它登出。

首先，我是在苏区里面近四个月，而
不是三个月。我到那里去是受了伦敦的前
驱日报（应为《每日先驱报》——引者注）
的特别的指派，同时是代表纽约的太阳报
不是巴狄摩太阳报。你们载着我说的"红
军现在共有一万人，比过去他们在山西苏
区（应为江西苏区——引者注）的时候少
了"。我从没有向任何人说过这样的话；
恰恰相反，红军今年年初到山西的两个月
内就增加了一万五千人，中有八千人是由

红军编收为补充队。红军在山西所受到的
损失是很轻微的，因为他们只曾有过极小
的战事。

朱德、贺龙、徐向前、萧克等的红军
主力由四川开到，和彭德怀、徐海东、林
彪及西北苏维埃区的红军汇合，不久前在
西北一带集中后，红军在某几点上看起来
较从前任何时候都是更加强固了。我骑着
马在陕西、甘肃、宁夏一带的苏区里面旅
行了四十二天，而这只不过看到了所有苏
区领土的一部分。根据我个人的观察和估
计，现在西北的红军主力，不下十万人，
有近代的武器，如最新式的来复枪、自动
来复枪、机关枪、臼炮和大炮，这些都是
从敌人方面夺来的。如果将武装的游击队
包括在内，那末，红军力量约有十五万人。

你们还引证着我的话，说红军现仍穿
着单薄的夏季军服发抖，给养不佳和士气
不振，纪律很坏等等。这全不是事实。而
且是一种捏造的宣传。在我刚离开甘肃前
线不久以前，全军正发给了从赤色工厂制
造出来的新冬季军服。军队里面一般公共
卫生工作的标准都非常地高。说到给养，
则比同我作过一时旅行的东北军士兵还要
好，至于军队的士气和纪律，在我看来，
则红军士气很壮，他们对于他们目前所处
的地位都表示很满意，他们认为他们现在
所处的地位是从来他们所占领地域中最有
战略重要意义的。在我以往在中国的七年
中，我曾参观过许多中国的军队，但是我

从未看见过任何军队有如红军这样高度水平的战斗精神、政治教育、识字程度、爱国热情和雄壮士气。我没有看见对农民有任何攻击、虐待和剥削的情形。同时我和许多的农民自由谈话里面也没有听到农民有任何的怨言。就是反对地主和高利贷者等等的办法，也不是没有纪律的行动，而是依照着苏维埃的法律由一定的机关执行的。在苏区和红军里面没有乞丐也没有娼妓；童工奴婢完全废除，鸦片烟和赌博也都禁绝了。

一九三六年十一月十一日斯诺于北平

斯诺写给上海《密勒氏评论报》的这封更正信，一方面向那些歪曲他的新闻报道的媒体和记者给予了还击，一方面对诋毁红军的假新闻给予了澄清，有理有据有节，表现了一个记者的独立品格和说真话的精神。对于人们了解毛泽东领导的中国共产党和红军，无疑具有很强的说服性。

需要说明的是，在一九三六年十二月二十日出版的这一天的《救国时报》第一版的"要讯"栏目，还大字标题显著刊登了西安事变爆发的消息——《蒋介石等在西安被东北军扣留》。

一九三七年一月三十日，《救国时报》第七十九和第八十期合刊，在第二版的"祖国消息"栏目，发表了《毛泽东氏发表关于停战抗日之重要谈话》，表示停止对国民革命军任何攻击行动。[图3.13]这篇谈话是

毛泽东以中华苏维埃政府主席名义向苏维埃新闻社发表的，时间为一九三六年十月十五日。在同一栏目，还发表了《为西安事变，中苏政府及中共中央通电提议召集和平会议共襄国是》。这篇报道，是中华苏维埃中央政府和中国共产党中央委员会在一九三六年十二月十九日向全国人民及各党各派各界各军发出的和平通电。

一九三七年二月五日，《救国时报》第八十一期在第二版刊登消息《著名外记者斯诺氏在平公讲游历苏区印象》，并称："英使馆人员谓：大家都应该欢迎红军到北方来。"[图3.14]全文如下：

北平讯　美籍名记者斯诺氏居留我国多年，对于我国情形，极为熟悉，去年夏间曾受英国前驱报委托往陕甘苏维埃区域游历，历时四月，为该报作中国苏区通讯，迄今仍在连续登载，叙述忠实，极为欧美人士所爱读。顷斯诺氏又于一月二十四日在北平基督教青年会演讲其本人游历苏区之印象，听者之中外籍人士约百五十人。斯诺氏于演讲中描写中国红军纪律之严明，抗日情绪之高涨及其主张反对内战、一致抗日之坚决，颇为详尽，并述及其所耳闻目睹之苏区各种状况，听者甚为感动，特别当斯氏言及其本人与苏维埃人民政府主席毛泽东氏之谈话（此谈话由密勒氏评论报发表，经本报译载于七十三期——编者），听者尤感觉极大之兴趣。该演讲会

主席之英国使馆人员恩普兰氏宣称，若斯诺氏此言属实，则大家都应欢迎红军开到北方来。英文北平纪事报特将斯诺氏之演讲加以记载，并称斯诺氏演讲极为动听，历一时三十分钟，听者毫无倦容云。

按斯氏曾在去年十月三十号英文平津日报上发表其游历苏区的闻见，关于苏区情形及生活，叙述甚详。

据斯氏称，他曾受到共产党领袖，尤其毛泽东氏之良好待遇。准许他自由旅行，笔记、照相，并且特送一匹马给他乘坐。他在严寒的气候下，在人迹稀少的森林中走了四十二天，得到各地农民许多赞助，且不愿受他底报酬。

据斯诺氏的记述说及，现在集中西北的红军队伍，人数不下十万余，武装方面，有良好充足的步枪和机关枪，服装给养并不坏。当他离西北时，红军士兵已著皮衣。据他说，中国红军，比之江西时代更强有力了，其作战经验比以前更加丰富，且其领袖人物，又已集中于一地，这是一件很有意义的事实。

斯氏谓苏区设有自己的邮局和银行，印行自己的邮票与钞票，苏区的邮差的服装与中国其他各地邮差无异，也穿绿色制服了，不过另加红章。斯氏谓，他一到苏区，就将所带之钞票兑换了苏区钞票，一块南京政府的大洋兑苏区大洋一元三角。

斯氏谓：红军总司令全部与外界交通甚便，有无线电机可收南京、东京、柏林、

[图 3.13]

1937 年 1 月 30 日，《救国时报》第七十九和第八十期合刊，在第二版的"祖国消息"栏目，发表《毛泽东氏发表关于停战抗日之重要谈话》。

[图 3.14]

1937 年 2 月 5 日，《救国时报》第八十一期在第二版刊登消息《著名外记者斯诺氏在平公讲游历苏区印象》。配图为斯诺在陕北拍摄的周恩来。右下角为毛泽东致哥老会的信。

赤塔、莫斯科及其他各地的消息，所以每天都可收到外界的消息。在苏区同样出版各种日报。

彭德怀部以前没有骑兵，但现在则有了二千人的骑兵团，红军由南京军方面得到许多军械，捷克造的、英国造的、美国造的、日本造的枪炮都有。

红军有严明的纪律，有贤明的领导。他们目前的主要目标是反抗日本帝国主义，所以他们要求停止一切自相残杀的内战，与南京政府一起共同抗日。抗日自卫战争一起，国共两党必能捐弃前嫌，一致合作的。

斯氏又谓，从前大家都以为红军中俄籍顾问，但他本人在苏区只遇见一个欧洲人，但还是德国人。他并曾和这位德国人谈过话。

红军医院也组织得很好，医药及必需的设备较差，因为这些东西，从前都在和南京作战中取得的，而现在则已有六个多月没有战事了。时常两军彼此距离甚近，但谁也不愿意打仗。红军战士中多十七岁至二十岁之青年，指挥干部也多属青年，他们都受了政治教育，每天都有政治课程。他们不是土匪，有组织，有纪律云云。据此可以看见斯氏演讲内容之一斑。

这篇消息，基本上是一个综述性的报道，与此前报道的内容没有大的差别。

值得一提的是，在《救国时报》本期本版的右下方，还刊登了一封《苏维埃中央政府对哥老会宣言》。[图3.15] 这是毛泽东一九三六年七月十五日以中华苏维埃人民中央政府主席的身份，写给哥老会的一封信。一九九一年三月，此信收入了中央档案馆编的《中共中央文件选集》第十一卷（一九三六——一九三八）。

一九三七年三月十日，《救国时报》从第八十七期开始，以连载的形式，在第二版发表陈志华撰写的《抗日红

[图 3.15]
《救国时报》发表的毛泽
东致哥老会的信。

[图 3.16]
《救国时报》转载了《字林西报》记
者的消息《毛泽东氏保障人民信仰自
由》。

军在西北大汇合》，共连载了四期，直至到第九十期结束。
本文是作者一九三六年十二月三日写于陕北保安。文章中
多次谈及毛泽东。

一九三七年三月二十一日，《救国时报》第八十九期，
在第一版转载了《字林西报》通讯员消息《毛泽东氏保障
人民信仰自由》。[图3.16] 这则消息称：

据三月十六日上海电，字林西报载，该报西安通讯员
前曾通讯该报谓传闻共产党红军曾侵占陕西肤施（即延安）
基督教堂，现该通讯员自己承认前此通讯之不确，并谓，
共产党红军并未侵占该教堂而只系与该教堂牧师商妥后，
暂时借用该教堂为学校，该教堂一切什物，均安然无恙。
苏维埃政府主席毛泽东曾向该教堂主事声明，教堂物什如
有任何损失，必当一概赔偿，若该教堂需要椅凳及一切用

具时，无论何时均可立即退还。毛氏并曾邀请该教堂主事共同将教堂什物——检点登记以便稽查。最后该通讯员宣称，由此看来，实无任何根据来说毛泽东氏不保障人民之信仰自由云。

一九三七年三月二十五日，《救国时报》第九十期在第三版刊登了斯诺撰写的人物通讯《一个非常的伟人》，并配发了毛泽东和贺子珍在保安的合影照片。[图3.17]该文即斯诺撰写的《毛泽东印象记》，后来收入《红星照耀中国》中，题为《苏维埃掌权人物》。《救国时报》在编者按中说明，此文译自三月十一日的英国《每日先驱报》。此文在翻译时，有删节。

一九三七年四月五日，《救国时报》在第九十二期第一版"要讯"栏目上，以大字标题刊登了《中华苏维埃中央政府主席毛泽东氏重要声明》。[图3.18]消息说：

据四月二日伦敦电：每日前驱报北平通讯社员致电该报，谓彼收到中国共产党领袖之一毛泽东氏所签字的宣言，声明共产党向国民党提议合作并非投降。毛氏在宣言内宣称，"我们共产党人无论何时，既不出卖马克思主义，亦不出卖中国人民；而现时建立反日民族统一战线，既是符合马克思主义，又符合乎中国人民利益之唯一途径"。毛泽东氏又着重说明，国共合作，必须以实行国民党民主的改组及坚决的抗日政策为基础云。

值得注意的是，这篇报道是《救国时报》第一次称毛泽东是"中国共产党领袖之一"。

一九三七年五月一日出版的《救国时报》第九十七和第九十八期合刊，在第六版发表了《一个基督教的医生在中国红军内的经验》。这篇"上海通信"其实是红军医生

[图 3.17]

1937 年 3 月 25 日,《救国时报》第九十期在第三版刊登了斯诺撰写的人物通讯《一个非常的伟人》,并配发了毛泽东和贺子珍在保安的合影照片。

[图 3.18]

1937 年 4 月 5 日,《救国时报》在第九十二期第一版"要讯"栏目上,以大字标题刊登了《中华苏维埃中央政府主席毛泽东氏重要声明》。

傅连暲的自述。文章中谈到了毛泽东和朱德率领的红军部队到福建长汀后,傅连暲在他的医院为红军官兵治疗天花的经历。

一九三七年六月五日,《救国时报》第一〇四期在第一版"要讯"栏目,刊登了《中华苏维埃政府主席毛泽东氏发表告西班牙人民宣言》。[图 3.19] 宣言"对西班牙人民为祖国与共和之奋斗表示同情,指出须对卖国贼托洛茨基匪徒作坚决的斗争"。同时,还发表了朱德的"宣言"。这篇宣言发表于一九三七年五月十五日。

一九三七年六月十三日,《救国时报》第一〇五期在第二版以整版篇幅发表了毛泽东的记者谈话《中日问题与

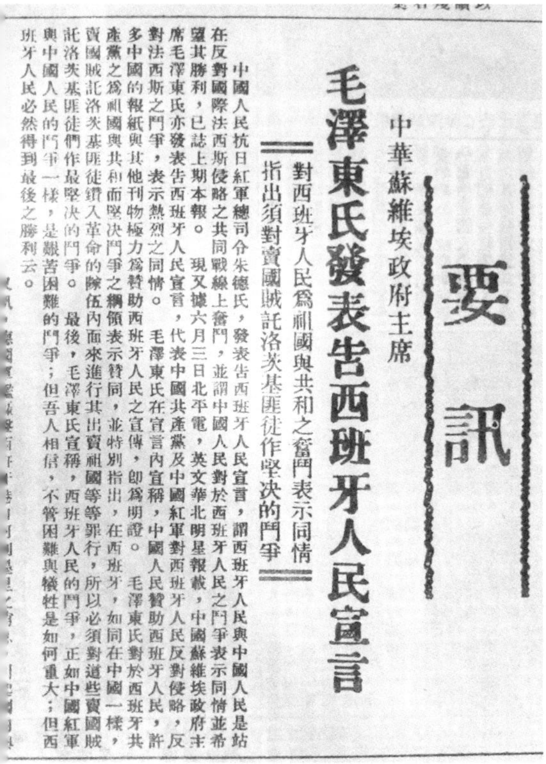

要訊

中華蘇維埃政府主席

毛澤東氏發表告西班牙人民宣言

對西班牙人民爲祖國與共和之奮鬥表示同情

指出須對賣國賊託洛茨基匪徒作堅決的鬥爭

中國人民抗日紅軍總司令朱德氏，發表告西班牙人民宣言，謂西班牙人民與中國人民是站在反對國際法西斯侵略之共同戰線上奮鬥，並謂中國人民對於西班牙人民之鬥爭表示同情並希望其勝利，已誌上期本報。現又據六月三日北平電，英文華北明星報載，中國蘇維埃政府主席毛澤東氏亦發表告西班牙人民宣言，代表中國共產黨及中國紅軍對西班牙人民反對侵略，反對法西斯之鬥爭，表示熱烈之同情。毛澤東氏在宣言內宣稱，中國人民贊助西班牙人民，許多中國的報紙與其他刊物極力爲贊助西班牙人民之宣傳，即爲明證。毛澤東氏對於西班牙共產黨之爲祖國與共和而堅決鬥爭之綱領表示贊同，並特別指出，在西班牙，如同在中國一樣，賣國賊託洛茨基匪徒鑽入革命的隊伍內面來進行其出賣祖國等等罪行，所以必須對這些賣國賊託洛茨基匪徒們作最堅決的鬥爭。最後，毛澤東氏宣稱，西班牙人民的鬥爭，正如中國紅軍與中國人民的鬥爭一樣，是艱苦困難的鬥爭；但吾人相信，不管困難與犧牲是如何重大；但西班牙人民必然得到最後之勝利云。

[图 3.19]

一九三七年六月五日，《救国时报》第一〇四期在第一版“要讯”栏目，刊登了《中华苏维埃政府主席毛泽东氏发表告西班牙人民宣言》。

西安事件》，并配发了斯诺拍摄的毛泽东戎装照片。[图 3.20] 该文系毛泽东一九三七年三月一日与史沫特莱谈话的一部分，一九九三年十二月收入《毛泽东文集》第一卷。

一九三七年六月十七日，《救国时报》第一〇六期在第二版以通栏的形式，发表了《中华苏维埃政府和人民抗日红军领袖毛泽东朱德致西班牙人民书》，同时配发了毛泽东戎装照和朱德照片。[图 3.21]

一九三七年七月五日，《救国时报》第一〇八期和一〇九期合刊，在第六版刊登了来自美国的新闻照片一幅。图片说明文字为：“美国纽约今年五一国际劳动节游行示威时，纽约侨胞踊跃参加，图为华侨队伍及其标语之一部分。”我们从这幅图片中可以看到，游行群众高举的标语中有“毛泽东朱德万岁”和“中国人民红军是抗日救国先锋”。[图 3.22] 这也是目前最早的“毛泽东朱德万岁”标语。

一九三七年七月二十日，《救国时报》第一一二期，在第一版《毛泽东朱德等致电蒋介石宋哲元及全国军事领袖，再次号召团结一致保卫北方抗日救国，全体红军将士随时准备开赴抗日最前线》的“要讯”。

一九三七年八月二十日，《救国时报》第一一七期在第二版，几乎用整版篇幅刊载了《抗日民主与北方青年——毛泽东氏与北方青年的谈话》。[图 3.23] 这篇谈话其实是毛泽东一九三七年五月十五日与时为清

[图 3.20]
1937 年 6 月 13 日，《救国时报》第一〇五期在第二版以整版篇幅发表了毛泽东的记者谈话《中日问题与西安事件》。

华大学学生王福时的谈话。当时，王福时陪同斯诺夫人海伦（笔名威尔斯）前往延安，有幸采访到了毛泽东。王福时还将在斯诺夫妇帮助下翻译出版的《外国记者西北印象记》送给了毛泽东（详情可参阅本书第一章）。本文发表时，再次配图斯诺拍摄的毛泽东戎装照。

《救国时报》在发表《抗日民主与北方青年》一文时，在编者按中这么写道："这是从北平出版的《人民之友》第一卷第四期转载来的。《人民之友》是一个半月刊，内容是登载极其丰富的抗日理论文章，执北方抗日舆坛之牛耳。本文是中国共产党苏维埃红军的著名领袖毛泽东先生

[图 3.21]
1937 年 6 月 17 日，《救国时报》
第一〇六期在第二版发表《中华苏维
埃政府和人民抗日红军领袖毛泽东朱
德致西班牙人民书》。

在五月十五日的谈话记录。在北平沦陷、全国抗战的今天，在《人民之友》势将遭受压迫而或许'夭折'的今天，在北方的青年、北方的同胞以至全国的同胞出生入死喋血奋斗的今天，毛先生所详明开导的关于抗日、民主与北方青年等等各点，却更见得是救国救民的不易真理。本报转载毛先生此项谈话，正所以鼓励北方的将士、北方的青年、北方的同胞以至全国军民奋勇抗战的英气。"《抗日民主与北方青年》一文，于一九九三年十二月收入了《毛泽东文集》第一卷。

一九三七年九月十八日，《救国时报》出版了第

美國紐約今年五一國際勞動節遊行示威時，紐約僑胞踴躍參加，圖為華僑隊伍及其標語之一部分

[图 3.22]
1937 年 7 月 5 日，《救国时报》第一〇八和一〇九合刊在第六版刊登了美国华侨在五一劳动节游行时高举的"毛泽东朱德万岁"标语的新闻照片。

一二三期和一二四期的合刊，推出"九一八纪念特刊"，共十六个版面。在第二版和第三版，该报以两个整版的篇幅、大字标题发表了《中共领袖毛泽东先生在中国共产党苏区党代表大会上的政治报告提纲及结论》。[图 3.24] 他们在编者按中说：

中国共产党是我国首倡和坚持反日民族统一战线政策的革命政党。今年五月初，该党的苏区的党组织在延安举行了代表大会，由中共著名领袖毛泽东先生作了政治报告和对于这个报告的讨论的结论。本报顷觅得毛先生政治报告提纲及结论的原文，特将全文转载，以供海内外同胞的研究。当今全国总抗战已开始的情形之下，毛先生四月前的报告及结论，对于全国人民的民族解放斗争，更显出重大的意义。

[图 3.23]
1937 年 8 月 20 日，《救国时报》整版刊载了《抗日民主与北方青年——毛泽东氏与北方青年的谈话》。

这个报告及结论，毛泽东作于一九三七年五月三日和八日。报告提纲的标题为《中国抗日民族统一战线在目前阶段的任务》，结论部分的标题为《为争取千百万群众进入抗日民族统一战线而斗争》。一九五一年十月，毛泽东的这份报告分别以《中国共产党在抗日时期的任务》和《为争取千百万群众进入抗日民族统一战线而斗争》为题，收入《毛泽东选集》第一卷。

这天的《救国时报》第二版还发表了三张照片。一张是斯诺拍摄的毛泽东戎装照，但说明文字已经改成"中共著名领袖毛泽东先生"；一张是"毛泽东先生在延安抗日大会上演讲"，还有一张是"中国共产党和中国苏维埃红军领袖毛泽东先生致西班牙人民书"的手书影印件。 [图12.13]

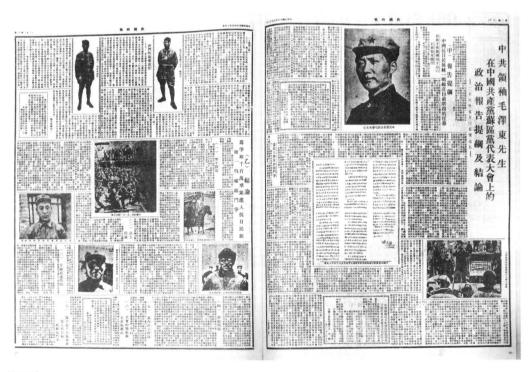

[图 3.24]
1937 年 9 月 18 日，《救国时报》以两个整版发表了《中共领袖毛泽东先生在中国共产党苏区党代表大会上的政治报告提纲及结论》。

[图 3.25]
1937 年 9 月 30 日，《救国时报》
在第三版发表了《中国共产党领袖写
给美国共产党总书记白劳德的信》和
白劳德的演讲。

　　一九三七年九月三十日，《救国时报》第一二六期在
第三版发表了《中国共产党领袖写给美国共产党总书记白
劳德的信》，即毛泽东、朱德和周恩来三人写给白劳德的
信件。[图 3.25] 这些信件原文刊登于九月七日的美国共产党机
关报《工人日报》，是《救国时报》根据英文翻译而来的。
文中配发了毛泽东、朱德、周恩来三人的肖像照。与此同
时，《救国时报》还从同日出版的美国共产党《工人日报》
上转译了白劳德在纽约的一篇演讲《援助中国人民就是保
护美国》。这篇演讲，是白劳德在接到毛泽东、朱德和周
恩来的来信后，代表美国共产党作市选竞争时的公开演讲。
　　一九三七年十月十日，《救国时报》第一二八期在第
三版发表《纪念辛亥革命二十六周年》一文，同时配图
《国共第一次合作时代》。[图 3.26] 此照片中有毛泽东，系其
一九二七年参加国民党中央委员会执行部在上海时的合影。

一九三七年十二月十日，《救国时报》第一四〇期，在第二版发表的《第八路军半个月的英勇战绩》一文。这篇文章转载自十一月五日的上海《大公报》。发表时，《救国时报》配了一幅毛泽东、朱德、周恩来和博古的合影。文字说明为"我国共产党及第八路军领袖由右至左：毛泽东、朱德、周恩来、博古"。[图3.27]

一九三七年十二月二十日，《救国时报》第一四一期和一四二期合刊，在第一版"要讯"栏目，发表了《毛泽东先生宣称必须更加团结坚持抗战》。在第二版发表的《关于朱德第八路军》一文中，配发了毛泽东和朱德的合影，文字说明为"第八路军领袖毛泽东（左）朱德（右）"。

一九三七年十二月二十五日，《救国时报》第一四三期，在第一版发表消息《我国共产党领袖毛泽东先生号召动员全国民众参加抗战》，称"第八路军不折不挠发展游击攻击日寇后方"。这篇新闻第一次明确指出毛泽东是"我国共产党领袖"。[图3.28]

一九三八年一月十日，《救国时报》第一四六期，在第三版头条位置刊登了《中国共产党抗日救国十大纲领》，"动员一切力量争取抗战胜利"。[图3.29]本文原载延安的《解放》杂志第十八期。一九五二年四月，本文以《为动员一切力量争取抗战胜利而斗争》为题，部分收入《毛泽东选集》第二卷。

一九三八年一月二十五日，《救国时报》第一四九期，在第二版以整版篇幅，发表了《毛泽东与英国记者贝特兰之谈话》，转载于延安出版的《解放》杂志第二十三期。[图3.30]毛泽东是在一九三七年十月二十五日与贝特兰展开谈话的，谈话包括"共产党与抗日战争""抗日战争的情况与教训""八路军在抗日战争中""抗日战争中的投降主义""民主制度与抗日战争"等五个方面的问题。一九五二年四月，这篇谈话收入了《毛泽东选集》第二卷，毛泽东对文章标题和小标题作了一些改动。本版还配发插图二幅，一幅是斯诺拍摄的毛泽东戎装照，一幅是"第八路军训练新兵——图示新兵变换队形"。

综上所述，从目前存世的《救国时报》来看，共发表有关毛泽东的文章（消息、通讯）大约二十篇，其中整版五篇，后来收入《毛泽东选集》的有四篇、收入《毛泽东文集》的有四篇，刊登毛泽东的照片共计 17 次，起到了不可替代的历史作用，为世界知道中国共产党、中国红军和毛泽东，以及了解并理解中国革命作出了可贵的努力。

[图 3.26]
1937 年 10 月 10 日，《救国时报》
发表的图片《国共第一次合作时代》。

[图 3.27]
1937 年 12 月 10 日，《救国时报》
在第二版发表的毛泽东、朱德、周恩
来和博古的合影。

我國共產黨領袖毛澤東先生

號召動員全國民衆參加抗戰

★第八路軍不折不撓發展遊擊攻擊日退後方

（即喬裝）我國共產黨領袖和毛澤東先生在延安向大公報記者談話並剴切說明今後抗戰之重要方針，各節已見上期本報。頃口廿一日電訊，漢口大公報又發裝毛澤東先生與該報記者之二次談話，關於毛澤東先生與談略等方面均載有重要之說明，茲據英文電訊將該談話譯載於後。

毛澤東先生於談話中宣稱：「自太原重大損失，上海以及其他地點陷落後，我國必須鞏固團結堅持抗戰並剴切說明今後抗戰之重要方針，我們曾經受挫折中得到好的敎訓。」這一敎訓首先就是：現在的抗戰是革命的，但其革命的性質遠沒有充分表現出來。雖然在地理上說，戰事已成略帶全國性的力量則還不是全國性的。最大的缺點。

[图 3.28]
1937 年 12 月 25 日，《救国时报》在第一版发表消息《我国共产党领袖毛泽东先生号召动员全国民众参加抗战》。

[图 3.30]
1938 年 1 月 25 日，《救国时报》在第二版以整版篇幅发表《毛泽东与英国记者贝特兰之谈话》。

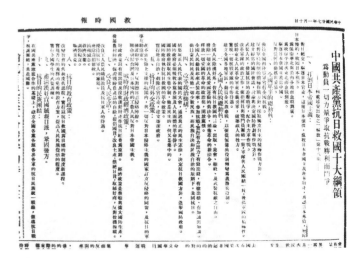

中國共產黨抗日救國十大綱領

為動員一切力量爭取抗戰勝利而鬥爭

[图 3.29]
1938 年 1 月 10 日，《救国时报》在第三版头条位置刊登了《中国共产党抗日救国十大纲领》。

MAO TSE-TUNG

毛泽东早期传记六种

作为一个政治人物，有关他的新闻报道和人物传记作品的数量多寡，或者曝光率的高低，乃至宣传媒介的层级，可以说是其影响力和领导力的一个晴雨表。

在二十世纪三四十年代，毛泽东的政治影响力到底如何呢？我们也不妨从早年毛泽东传记的出版的视角来做一个考察。

二十世纪二三十年代
毛泽东的政治地位与共产国际的关系

MAO TSE-TUNG

众所周知，中国共产党从正式成立那一刻起，就与共产国际有着密不可分的联系。这给中共带来的影响极大。以历史的眼光回溯这种关系，中共作为共产国际的一个支部，在二十世纪二三十年代，既得到共产国际的指导，又受到其制约，没有实现完全的独立自主。这一点，从陈独秀到瞿秋白，从李立三到王明（包括博古），都可以在他们人生和政治的悲喜剧中找到历史印证。他们要么试图独立、摆脱共产国际的"紧箍咒"，最终成了"替罪羊"；要么亦步亦趋地搞教条主义，最终被中国革命的正确实践所抛弃。同样，作为中国革命土生土长的领袖毛泽东，他的人生命运也与共产国际有着千丝万缕的关联，这种关联直接导致毛泽东在中共中央的政治身份和政治地位的起起伏伏。

笔者以时间为经，以毛泽东在中共中央政治地位和身份的变化为纬，对毛泽东与共产国际的关系作一梳理，从中可看出历史风云的惊心动魄和波谲云诡：

一、一九二三年六月十二日至二十日，作为中共湘区党组织代表，毛泽东出席在广州召开的中共第三次全国代表大会并当选中央执行委员会委员。陈独秀为中央局委员长，毛为中央局秘书，协助委员长处理中央日常工作。毛泽东时年三十岁。

二、一九二七年三月，毛泽东撰写的《湖南农民运动考察报告》先后在众多报刊刊载。五月和六月，共产国际机关刊物《共产国际》的俄文版、英文版以及《革命东方》杂志，先后转载、译载了中共中央机关刊物《向导》刊印的《考察报告》。英文版的编者按说："在迄今为止的介绍中国农村状况的英文版刊物中，这篇报道最为清晰。"当时的共产国际执委会主席布哈林在执委会第八次扩大全会上谈到毛泽东的这篇报告时说，"我想有些同志大概已经读过我们的一位鼓动员记述在湖南省内旅行的报告了"，"报告写得极为出色，很有意思，而且反映了生活"，"其描写极为生动"，"提到的农村中的各种口号也令人很感兴趣"，"文字精练，耐人寻味"。在共产国际能够享此殊荣的，毛泽东算得上是中国第一人。这年五月，毛泽东在中共五大当选候补中央执行委员。

三、一九二七年十一月九日、十日，在共产国际代表罗米纳兹指导下，瞿秋白在上海主持召开中共中央临时政治局扩大会议，通过《中国现状与共产党的任务决议案》等。会议强调，中国革命形势是"不断高涨"，中国革命性质是"不断革命"。在中央领导机关形成了"左"倾盲动错误。十四日，印发《政治纪律决议案》，批评湖南省委在秋收起义指导上"完全违背中央策略"，毛泽东应负严重责任，撤销其政治局候补委员和湖南省委委员职务。但这个决定直到一九二八年三月才传到井冈山。

四、一九二八年六月十八日至七月十一日，中共六大在莫斯科召开。毛泽东未出席大会，当选中央委员。但这个大会的决议案直到一九二九年一月才传到井冈山革命根据地。

五、一九二九年七月二日，苏共中央机关报《真理报》发表社论《中国统一的假象》介绍说，任何"稍微注意一点有关中国事态报道的人"，已经都很熟悉毛泽东和朱德这两位"中国游击运动"的领导人了，他们是"极为出色的领袖的名字"。而在其他相关的报道中，对毛泽东"上山"创立根据地并使中国从此也像苏联一样有了一支共产党领导的武装力量——"红军"，给予了高度评价。报道称：毛泽东"史诗般的英雄行动是十分引人注目和具有重大意义的"，"现在恐怕谁也否定不了朱德和毛泽东的红军已取得重大胜利，有了很大发展。这支军队无疑已成为中国游击运动中出现的最为重要的现象"。

六、一九三〇年四月十五日，马马耶夫在共产国际执行委员会一次会议的报告上强调，毛泽东作为党的前委书记对部队进行掌握和领导。在斯大林对毛"工农武装割据"的做法表示肯定后，共产国际开始公开肯定毛泽东的革命方式。共产国际执行委员会远东局直接建议中共中央任命毛泽东为军事委员会主席。九月二十四日至二十八日，由瞿秋白、周恩来主持的中共六届三中全会在上海举行，会议结束了李立三"左"倾冒险错误在中央的统治。周恩来传达了斯大林和共产国际的指示，毛泽东在未出席会议的情况下，被补选为中央政治局候补委员。这个会议的文件，直到十二月才传达到红一方面军党内。

七、一九三一年一月七日，中共扩大的六届四中全会在上海举行。毛泽东未出席会议，被选为中共中央政治局候补委员。王明在共产国际代表米夫的扶持下进入中央政治局。这次会议成为以王明为代表的新的"左"倾教条在中共中央占据统治地位的开端。一月十五日，根据共产国际和六届三中全会后中央的决定，项英在小布组成中共苏区中央局。中共苏区中央局正式成立，周恩来任书记（未到职），项英代理书记，毛泽东、朱德等九人为委员，撤销毛泽东为书记的中共红军一方面军总前委。同时宣布，建立中共苏区中央局领导的中央革命军事委员会，项英为主席，朱德、毛泽东为副主席，取消毛泽东为主席的中国工农革命委员会。九月，因王明决定去莫斯科任中共驻共产国际代表，周恩来将赴中央苏区，根据共产国际远东局的提议，由博古（秦邦宪）负总责的中共临时中央政治局在上海成立，随后报共产国际批准。十月十一日，中共苏区中央局致电临时中央，指出：项英因"工作能力不够领导"，"决定毛泽东代理书记，请中央批准"。十月下旬，中共临时中央局复电苏区中央局，同意中央局书记由毛泽东代理。

八、一九三一年十月，根据共产国际的指示，中共中央开始酝酿在中央苏区成立中华苏维埃共和国临时中央政府。十一月二十七日，毛泽东在中华苏维埃共和国中央执行委员会第一次会议上当选为主席。按照莫斯科拟定的模仿苏联的政权体制，毛泽东又兼任中央最高行政机关人民委员会的主席。

九、一九三四年一月十五日至十八日，中共临时中央在瑞金召开六届五中全会，会议由博古主持。博古本想撤销毛泽东的苏维埃人民委员会主席和政治局候补委员的职务，但没有得到莫斯科的同意。毛泽东在没有参加会议的情况下，反而被提升为中央政治局委员。但是，在二月三日召开的中华苏维埃共和国第二届中央执行委员会举行的第一次会议上，毛泽东兼任的人民委员会主席一职被张闻天取代，其中央执行委员会主席的职务也徒有虚名。当博古负责的临时中央在瑞金取消毛泽东人民政府主席职务的同时，王明在莫斯科苏共第十七次代表大会上却宣布，在"以毛泽东同志任主席"的"中央执行委员会和苏维埃人民委员会"的统一领导下，我们现在已经在几百个县建立了巩固的苏维埃政权。一九三四年八月，王明根据共产国际领导人的意见，专门询问苏维埃政府选举结果，当得知"博古中央"擅自撤换毛泽东人民委员会主席一事后，明确表示莫斯科"很不满意"。这是毛泽东革命战争年代最为痛苦的一个时期，他后来发牢骚埋怨莫斯科说："洋房子先生"来了，我被扔到茅坑里去了。其实，莫斯科对临时中央压制毛泽东的做法不太知情，也不赞同。尽管王明后来知道了，但面对既成事实，只是睁一只眼闭一只眼地批评"博古中央"，说这"不能不是工作当中一个大的缺陷"，却并没有马上报告共产国际，更没有立即纠正"博古中央"的错误。没有纠正，即是纵容。

事实上，莫斯科对毛泽东的态度是越来越看重。由于通信的障碍，毛泽东在第二次苏维埃代表大会上所作的四万字的报告，以及他所作的大会闭幕词，在几个月之后终于送到了莫斯科。无论是苏共领导人还是共产国际，对毛泽东所作的报告和结论，都给予了高度评价，并当即指示有关部门将其迅速印成各种文本的小册子广为散发。

八月三日，王明、康生在给中共中央政治局写的密信中这么写道："毛泽东同志的报告和结论，除了个别地方有和五中全会决议同样的措辞的缺点外，是一个很有意义的历史文件！我们与国际的同志都一致认为，这个报告明显地反映出中国苏维埃的成绩和中国共产党的进步。同时认为，这个报告的内容也充分反映出毛泽东同志在中国苏维埃运动中丰富的经验。这个报告的中文单行本不日即将出版（其中欠妥的词句已稍加编辑上的修正），其他俄、德、英、法、日本、高丽、蒙古、西班牙、波兰、印度等十几个国家的译本也正在进行译印。中文本印刷得极漂亮。"

九月十六日，王明再次兴奋地致信中共中央政治局说："毛泽东同志的报告，中文已经出版，绸制封面，金字标题，道林纸，非常美观，任何中国的书局，没有这样美观的书。与这报告同时出版的，是搜集了毛泽东同志的文章（我们这里只有他三篇文章）出了一个小小的文集，题名为《经济建设与查田运动》，装潢与报告是一样的。这些书籍，对于宣传中国的苏维埃运动，有极大的作用。"

莫斯科如此高规格地为毛泽东出版著作和文集，乃中共党内第一人也。即使后来以马列主义理论权威自居的王明，也没有得到如此的待遇。从王明这两封信的字里行间看，他似乎为中国党有毛泽东这样的领导人受到共产国际和苏共如此的重视，发自内心地感到高兴。而事实上，莫斯科在这个时候确实不止一次地提醒中共中央中国需要像毛泽东这样的人才，大家必须学习毛泽东和朱德的经验，把军事工作放到党的第一等重要的地位上来，甚至直接到军队中去工作。

十、一九三五年七月，共产国际第七次代表大会在莫斯科召开。毛泽东在没有出席的情况下，破天荒地排在了共产国际总书记季米特洛夫、共产国际名誉主席台尔曼的后面，与王明、周恩来一起当选共产国际执行委员会委员。要知道，由于通信联络中断，共产国际没有得到中共中央政治局在一月十五日至十七日召开了扩大会议（遵义会议）的消息。会议增选毛泽东为政治局常委，取消三人团，取消博古、李德的最高军事指挥权。会议确立了以毛泽东正确路线为代表的新的中央领导。应邀在共产国际七大第一个致贺词的来自中国苏区的代表滕代远（李光），按照中国代表团拟就并得到共产国际批准的发言稿，高呼："我们对共产国际中有像季米特洛夫、台尔曼、毛泽东、拉科西和市川正一这样的英勇旗手而感到骄傲，他们在一切情况下都高举共产主义的伟大旗帜，并且保护和捍卫它，在列宁斯大林所创建的共产国际的旗帜下，领导群众走向胜利。"中国代表团团长王明在发言中，赞扬毛泽东是"出色的党内领袖和国家人才"。无论是从为共产国际七大准备的材料中，还是苏联公开出版的报刊上，莫斯科都开始把毛泽东称作"年轻的中华苏维埃共和国富有才干和自我牺牲精神的展示、伟大的政治家和军事家"。莫斯科给予毛泽东如此殊荣，在当时中共党内找不出第二人，意义非同一般。

十一、一九三五年《共产国际》（俄文版）第三十三和三十四期合刊上，发表了署名"赫"（亦有译为赫鲁晓夫）的文章《中国人民的传奇领袖》（亦译作《勤劳的中国人的领袖毛泽东》）。文章在开头还引用了毛泽东《湖南农民运动考察报告》中的"革命不是请客吃饭，不是做文章，不是绘画绣花，不能那样雅致，那样从容不迫，文质彬彬，那样温良恭俭让。革命是暴动，是一个阶级推翻一个阶级的暴烈的行动"。全文对毛泽东给予高度评价，认为毛是"一位不知疲倦的人，真正的布尔什维克，人民的真诚朋友"，"具有铁一般的意志、布尔什维克的顽强精神、卓越的革命统帅和国务活动家的惊人勇敢、博学和无穷的天赋"。同年十二月十三日，《真理报》发表了哈马丹写的文章《中国人民的领袖——毛泽东》。

由此可见，进入二十世纪三十年代中期，莫斯科和共产国际不仅在组织上、政治上全力支持毛泽东成为中共党的领袖人物，而且还重点翻译、发表和出版了毛泽东的著作，积极宣传、赞颂毛泽东的功绩，把"中国人民的领袖"这样崇高的称呼送给了毛泽东。至此，不难发现，毛泽东在共产国际的地位和口碑越来越好。在王明、博古、周恩来、朱德、张闻天、王稼祥、彭德怀等其他中共领导人中，当时没有谁像毛泽东这样长期受到莫斯科的赞誉和宣传，直至共产国际一九四三年五月二十二日宣布解散。这也就难怪在莫斯科生活了六年、遥控中共中央并以"太上皇"自居的王明，于一九三七年十一月二十九日飞抵延安时，一见面就称赞毛泽东"把中国共产党带入了一个新的境界"了。此后，毛泽东作为中共中央的实际最高掌权者，在中共中央的政治地位就再也没有动摇过。

一九三三年王唯廉在《现代史料》
上发表的《毛泽东》

MAO TSE-TUNG

[55]《现代史料》第一集，第
133—136页。本书由上海海天
出版社1932年编辑、1933年
初版，1934年再版，其上篇、
中篇有数万字介绍中共著名人
物的小传，包括《关于陈独秀》
《陈独秀与共产党》《朱德的
回忆》《"朱毛"的起源》《周
恩来小传》等。自20世纪20
年代末开始，蒋介石特别重视
刺探中共内部情报，尤其在顾
顺章、向忠发叛变中共后，从
1932年开始，国民党逐渐调整
镇压中共的政策，将对共产党
员的肉体消灭与胁迫反省、自
首相结合。而1933年至1935
年前后由上海海天出版社出版
的《现代史料》多达四五集，
多次再版，其幕后主持者是国
民党中央组织部调查科，主办
人正是中共叛徒李士群、丁默
邨等人。李士群在大革命时期
曾参加中共，1927—1928年
在苏联接受"格伯乌"的训练，
返国后在中共中央特科工作，
1932年被国民党逮捕后叛变，
成为国民党中央组织部调查科
上海区直属情报员。不久李士
群等奉陈立夫之命，和王新民、
唐惠民、周毓英等一起，在上
海公共租界白克路同春坊新兴
书局编辑《社会新闻》和《现
代史料》，组织变节或知悉中
共内部情况的人员编写出版了
大量有关中共历史和领导人的
文章。在《毛泽东》一文中，
从作者王唯廉在广州、上海均
与毛泽东有过亲密接触的经历
来看，他是非常熟悉毛泽东的，
有可能是国民党党员、国民党
上海执行部成员之一，还有待
进一步考证。但从总体来说，
这篇文章的写作还是比较客观
的，具有重要的历史文献参考
价值。

在毛泽东早期传记研究中，目前我们发现的资料多出
自外国人之手，但仍以斯诺的《毛泽东自传》最为权威，
那么，中国人笔下的毛泽东最早出现在什么时间什么地点？
又是谁写的呢？

令人惊喜的是，二〇〇七年九月，笔者发现一九三二
年编辑、一九三三年出版的《现代史料（第一集）》一书
中，收录了由王唯廉撰写的《毛泽东》。[55] 本文可谓迄今
为止发现的最早的毛泽东传记资料。作为重要的历史资料，
现原文摘录如下，供学者研究参考。但此文在文字上多些
讹误和不准确之处，而且许多评述性和形容性的文字带有
明显片面甚至错误的立场，阅读时应予极大注意。

毛泽东

"湖南王"的尊容　在共产党中，毛泽东是被称为湖南
王的。的确，他是湖南共产党的头子。在湖南许多著名的
共产党中，如郭亮，如夏曦，如易礼容，如李立三，如林
伯渠，如贺龙，如彭德怀等等，虽然在共产党内各有特殊
的地位与历史，但总没有人比毛泽东的历史更长，也没有
人比毛泽东的同乡群众更多。他是湘潭人，他的家庭地位
是一个富农。他今年已经三十七八岁了，中等身材，不胖
也不瘦，脑袋很大，所以智力很充足。头发长，往往三四

个月不剪，不穿西装而穿长衫，说话是一口湖南土音。[56]

几个特点 润之（他的字）有几个特点。第一，他和人谈话的时候，眼睛总是看着自己的鼻子，可以想见他的思索力是很集中的；第二，他对于任何小事都是留心的考察，举例来说，我与他在环龙路四四号[57]同事时，他看见房间里或路上有什么字纸残件，总要捡起来细心看过一遍，以冀发现什么秘密；第三，他唯一的本领是读报，他读报的范围是广宽的，无论什么地方的报纸都定求来读，而且读的时候又特别细心，从评论读到广告，一字不漏。他在长沙第一师范时，几乎完全不读书而读报；他在广州寺背通津三十八号时[58]，房间里堆满了各样的报纸，吃饭看报，大便看报，坐在车上看报，睡在床上也是看报。他自己曾说他的学问是从看报得来的；第四，他不仅看报，而且什么刊物也都搜来看看，据他说，凡是一种刊物，只要有一二个人去读他，我们就该看，销路好的更不用说了，我们应研究它为什么能得读者欢迎？

从小就崭露头角 润之在小时候就颇有不凡气概。在长沙第一师范时，本来是一个像水一般静止的一师，经他一来，就闹得满城风雨。他的鼓动力与组织力，的确是可钦佩的。

自认能够领导群众 在广州寺背通津三十八号时，沈雁冰与萧楚女也住在他一起。有一天晚上我去访问他们，那时易礼容也在座，我们五个人——毛，沈，萧，易，我——在一起闲谈，批评各人的长处，润之这样说："楚女能够煽动群众而不能教育群众，雁冰能够教育群众而不能组织群众，礼容能够组织群众而不能领导群众"，言外之音，不待解释，只有他才能领导群众了。

与叶楚伦冲突 国民党改组以后，润之当选了中央候补执委，中山本留他在广州工作，但因他别有怀抱，所以到了上海，在环龙路四四号中委上海执行部组织部任秘书，那时组织部长是叶楚伦兼的，但他与叶楚伦的关系弄得很

[56] 此段文字在形容毛泽东生活习惯上明显有偏颇错误之处，完全是为了迎合国民党反动派的哗众取宠之词。从"他今年已经三十七八岁了"一句，可以看出此文写作年代应该是在1930年和1931年前后。

[57] 当年环龙路44号属于上海法租界，时为国民党上海执行部办公地。1924年1月20日，在孙中山主持下，国共两党的精英在广州召开了国民党第一次全国代表大会，毛泽东被选为中央候补执行委员。大会结束后，毛泽东被派往上海参加国民党上海执行部的工作。他于2月中旬到上海，同蔡和森、向警予、罗章龙等住在闸北香山路三曾里中共中央机关内。6月初，杨开慧和母亲带着毛岸英、毛岸青从长沙到上海，一家便住在英租界慕尔鸣路甲秀里，今威海卫路583弄。上海执行部是国民党在广东根据地以外最重要的机构，统辖江苏、浙江、安徽、江西、上海等地工作。国民党元老胡汉民、汪精卫、于右任、叶楚伦等分任各部部长，毛泽东任组织部秘书兼代秘书处文书科主任。沈泽民、瞿秋白、邓中夏、恽代英、向警予、罗章龙、邵力子、张秋人、王荷波等共产党员，也都担负执行部各部门的实际工作。社会上一时称环龙44号为"国共群英会"。

[58] 即东山庙前西街38号。1925年冬，杨开慧和母亲携毛岸英、毛岸青由长沙来到广州，就住在这里。杨开慧在这里协助其从事革命活动和编辑12月5日创办主编的《政治周报》。

[59] 此处叙述比较正确。中央文献出版社出版的《毛泽东传（1893—1949）》第97—98页亦有记载："叶楚伧是执行部三个常委之一，算是负责人。1924年8月1日，他竟策划一些国民党人在上海南方大学开代表会议，讨论所谓"处置共产分子问题"，当即激起左派的反对。第二天，右派分子闯入上海执行部机关，殴打邵力子。事件发生后，由毛泽东领衔，同恽代英、施存统、沈泽民等联名上书孙中山，控告叶楚伧"主持不力，迹近纵容"。毛泽东事实上成为中共在国民党上海执行部的中心人物，以他为代表的共产党人同叶楚伧等右派的斗争也公开化了。这年11月17日，孙中山应冯玉祥等的邀请北上，途经上海。毛泽东向他面呈了包括自己在内的上海执行部14人致孙中山的信，反映"自八月起经费即未能照发，近来部内更无负责之人，一切事务几于停顿"，希望派员解决。孙中山因北上事繁，又染重病，无暇处理此事。叶楚伧等人"用尽办法、把毛赶走"。加上积劳成疾，毛泽东就在12月请假回湖南老家养病。叶楚伧很高兴，特地宴请上海执行部的一些右派分子，"以志祝贺"。而此段由中央文献研究室专家撰写的史料，亦来源于这本1933年出版的《现代史料》，是该书的上部中的一篇——《上海执行部小史》，作者大德。

恶劣，楚伧派陈德征到组织部做干事，被他面斥一顿。后来，他又与楚伧起了正面的冲突，愤而返湘潭原籍去了。[59]

代理中央宣传部长　一九二五年十月到了广州，那时国民党的中央宣传部长汪精卫因事忙不克兼顾，推润之自代，于是他就做了中央宣传部长了。二次全国代表大会以后，仍由他代理，并用沈雁冰为秘书，萧楚女、顾谷宜等为干事。二中全会"整理党务案"通过后，因共产党不能兼中央部长，乃辞职，由顾孟馀继任。

专做农民运动　润之在代理中央宣传部长时代，本兼有中央农民运动讲习所所长之职，因为他是一个热心农民运动的人，又是共产党中央农运委员会的委员。一九二六年八九月间，他秘密北上，到北方各省去考察农民运动，于是年十一月回湖南考察，一九二七年二月到武汉，任中央农民运动讲习所所长，同时又任共产党的中央农民部长。那时总政治部有一个农民问题讨论会，润之也是委员之一。此外，他又在中央军事政战学校武汉分校担任教农民问题的功课，那时他是以全力来做农民运动，所以现在不仅是"湖南王"，而且已经代替了彭湃而做"农民王"了。

在一九三三年出版的《现代史料》（第一集）的目录中，我们还可以看到，上篇收入的文章均为中共党史回忆性的史料，中篇则为中共高层人物的传记。尤其值得注意的是，我们可以从文章所排列的顺序来看，毛泽东是排列在陈独秀之后，列第二位。这些文章分别是《关于陈独秀》《陈独秀与共产党》《毛泽东》《朱德的回忆》《"朱毛"的起源》《周恩来小传》等，由此可见一九三三年的时候，毛泽东在中共中央的地位已处于高端。因为《现代史料》这部书系国民党中央组织部调查科主持编辑出版，因此从国民党这个角度来考察，毛泽东在他们的眼中已经是中共中央仅次于陈独秀的高级领导人。

一九三五年"赫"在《共产国际》发表的毛泽东传略

MAO TSE-TUNG

　　早在一九三五年，共产国际机关杂志《共产国际》（俄文版）的第三十三、三十四期合刊上，曾发表作者署名"赫"的介绍毛泽东生平的文章，是迄今为止发现的国外最早介绍毛泽东生平事迹情况的重要材料之一。从发表时间上看，这要比斯诺的《毛泽东自传》早两个年头。更为重要的是，在史学界有人一直以为在二十世纪三十年代的前期和中期，毛泽东没有得到共产国际的承认和赏识。但本文作者"赫"对毛泽东的评价是很高的，认为毛泽东是"一位不知疲倦的人，真正的布尔什维克，人民的真诚朋友"，"具有铁一般的意志、布尔什维克的顽强精神、卓越的革命统帅和国务活动家的惊人勇敢、博学和无穷的天赋"。作为共产国际的机关刊物如此评价毛泽东，可见共产国际对毛泽东是欣赏的。

　　本文中关于毛泽东的生平许多说法是明显存在错误的。作为一份有重要参考价值的珍贵文献，我们从尊重历史的角度，保留其原貌收录，并在个别明显错误处作一些简要注释。本文最初的中文翻译为卢岗。

　　现全文摘录如下：

　　"革命不是请客吃饭，不是做文章，不是绘画绣花，不能那样雅致，那样从容不迫，文质彬彬，那样温良恭俭让。革命是暴动，是一个阶级推翻一个阶级的暴烈的行

[41] 此处以上文字不准确。1921年毛泽东参加了中共一大，但在一大当选总书记得陈独秀并没有亲自参加会议。而从整个内容上来看，笔者认为这是毛泽东在 1927 年 4 月 27 至 5 月 9 日参加中共五大时的情境。中共五大是在武昌召开的。据《毛泽东年谱》记载：大会的中心议题是确定党在紧急时期的任务。会议接受共产国际第七次大会关于中国问题的决议，批评陈独秀右倾错误。大会通过《政治形势与党的任务决议案》等项决议。这些决议强调争取领导权，但没有具体措施，对汪精卫、唐生智控制的武汉国民党和武汉国民政府抱有幻想。当时毛泽东对于党的政策，特别是关于农民运动的政策，很不满意。他向大会提出一个农民运动决议案，主张解决农民急需解决的土地问题，建议广泛地重新分配土地。大会没有采纳，甚至未予讨论（这在《毛泽东自传》中有相关记述）。大会通过的《土地问题议决案》同国民党召开的土地委员会扩大会议的精神相一致，即在国民党土地会议规定的范围内解决土地问题。大会选出 31 名中央执行委员和 14 名候补中央执行委员。毛泽东当选为候补中央执行委员。陈独秀为总书记。

[42] 中共五大后，毛泽东在 1927 年

动。"

——毛泽东《湖南农民运动考察报告》

6月17日中共中央政治局常委
会召开的第二十四次会议上，
蔡和森提议改组湖南省委，由毛
泽东担任书记。但这个意见没
有讨论。周恩来提出湖南暴动
计划也因共产国际反对未能实
行。在第二天召开的第二十五
次会议决定由毛泽东起草湖南
问题的决议。在6月24日的
第三十一次上，新的湖南省委
组成，毛泽东任书记，并随即
赴长沙，直至7月初返回武汉。
这在《毛泽东自传》中也有记
载。关于《新湖南》的编辑出
版问题，毛泽东早在1919年9
月5日就开始从《新湖南》第
七号起主持编辑工作，实行改
版刷新。毛泽东之所以接手主
持《新湖南》这份杂志，是因
为在同年7月14日由他主编创
刊的湖南学联刊物《湘江评论》
被张敬尧查封。《新湖南》系
湖南湘雅医学专门学校的刊物，
但也是毛泽东带领下创办起来
的。

上海，一九二一年。中国共产党第一次代表大会正在
进行。发言热烈激昂。小会议室里聚集了十几个人。有工
人、农民、劳工、知识分子。他们强烈呼吁在城市、工厂、
军队和乡村中进行斗争，并建立起共产党组织。一个瘦高
个年青人发言了。从外表看，他是个典型的学生或者是谦
虚的乡村教师。一副平静而严厉的面孔，深沉的大眼睛中
带着令人费解的笑意。苍白似病的面容使他明显地不同于
其他人。他举过手，要求发言，然后站起来说：

"同志们，我是湖南代表。我在湖南建立了共产主义
组织。我们联合了革命的工人、农民、学生。我们每日都
坚持开展我们的工作……"

这个人小心地坐到椅子上，从衣兜里掏出了一个本子，
用一支带着铁帽的小铅笔在上面做着记号。代表们都面向
他，其中有老工人和一位令人尊敬的教授陈独秀。陈独秀
等正在向湖南代表提问题，他来回答。工人们友好地跟他
握手，时而还拍拍他的肩膀。教授有点冷淡地跟他握了握手，
说道：

"很有意思！ 你们在湖南的经验我们要加以注意，毫
无疑问，还要研究。"

"问题不在于有没有意思，"湖南代表说，"问题在
于群众开始斗争了。这些群众需要地下革命组织。党现在
就应该到群众中去，去组织他们。这才是现在的基本问题。"

"对，湖南代表说得对。"工人代表很赞同。[41]

这位湖南代表被一致推选为中国共产党中央委员会成
员。他回到了长沙（湖南的重要城市）。在那里领导着共产
党省委，编辑革命组织的周报《新湖南》。[42]

这个平时沉默寡言的人在党组织会议上的发言中完全

变成了另外一个人，一个激昂的演说家，天才地指出下一步斗争中所必需的路线和方法。他的发言能唤起听众，鼓舞他们。他用强有力的手结成了党的集体。他找到了了解人们心理的道路，能及时、勇敢地纠正错误，培养出了地下共产党员——真正的革命战士。

论及作为一个党员，他对一个同志说："这不仅意味着处在一个政党之中。我们不是政客，我们是劳动人民的、被压迫者的党。我们是要从这个地球上消灭一切压迫的革命的党。死亡——这只不过是肉体离开了生命。如果一个人，尤其是一个共产党人，可以用自己的死，自己的智慧、勇敢带来益处，那他就应毫不犹豫。他应该勇敢地、自豪地完成党和人民的要求。这样的为人民利益而生存，与人民一起努力，为人民的幸福而奋斗的党是不会覆灭的，没有什么力量能够战胜共产党——这个劳动人民的先锋队。"

从这些明确、普通和布尔什维克铁一般的誓言中，我们看到了中国人民的传奇领袖——毛泽东同志的形象。

毛泽东同志出生在湖南农村一个贫苦的农民家庭。沉重、挨饿的童年留下了不可消失的后遗症：它一生都破坏着毛泽东同志的健康。在乡下，他做过地主和商人的雇工。在这种苦役般的生活中，他深入地研究了残酷而毫无人性的地主的压迫使人们遭受沉重剥削的整个体制。这种苦役般的生活培养了他对剥削阶级寄生虫不可遏制的仇恨。为逃脱奴役地位，他投入了招兵的军阀部队，经受了机械式的练兵和嘲弄。他的坚强意志、造反精神也无力战胜野蛮的刽子手。他以巨大的努力克服了复杂难懂的东西——文字，摆在他面前的一些观点、概念都得了一定的理解。无限贪婪地渴望知识，开阔了他的视野，丰富和极大地发展了他的智慧。就像从前逃脱奴役生活一样，他又逃出了监牢般的军营。[43]

生活没有体谅过他，总想使他驯服，把他甩到后头——

[43] 此段文字多处有误。毛泽东并不是出生在一个贫苦的农民家庭，也并不是为了逃避地主奴役而当兵。请对照《毛泽东自传》阅读。

[44] "文化小屋"指的是 1920 年 8 月 2 日，毛泽东等发起在长沙楚怡小学成立文化书社。社址租用的是潮宗街 56 号湘雅医学专门学校的三间房子。9 月 9 日开始营业，易礼容为临时经理。

[45] 此段文字有误，毛泽东并没有在北平被捕。毛泽东被捕一事《毛泽东自传》一书有详细记载，可参阅。《新时代》周报是毛泽东与李达在 1923 年 4 月 10 日创刊的，系毛泽东和何叔衡创办的湖南自修大学的校刊。自修大学是 1921 年 8 月中旬在船山学社董事会总理仇鳌和社长贺民范支持下，利用船山学社的社址和经费创办的，贺民范为首任校长，毛泽东任指导主任，负实际领导责任。

甩到地主的奴役中去，甩到毫无自由的军阀中去压制他，压制他身上日益增长的对产生野蛮、奴役、压迫和饥饿的社会体制的不满。

在这种不可思议，几乎没有先例的斗争中，他取得了胜利——没有被压倒。他不请求怜悯，他保持了巨大的毅力，没有屈服。

在长沙，过路的人群中，工人区，无家可归者聚集的地方新出现了一个人。消瘦、疲倦不堪的毛泽东在各条路上奔波，与工人交谈，完成着自己艰巨的工作，珍惜地收集着路上的破报纸。他贪婪地读着所有弄到手的书报，直到头痛脑涨。新朋友帮他学习。他以不可思议的努力做出的长足的进步，成了一名师范学生，他面前展开了一个新的世界。解释不通和猜不透的变得清楚明白了。他飞快地向前突进。沉重、丰富的生活经验在各方面帮助了他。他在短时间内成了师范学校的优秀生。在他手中出现了革命的小册子，并开始埋头研究"造反者"的文字。

他热心于建立各种小组、手工业作坊。他引以自豪的是组织了对自己的同学——师范生，自己的朋友——工人，自己的兄弟——农民的救济。他去参加工人的会议、集会，（用极其普通易懂的语言）揭露剥削者。姓毛的"穷学生"成了城里的"著名人物"。警察开始"注意"这个无家的学生。毛是工人区里最好的客人和朋友。在毛周

围聚集了城里的工人、学生和知识分子中所有的革命分子。他可以很容易地把最复杂的政治经济问题理出头绪。他筹备了第一次工人罢工，提出了基本要求"减少工作日，改善工作条件，增加工资。"

在伟大十月革命的影响下，中国革命运动飞速发展。在毛泽东创立的"文化小屋"里聚集了革命学生和工人的组织者。毛泽东在这里组建了第一个工人宣传组。警方对"小屋"有所警觉，这里热闹非常，但决非商业活动。那时，城里又爆发了新的罢工。事实上，罢工是由毛泽东领导的。他还加入了使省长谭延闿不得不出来接见的工人代表团。殷勤的警察将"穷学生案子"递给省长，省长便下令逮捕他。但在一次私下交谈中，毛泽东设法让人确信他不是"危险人物"。他诱使这位将军省长给"文化小屋"题了牌，造成了新的影响。[44]

很快，毛泽东有组织地办理了共产党省委所在地的手续，组织了周报《新时代》。这张报纸起初尚小心谨慎，随后越来越公开，毛泽东和他的同志们开始抨击国内整个封建社会体系。警察接到了逮捕"革命头目"的命令。毛泽东从长沙跑到华北。他在北平被捕了，但没被认出来就释放了。他又回到了华中，先在汉口，后又去了武昌。[45]

一九二五年至一九二七年掀起了轰轰烈烈的革命浪潮。毛泽东一直处在事件发展的中心。到处可以见到他：在工业城的

工人区，在湖北、江西、湖南最边远的村落。他的名字在广大人民群众中传播，人们爱戴他，知道他是一个唤起人民斗争的勇敢而积极的宣传家。警察在跟踪他，但毛泽东受到了工人和农民的掩护，幸免于难。

在广州，孙中山组成了向帝国主义和军阀反动势力宣战的民族政府。共产党员加入以改组国民党。毛泽东——这个工农大众的普遍推崇者——当选为国民党中央委员会委员。他将自己所有的注意力和时间都与土地问题联系在一起，因为他了解农民阶级的作用和所展开的事件的巨大意义。他建立并领导着群众性农民组织。民族资产阶级——反帝斗争中的临时盟友——叛变了革命，转向了反动阵营。工人运动遭到了血腥镇压，对付农民的讨伐队大量派出。以陈独秀为首的共产党领导拒绝执行共产国际的指示，也未能阻止军阀对付革命工农的反革命征讨。

毛泽东是最先看出陈独秀的出卖政策将导致灭亡的人之一，并公开地揭露他的立场。他渐渐地成为人民群众的领导，领导反对军阀的斗争。在他专门所写的小册子中，他再次强调了陈独秀之流不以为然的农民的巨大作用："今天农民运动的高潮提出了一个特别有意义的问题，这就是因为在不久的将来，它应该在整个落后的中国几万万农民中唤起一场运动……农民会打碎一切束缚他们的枷锁，奔向解放的道路。所有的革命的党和革命者都将在这些民众面前经受考验。"

毛泽东的这个早在一九二七年就已做出的对未来事件整个过程的深刻、杰出、正确的预言成了对所有陈独秀之流的领导人的批判。现在，陈独秀，这个可怜的叛变者，挂上了反革命的托洛茨基分子的招牌。

一九二五年至一九二七年的革命失败了。国民党变成了帝国主义豢养的走狗。世界上最残暴的军阀的放肆、血腥的恐怖在全国蔓延。共产党转入了地下。毛泽东勇敢地继续斗争。他领导转入地下的农民革命组织支持并开展着同军阀部队中士兵秘密的联盟。一九二七年八月一日，南昌警备区的部分队伍在共产党员叶挺和贺龙的领导下举行了起义，开始向南方，向广东进军。同时，毛泽东在江西北部行动了。他在士兵共产党员的协助下成功地说服了整整一个团，并亲自率领。一路上，农民队伍和矿工朋友纷纷投奔毛泽东。在江西，经过长时间艰苦的战斗他带着这个革命团队到了宁冈县。在这有名的井冈山下，他遇到了另一位有经验的中国革命布尔什维克——朱德。毛泽东与朱德一起携手建立了在激烈的战斗中不断取得胜利的中国红军第四军。

毛泽东经受了严酷的生活磨炼。他高昂着头，走过了一个人民儿子所走的沉重道路。不幸的命运、漫长的岁月，为获取知识而进行的顽强拼搏，饱含艰难困苦。革命的烈火锤炼了这个大无畏的中国布尔什维克，创造了一个强劲的人民领袖。在与垂死之敌的血的战斗中，不仅培养了一个勇敢的革命统帅和天才的战略家，而且培养了一个卓越的国务活动家。

毛泽东为建立江西第一个苏区付出了巨大而细致的努力。他动员起党的一切力量为建立苏维埃而斗争。他和朱德同志领导的红四军就是他重要的战地指挥部。毛泽东同军队一起穿田野、过峡谷、走山路，转战江西、湖南、湖北、福建。这个军所到之处都建立了苏维埃根据地。毛泽东，这个不知疲倦的组织者和宣传者，唤起了千百万大众，群众到处追随着他。他亲自领导了土改斗争。这个瘦弱、

一副病容的人工作起来就像是一台捣毁旧世界，建设新世界的强大机器。他把长年聚集的所有仇恨都倾注在中国人民的寄生虫和吸血鬼身上。他带给人民新的理想。他用饱含真情实感的亲身战斗经历给他们作出色的演讲。一群群来自上海、广东、汉口的劳工和工人，湖南、福建江西的矿工、雇工和农民、学生、教师不断地投奔他，所有受压迫、被奴役，所有觉悟了的勇敢的人们都向往他。他亲手创建了英勇的中国红军骨干队伍。他亲自在井冈山上教战士学文化和练射击。他用理想和手榴弹武装他们。

一九三一年,在苏维埃中国的首都——瑞金，第一次苏维埃代表大会上，在人民代表的热烈欢呼声中，毛泽东被选为中央执行委员会主席和苏维埃人民委员会主席。在这个新的岗位上，他表现出了自己卓越国务活动家的突出天才。从他的笔下，写出了中华苏维埃共和国宪法和新的共和国的一系列其他基本法。在苏维埃政权的一系列著名法令中，熟知人民群众的希望和理想的毛泽东表达出了他们的愿望。

毛泽东是一位不知疲倦的人，真正的布尔什维克，人民的真诚朋友。毛泽东的朋友这样谈他："他每天工作二十小时，睡四小时。他总是不停地从苏区的这个城到那个城，从这个村到那个村。所到之处，人们就像迎接父亲、兄弟、儿子一样迎接他。他在做一切能使人民生活轻松而幸福

的事情。"

毛泽东从人民中来，也是深知民众心理的行家，他出色地将党和共产国际的决议付诸实施。人民了解毛泽东经历过怎样沉重的生活，给予了他无限的热爱和信任。在前线，毛泽东总是在前沿阵地。与红军战士并肩战斗，用自己的英雄行为鼓舞他们。许多红军官兵都认识他。他参加了红军所有决定性的战斗。他培养了军官中的基本干部。毛泽东是中国红军第一位指挥员。

国民党大报《大公报》不久前刊登了关于审讯一名被捕中国红军战士的消息："这个士兵"，报纸写道，"看上去有三十五岁左右。他是在江西红区中部被捕的。在审讯中，他保持着非常的镇静和自信。长官让他谈谈红军的实力情况。士兵拒绝回答这个问题。诱劝他也不起作用"。他的答案只有一句话："多得很"，而所有其他问题，他都回答："不知道。"

唯一他乐意回答的是关于红军指挥员的问题。他是这样回答的："是的，我既知道毛泽东也知道朱德，还知道彭德怀。毛泽东是我们的主要领导人。他领导着政府、党和军队。他是个非常普通而热心的人。他总是用最闭塞的人们也能懂的语言讲演。他的威望和声誉很难用语言转述。在他的号召下，人民愿意跟着他，无论走到哪里。他总是关心别人而全然不顾自己。他病得很厉害，不停地咳嗽，脸色苍白，浑身无力。但行军时仍和红军战士一起睡在地上，吃同大家一样的伙食。从库房领来服装和鞋子后，他就把这些东西分给红军战士或者别人；在宁都附近打仗时，我亲眼见过他伏地射击，然后站起来率先冲锋。其他人紧随其后。我们那次打胜了。仗后，他还和卫生员一起救护伤员。俘虏带来了，他同他们谈了几个小时。然后命令将俘虏全部放掉，当官的除外。那次俘虏了六百多人，但走的人超不过一百，剩下的都愿意加入我们的队伍。"

审问者对这位被俘的红军战士又提出了问题，让他讲讲关于红军的处境、部署和实力。他又一次拒绝了。有个当官的扬言要枪毙他。这位战士回答："那好吧！我听过我们领袖的话。他说害怕为人民事业奋斗而死的人就是卑鄙的胆小鬼。而我是共产党员。"

这份材料将作为光辉的一页载入中国红军的史册。这位不知名的战士在死面前没有被吓破胆，没有投降，没有后退。毛泽东培养的就是许许多多这样无所畏惧的战士。

毛泽东在一九三四年一月第一次苏维埃代表大会[46]的报告中总结中华苏维埃富有成效的建议时，对胜利的条件下了这样的定义：

"取得的胜利绝不是偶然，"他说，他们是依靠中国共产党的正确政治路线，依靠苏维埃政府的集中领导，正确的政策和措施，依靠红军的英勇和胆魄，依靠苏区广大工农群众的自觉支持。此外，他们还依靠了白区工农大众反对国民党和帝国主义的日益发展的斗争运动。它们还依靠了世界无产阶级和殖民地国家被压迫人民的帮助与同情。所有这些都是与敌人斗争取得胜利的基本条件。没有这些条件，就不可能取得胜利。

从江西向西北进军之前，毛泽东与朱德一起在红军总部度过了不少不眠之夜，研究长征的战略计划。毛泽东以丰富的战斗和政治经验及对国家知识的了解，大大缩减了要制定的计划。中国红军的主力在毛泽东和朱德的领导下，在江西冲出了敌人的包围圈。带病的领袖走在前面，指引着苏维埃革命铁流的道路。

这个被苦役、军阀兵营、饥饿与困苦的年月毁坏了健康的伟大的中国革命者鼓起了勇气，无所畏惧地带领中华苏维埃的军队突出重围，翻山越岭，涉溪过河，奔向新的革命根据地。

具有铁一般的意志、布尔什维克的顽强精神、卓越的革命统帅和国务活动家的惊人勇敢、博学和无穷的天赋——这就是中国人民的领袖毛泽东的优秀品质。[47]

[46] 此处有误。1934 年 1 月 22 日召开的应该是第二次全国苏维埃代表大会。会议是在瑞金沙洲坝中央大礼堂开幕的，2 月 1 日闭幕。

[47] 本文选摘自《中国出了个毛泽东》，苏扬编，解放军出版社 1991 年 4 月第 1 版，第 383—391 页。

一九三五中共驻共产国际代表团档案中的《毛泽东传略》

MAO TSE-TUNG

在中央档案馆保存的中共驻共产国际代表团一九三五年的档案中，有一份题为《毛泽东传略》（以下简称《传略》）的中文手稿，一九九二年三月由《党的文献》杂志全文发表。这是中国共产党主要领导机关第一次为毛泽东立传，较为详细地记述了毛泽东的生平。原稿未署作者和时间，在文件保管单上注有"(1935)？"的字样。根据这篇《传略》的内容，可初步判定它的写作时间在一九三五年底或一九三六年，是档案中保存的一篇较早地全面记述和评价毛泽东的文字材料，具有一定的价值。由于历史的原因，这篇材料中的某些提法不够准确、严谨，涉及的某些史实也有待进一步考证。

现根据《党的文献》发表稿，全文抄录如下：

毛泽东传略

毛泽东这个名字，不仅是在中国的人而且在外国的人均是知道他的，中国闻名的革命家和广大的学生中以及国民党底许多所谓党国要人如蒋介石、汪精卫、叶楚伧、陈果夫、孙科，以及中国许多文学家、哲学家、教育家或则是与他同事工作过或则与他会面畅谈过。而且许多外国底闻名革命家或则会面过或则通书信过。许多过去朝暮相见于办事室的，至今已成了政敌，这些政敌不仅在文字上或口头上极尽其能来咒咀、毁谤这位伟大人民底公认领袖的毛泽东底人格，而且不只一次两次的以重金厚禄来收买刽子手企图陷害这位革命的伟人。

中国共产党出席共产国际七次世界大会的代表王明，现在他是共产国际的主席团主席之一。当他在七次世界大会这个世界讲台上说话的时候，他指出："中国共产党根据共产国际底列宁——斯大林底路线，在民族斗争和阶级斗争底战斗火焰里锻炼出了成千成万的忠于革命事业的战士，培植出了许多忠实善战和智勇双全的干部，这些干部不仅不怕困难，而且善于克服困难。"他指出，这些党内领袖和国家人材，为首的一个便是毛泽东。而毛泽东这个名字一经全世界代表听到之后，全体起立，热烈鼓掌，欢呼万岁的空气，延长到五分钟之久。再回想他在大革命时全国农民协会代表大会和中华苏维埃第一、第二次全国代表大会以及在许多群众大会中，当他出现于大会中那种代表们所表示的热烈紧张狂呼、鼓掌的情绪看来，那末，这个伟人便是全国、全世界以及中国共产党全党所公认的领袖，这是毫无疑问的。这位伟大领袖的事业和名望，本来不仅可以从中外许多报纸上看出来，并且也可以从反对这位领袖的许多侮辱的文字中看出来。但这只是零碎的、部分的记载，因其处在四方八面的白色恐怖下，还不能取得一个机会把他底传略作有系统的介绍。他底对中国革命的事业是：

中国共产党的组织者与领导者

中国共产党开始萌芽于一九一九年"五四"文化革命运动以后。这时的毛泽东还是在家乡一个省立的长沙第一师范求学。就在这个时候，他便在湖南底学生中进行了文化革命运动，他与他底战友便创造了湖南"文化书社"，从事文字上的新思潮底宣传。他底一个同胞弟弟毛泽民便是这个书社的经理。他除此而外还利用了许多报纸进行过文字上的宣传。从这时起毛泽东这个名字，便深入到了湖南以及全国的学生中、文化界、知识界中去了。后来中国共产党的萌芽组织"研究马克思主义社会主义青年团筹备处"的成立，毛泽东便是这个筹备处筹备员之一。而陈独秀、李大钊发起组织共产党的时候，在湖南首先响应的，第一个便是毛泽东。到一九二一年中国共产党召集第一次全国代表大会时，毛泽东便是出席代表之一。他在第一次大会闭幕后，便被委任为组织湖南共产党的特派员。在他底领导号召下，发展了湖南全省几个最主要的中心地方组织，如长沙、湘潭、岳州、衡阳、宝庆等五个地委，以及许多主要工业的工人组织及青年组织等。他底名字便深入到了株萍铁路以及安源的工人中去了。自是以后便是共产党中央委员之一。从此便可以看出他是中国共产党底组织者与领导者。不仅如此，同时也是：

中国国民党的领导者

中国国民党正式形成，她是在共产党正式形成以前，但是国民党之所以能够成为大革命时期专政的党，这又当然要归功于共产党在政治上的领导。假如当时不是有国民党底创造者孙中山先生主张"联共"、"联俄"、"＜扶助＞农工"三大政策的话，那么，她就不会在当时成为一个专政的党。而毛泽东便是国民党第一次全国代表大会代表湖南国民党出席大会的代表，并且是被选为第一届的中央执行委员。全国代表大会闭幕以后，便被选派为全国最重要的上海执行部的秘书，到一九二五年领导组织过"五卅"运动以后便被选为国民党中央执行委员会代理宣传部长。到一九二六年一月一日第二届国民党全国代表大会时，毛泽东又被选为中央委员，并且仍然兼代宣传部长及政治讲习所理事、政治周报的主任等。他在国民党中央，坚决与右派分子作斗争。与他同部的有叶楚伧、陈春圃（汪精卫内弟）与毛泽东政见是不同的，毛泽东便坚决打击了这些分子，便聘了他的最好的战友肖楚女等同志协助部务，而宣传部的工作始取得大的转变。而右派分子也就非常痛恨毛泽东，屡次企图排挤＜他＞出中宣部，但均无结果。到右派实行了三月二十日"中山舰事变"的阴谋以后，便于五月十五日正式公开决议排除国民党中央的左派分子，尤其是共产党员。就在这个时候，毛泽东便被迫离开了中宣部的工作而专心于共产党的工作，以及研究农民运动。这就后来又成了：

中国农民运动的领导者

中国农民运动的两大领袖，在中国在世界都是闻名的，而毛泽东便是两大领袖之一，再一个便是他底最好底战友彭湃，而彭湃在一九二九年牺牲于蒋介石屠刀下了。毛泽东当他还是在广州的时候，便与彭湃一起创办了有名的农民运动讲习所，毛泽东便是所长。讲习所所创造出来的干部，普遍了全中国，这些干部后来造成了大革命时代的伟大农民运动。只有毛泽东和他底战友彭湃，才能够真正把握着中国农民底痛苦和农民底痛苦底由来，以及农民解放底出路。他为着农民运动，曾出版了"中国农民"，详细的指示着中国农民的出路，并为着农民解放而斗争。他组织了全国的农民协会，曾经被选为农民协会的常（务）委员及主席，他曾经是中国共产党的农民部长，这就成了全国农民公认的领袖。一切资产阶级学者，甚至党内的个别分子，以为毛泽东只是注意农民运动，而不注意工人运动；而恰恰相反，他是首先从工人运动中实际了解到需要与农民运动相结合。我们只要拿他在第二次全苏大会的报告，他讲到苏维埃的劳动政策与土地革命的时候，便知道这位领袖对于工人运动与农民运动的正确关系以及其重要性。他明确指出："苏维埃基于他的政权的阶级性，基于武装劳动民众以革命战争打倒军阀帝国主义、国民党的伟大任务，必须坚决的发展工人阶级的斗争，保证工人的正当利益，发展工人的革命积极性，组织工人的这种积极性到伟大的革命战争中来，并且使工人成为革命战争的积极领导者，成为巩固与发展苏维埃的柱石。"往后在土地革命中又讲到："一切过去及现在的国民党区域，农村中是吓人的地租、吓人的高利贷与吓人的苛捐杂税，结果土地集中于地主阶级与富农的手里，绝大多数农民失去土地，陷于求生不得求死不能的惨境。因为土地上面的无情掠夺，农民失掉防御灾荒的能力，结果使水旱灾普遍于全国……因为层层的被掠夺，农民缺乏再生产能力，许多耕种地变得很瘠，许多简直变成荒地。同时农民仅有的一点生产，又被帝国主义的农产物倾销所压倒，因此中国农村经济陷于完全的破产状态。农村中土地革命的火焰就在这种基础上强有力的爆发起来了。"他在同一报告上又讲到："苏维埃号召组织领导全国革命民众进行坚决的民族革命战争，……也都是为着……驱逐帝国主义出中国，将几万万民众从帝国主义国民党统治下压迫剥削下解放出来，阻止灭亡中国的殖民地道路"。有了他底这个主张，不仅是知道他对于工人运动民众运动的正确认识与重要，同时他要号召组织工人农民，而主要一个目的是要驱逐帝国主义，阻止中国殖民地化的道路。

毛泽东在农民运动中，他在大革命失败以后，他严格指斥了谭平山、陈独秀等所谓"农民运动过火"的说法，他便立即组织秋收起义，把党的"八七"会议对于农民运动的决定实际的在农民中实现起来。秋收起义后他便成了，

中国苏维埃红军的创造者与领导者

在秋收暴动以后，他收集了被国民党压迫出来的一部分国民革命军和农民自卫军，工人纠察队和农村中被反革命势力逼迫离家的农民的、工人的、学生的以及其他的优秀分子，率领上了有名的井冈山，到了一九二八年春，便与他的最好的战友——朱德所领导的南昌暴动失败后剩下的残部，汇合于井冈山，开辟了湘赣边境的苏维埃政权，建立了历史上有名的中国工农红军第四军。中国的反革命蓝衣社，为了极尽其谤毁的能事，他在自己底小报上作了一顿秽亵以后，便标出一个题目《湘赣闽匪的创造者》。他由湘而赣，后来集结于湘赣边境——赣云西路，在桂与冯阎等数次战争中，他们就自称为红军。当红军成立时，毛泽东就自任前委书记，朱德为军事指挥员。那时红军是草创，没有政治委员制度，所谓前敌委员会，就是红军最高政治领导机关的组织，一切行动、作战、编制等均由这一组织决定，换言之，即由毛泽东决定。往后又说到："谁都知道，湘赣闽的赤匪，是创始于朱毛。朱毛在赤匪中的地位与权力……既然联写为'朱毛'，在一般人观念中，以为朱德是

总司令，毛泽东仅仅是一介文弱的家伙。权力与地位当然是朱高于毛，其实——朱德仅是一个红军最高的指挥员，而毛泽东呢？他是匪党的主持人。现在的匪区，是由红军与匪党的两位巨大的魔力所酿成，这两个东西区分不开，……所以我们可以这样说，毛泽东是湘赣闽匪的创造者。"（见廿二年八月六日《社会新闻》）蓝衣社这个阴谋的论断，如果除掉一些侮辱、挑拨、武断的用意外，则的确当时毛泽东是受了党中央委托为前委书记，朱德为军事负责者，同时也是前委委员；前委不仅是红军的领导机关，而且也是游击区域党的领导机关。而毛泽东除了担任前委书记外，还兼了四军党代表以及十一师师长的任务，可说是唯一的最负责的。而与朱德无论在工作关系上、党的关系上，尤其是他俩平日的生活与感情上的确都是分不开的。国民党蓝衣社，惧怕这个领袖底力量，曾经这样的哭诉过：在第四次围剿开始后，剿匪军事是一个长期的工作。除开优势的军事力量之外，并策动政治经济的力量为之辅助，也可说是以全部的力量来对付匪区。……第四次围剿前，赤匪在鄂豫皖赣闽各省，所占的面积约计六、七十万方里，有步枪廿万至卅万，机关枪轻炮六七五架，能每日出千发子弹的兵工厂有八九处，此外每个匪区均有无线电的设备，——并且现有能用的飞机。由此看来赤匪的力量是不可轻侮的，加以赤匪在作战上从不轻易

冒险，而麻醉农民又有其独到宣传方法。（见《社会新闻》一九三四年八月廿一日）。蓝衣社这段哭诉以前，也曾经说过："自一九二八年来，由赣西出动游击，经赣西南而入闽西，在赣南西闽西之间，沿途之士兵与流氓帮助之下，发动了地方暴动。"蓝衣社素来也都是骂工人农民为流氓或土匪，这不是别的，而只是证明这位领袖——毛泽东到一处便有一处的群众来拥护他。他在一九三四年、一九三五年的长途西征中沿湘、贵、滇、黔、川数省的人民，一闻到毛泽东来到的消息，不是悬着红旗贴着标语，便是设着香茶来欢迎，这真使那些强迫人民来崇仰的军阀政客见了要垂涎三尺。

中国苏维埃运动从很小的临时革命委员会的地方政权起，一直发展成全国苏维埃中央政权，而毛泽东便是第一届和第二届全国代表大会所公举的主席，以及人民委员会的主席。他完成了苏维埃的基本法——宪法以及劳动法、土地法、选举法、组织法、婚姻法及其经济政策的颁布。他实际的领导了人民为这些法令而斗争，在六七十万平方里的中国领土上的人民，实际获得了法令上所规定的利益，把苏区人民的生活水平、文化水平加以改善和提高，这就成为中国人民解放的领导者。蓝衣社惧怕和痛恨毛泽东，等于惧怕和痛恨俄国的列宁、斯大林是一样的。因此他们更痛哭流泪的在喊着，"中国的毛泽东在领

袖这个意义上已经是中国的列宁、斯大林了。"（见《社会新闻》）

毛泽东之所以成为中国苏维埃的创造者，并不是以他完成了一些重要的法令，而是由于他能长期的与群众一起，亲眼看到群众的生活，亲耳听到群众的呼声，根据群众切身的要求，订立了国家的法令。他不仅对于国家的法令的定订不肯脱离群众实际利益与历史的社会环境，就是日常的最细小的问题的解决，也只拿远大的眼光来决定。他最反对空泛的脱离实际的空想。他远在一九二三年时，便在中国《向导》周刊上《关于北京政变与商人》一文上指出，当时上海商人要求"裁厘加税"，要北京军阀政府实行为幻想。他说："商人之迫切要求裁厘加税，是他们利害切肤的表示，但裁厘加税并不是容易做得到的事，因为裁厘有损于军阀的利益，加税又有损于外国帝国主义的利益。假使把厘金通通裁掉了，结果军阀一天天瘦而商人一天天肥，那时商人起来推翻军阀真是只要'一声喊'，搬了石头打自己的脚，聪明的军阀决不做这样蠢事。假使把外货的关税特别增加，或竟废除协定关税，由中国自己定出保护关税来，把中国商人身上的镣铐撤去了，一转瞬间国内工商业加速发展，外货在中国就没有立足之地，狡猾的帝国主义者更不会做这样蠢事。所以裁厘加税，与外国帝国主义和本国军阀政府简直是有生死关系，断不是黎元洪一纸滑稽的起火

炮命令所能做到的"。他在武汉政府时代，当颁布商民协会组织法时，徐谦主张只提保护小商人利益，陈果夫主张禁止商人垄断商业。而毛泽东则主张商民协会应当保护商民利益，小商人也是在其中。商人自然而然是经营商业，用不着禁止垄断限制。国民党这些分子，从左边空唱高调，而毛泽东则完全看出了他底实质。当然毛泽东是实际代表民众利益的，倾听群众呼声的。但他亦不做群众的尾巴，比如在第二次全苏大会，有妇女代表提议将结婚年龄女子从十八岁的规定降为十六岁。毛泽东他不待讨论便一笑而答之："同志：这个事做不得，于生理上卫生上尤其是种族上有绝大的妨害，这是不行的，要求他们耐烦两年吧。"引起了大家热烈的鼓掌，一致认为是对的。

至于讲到这位领袖处理政事的坚决果断和敏捷，那真要算是治国的天才。他每天可以看阅全天的报告书信，他一次看完之后，他能够在数十分钟内来分别答复解决这些问题。任何复杂的问题，在他看来是不复杂的。一件事情经过了他的耳目，他在任何时候可以记忆出来，不会差离的。他在任何忙碌的时候，从未表示过忙碌的色彩，真是一个天才的能干家。而这位治国的天才家，不只是拥护他的、同情他的是这样的尊称，就连国民党过去也曾经尊称他为党国的要人，为革命的天才家。然而，今天的国民党却在以十万金来悬赏通

缉这位人所尊崇底领袖，而这位昔日之国民党领袖要人，今天不与蒋介石、汪精卫等等为伍，正不是别的，而是他不是以自己升官发财为目的，而是为国为民为目的。这就使人民（敬）佩，尊崇他为全国的领袖，而他又是苏维埃红军底创造者。不仅如是而且同时又是：

伟大的军事天才家

这个出身学生的毛泽东，人们有的认为他在军事上必须是个纯粹的门外汉，而中国底军阀们，也就往往以这点来安慰自己。可是他却领会了马克思、恩格斯、列宁、斯大林底军事学说，他创造了中国红军的游击战术。当着红军游击队还是很小的时候，便遇着了十倍其众的优势敌人，向其四方八面的包围着，而毛泽东便采取了"化整为零"、"化零为整"、"敌进我退""敌退我进"、"敌住我扰"、"敌疲我打"、"分兵争取群众"、"集合消灭敌人"等游击战术。尤其是他善于以科学的马克思列宁主义的头脑来分析敌情，他既能选择敌人的弱点予以各个击破，尤善于找到敌人之优点予以打击，使敌人全线崩溃。一九二八年宁岗、永新、七级岭之役，一九二九年闽西活捉郭凤鸣之役，以及龙岩消灭陈国辉之役，一九三〇年吉水消灭唐云山之役，尤其是在粉碎国民党全国动员的六次围剿和一九三四年红军一万里的长途西征等军事行动，无一不是他和他底最好的战友朱德同志所共同计划

的。这就使得最占优势的敌人，不能不发出"红军战术是不轻易冒险"的哭声，不得不使法西斯蒂帝国主义的赛克特将军在红军铁拳下驱逐出去。而用落后的技术，以少胜众来击破敌人，维持战争至九年之久，而同时要在这种情形下来巩固发展他的势力，这在历史上不能不是只有中国朱毛所领导所创造的中国工农红军。而同时又只有中国红军从组织上变更了军阀制度的组织方式，建立了红军自己的制度，这个红军能够从组织上来战胜敌人，这又除苏联外只有中国的工农红军。而真正保国为民的军队，以保国卫民为天职的在中国也恰恰只有中国工农红军，而这个红军又成为全国人民所公认为不可战胜的力量。

毛泽东成为军事天才家，他不是与一般军事家的观点相同。而他从游击战争起，始终就抱定了一个决心，这就是武装民众，他不是一般军阀们底眼光，只顾扩大自己力量，拥军队为个人的工具，让军队去作祸国殃民的勾当。他能在每次所缴获的武装中，尽量的去武装民众，在苏维埃区域，民众的武装往往是超过红军几倍，而红军在作战，也完全是与民众相配合的。这就是他与军阀的不同。同时他拥有红军，也并不是与任何外国军的武装作对抗的，比方当十九路军实行抗日的时候，他便进行了与十九路军的军事协定，停止敌对行为，而一致共同抗日。这又是红军与军阀部队之不同。

蓝衣社作出了武断的论断，甚至其他资产阶级底学者也有过这样的论断，以为红军之所以能够成为不可战胜的力量，只是因为军阀混战给了红军发展的机会，只要停止军阀混战便可以消灭红军，甚至由此便得出一个武断的结论，毛泽东是赞成军阀混战的。其实恰恰相反，每次军阀混战刚刚酝酿的时候，毛泽东便提出了反对军阀混战，因为军阀混战是为帝国主义军阀瓜分殖民地、抢掠地盘的，直接受痛苦的是中国底人民。红军之所以能够发展，正是武装了人民，实际来反对军阀混战。而近年来，蒋介石用了一切方法暂时缓和了军阀的混战，一致的来专心向着红军进攻，但事实应回答是：红军成为不可战胜的力量。从上面的事实看来，毛泽东是个伟大的军事天才家。不仅如此，而且是：

伟大的煽动家与组织家

一个红军士兵被国民党军队俘虏去之后，他对大公报记者的谈话中有这样的说法：毛泽东是我们党的政府的领袖，他是老实和霭的人，他平常所讲的话，即使是个最落后的民众亦能了解。他的权威和得人心处是不可以言语形容的，如果他一声号召，即使是天涯海角，全体人民亦会跟着他走。的确，这位煽动家用很通俗的话，能够在三言两语中抓住成千万群众的要求。他的演讲鼓动，那怕你是站在冰天雪地中你都会自动的集精会神的静听着。就是一个会议开到最夜深而到会的人都在睡觉了，只要一听见他底声音发出，大家便自然而然的精神焕发起来了。我曾经记起一件故事。在一九三〇年红军打唐云山的时候曾有千余士兵及干部被红军俘虏了。收容以后，毛泽东便要向这批俘虏讲话，而俘虏中许多干部士兵都知道毛泽东是个学生，这次对他们讲话，必有一番文质彬彬的长篇讲演，甚至有番辱骂、教诫的话，因此，这班俘虏有的便表示不大爱听，有的在预备坐位，以好坐着来敷衍敷衍。于是，这位煽动家不仅不是讲文质彬彬的长篇大道理，而是很简单的几句，同志们：你们很辛苦，这里没有很好的招待，请你们原宥原宥！我今天代表红军请你们愿意回去的同志带个信给其他的未被派到这里来打红军的兄弟们官长们听，红军不是土匪，也不是军阀军队一样，他是帮助农民分田的，帮助工人加工钱减少时间的，也帮助士兵增加薪饷改良待遇、反对肉刑的。这些事你们可以问这里的民众，也可以问红军的士兵就会懂得。至于以后愿在这里当红军的同志，做的事情就是上面这一些，待遇是一样的，不嫌弃的话，我就代表红军来欢迎你们。当他讲这些话的时候，一般已经坐下的俘虏，完全站起来了，站得很远的也一时拥挤到前面来了。他底话不上五＜分＞钟便讲完了，当他离开俘虏之时，一般俘虏们的眼目，在注视到不见人影还顶起脚瞻望着。他讲过话之后，那些俘虏竟有的发出死也要死在红军中的话，有的便说以后那个军队来打红军，那他真是"猪猡"。这种议论纷纷是继续不断的下去，正像讨论执行是一个样式。尤其是当地集合红军和地方赤卫军、少先队讲话的时候，无论你是在一个坪内，掺杂着有成千万的闲人，只要他一出现了，不怕你任何嘈杂立即就肃静起来了，而他讲话不到一分钟全体便立即欢欣起来，到一种特别热烈紧张的空气，这就是他的宣传煽动的特点。

当然他不仅具有煽动的勃力，而且说他底煽动勃力又表示了他底组织的天才。他能够把千百万群众组织到各个战线上去。中国有名的"五四运动"、"五卅运动"，大革命时的农民运动，以及粉碎各次围剿的动员，无一他不是组织者与领导者之一。蓝衣社曾经这样哭诉过，毛泽东任中央候补委员时，没有一点权力，而且与叶楚伧，何世桢、孙铁人等人的关系并不好……他利用组织部的权力，组织上假的区党部，以群<众>力量来拥护他，在这一方面是相当成功了。(见《社会新闻》)的确，毛泽东反对政敌从来不似一般军阀政客之流，为的排除异己，不惜用尽一切暗杀、造谣诬陷等等的卑污手段。而毛泽东却的确是借群众的力量，倚靠他自己组织底天才，倚靠群众接受他底组织。这不是别的，正是说明他是群众所拥护的，他是一个伟大的组织家。

马克思、恩格斯、列宁、斯大林学说

理论实际的执行者

中国蓝衣社秉承蒋介石以及一切反马克思反列宁学说的人的意旨，他们虽然没有本事来毁谤这些世界导师底学说，但他们对于这些导师的人格是要用可耻的可怜的办法来侮辱的。而同时对于中国这位执行马克思列宁主义学说的毛泽东，自然也要尽情来谤毁，好像他们唯恐这位领袖不能了解马克思主义为不安。因此便下出这样的武断句语："他所信仰的马克思主义，到底是怎么一回事，他根本就不明白，什么叫做辩证法，什么叫做唯物史观，这些基本理论问题，是不曾和他的神经系发生过一分钟关系。"在另一处又说：对于国学他也全然是门外汉。因为他一向鄙视国学，连庄子、孟子、大学乃至史记、离骚都没有读过。蓝衣社这种武断的用意，把毛泽东描写成一个好像怎么也不懂得的偶像。他底走上革命大道，无非是盲从的，瞎干的，是不只是有意侮辱毛泽东，而且是来侮辱全世界全中国尊崇这位领袖的人士。可是蓝衣社又不能不在另个地方打他们自己底嘴巴，说："毛泽东是从五四运动便揭起了马克思主义底旗帜……他底最简单的一个概念：便是坚决相信无产阶级底革命，与资产阶级底社会必然被推翻。"一切机会主义者，马克思主义底叛徒，他们常常把马克思主义背诵得烂熟，可惜他就不能理解这个所谓简单的概念。这样的份子在中国也有陈独秀。在蓝衣社看来，陈独秀恰恰是个"懂得"马克思主义唯物论的。而恰恰这个"懂得"马克思唯物论的陈独秀，却正在准备着替资产阶级替帝国主义来效劳的。而这个所谓不与马克思主义、辩证法、唯物论发生过一分钟关系的毛泽东，却正在那里为马克思主义列宁主义在中国胜利而斗争。他曾经在党内反对了各种各色的机会主义，在长期的实际斗争中成为全国全世界全党所公认的领袖。这不能不使一些可怜而又可耻的份子有哭不成声的叹气着。

的确毛泽东他是了解马克思列宁主义的，并且了解得早。由于他了解的很早，所以还在一九二三年前的时候，那时他便估计了中国人民革命的任务。他在《向导》周刊上关于《北京政变与商人》一文这样写道："中国现在的政治问题，不是别的问题，是简单一个人民革命的问题，用国民的力量打倒军阀并打倒和军阀狼狈为奸的帝国主义，这是中国人民历史的使命。……用革命的力量开展一个新的时代，创造一个新的国家……革命的大业不是容易的事，在向来自外力、军阀两重压迫革命的中国环境里，更不是容易的事，唯有号召全国商人、工人、农民、学生教职员以至各种各色几万同受压迫的国民，建立秘密联合战线，这个革命才能成功。"毛泽东这个论断，在今天已经更加明显的摆在每个中国人底面前，而他底这个预言也就是为全国人民所实际接受和拥护的。

他自己坚决领着人民实行这个断言，使在六七十万平方里内实现了。而国民党违反这个预言便只有跑入反革命道路上去，作帝国主义底清道夫。使帝国主义能占领于中国底领土，这不是别的，正是国民党叛变革命底结果。

既有人说毛泽东是不懂得国学的，而恰这又是毛泽东对于国学懂得最好最有研究的，今天他还没有丢开对于国学底研究。正是因为他懂得国学，而这种国学一向也是代表封建社会的，因此他才所谓"一向鄙视国学"。但是他却了解了国学在中国人民中还有他的作用，他为得要用马克思、恩格斯、列宁、斯大林底学说来反对国学，所以他才不断的去研究。他是对国学的书本可以背诵许多许多的，然而他并不像如蒋介石之流，把历史向后倒拉，而企图拿孔子学说来使中国往后再退几世纪。

毛泽东既善于书写，也善于诗赋，但他却最反对八股文。他底一切著作书信，完全是通俗的大众语言，使每个识字的人一看便懂，就是不识字的人只要有个识字的一念就懂。因为他了解了中国不识字的文盲既占百分之九十以上的人口，而深奥的文言文的作用是要少有意义了。因为他底一举一动是为群众设想的，这在中国文化革命上，是智识界一个最好的模范。

毛泽东他不仅在理论上了解马克思、恩格斯、列宁、斯大林底学说，而且在实际工作上学习了列宁、斯大林的工作作风，他能够在工作中有高度的原则性，能精细的了解具体的每个小的问题，能够冷静的倾听着群众的呼声。同时他对马克思列宁主义的基本原则是最严格遵守的。就拿他在党内的斗争历史来说，他亦曾经受过党底处分，这个处分正确与否，但他从不以领袖自居，而违反党内民主的原则。同样当党内以李立三负责的时候，毛泽东是明知立三路线彻底不对，但他只是一面提出意见反对立三的主张，但一面当他底主张还没有为多数人所了解，还是依照组织的原则行动。列宁不因胜利冲昏头脑，不因失败而恢〔灰〕心丧气。毛泽东正是学习了这个精神，他在一九二九年被托洛茨基派在党内排挤了他，但他不因暂时受排挤而灰心。一九二七年大革命失败后，谭平山之流离开革命，而他却坚决斗争。他坚决在党内反对一切机会主义以及反革命底阴谋，而取得了胜利，打退了内外夹攻的敌人！但亦从不以此为自满。因此中国底蓝衣社便大声的哭着，"中国的布尔什维克的巨头……他们总想着，或则实现的去学习斯大林，或模仿列宁"。的确，中国共产党之所以能够成为布尔什维克底党，他没有在长期斗争中为帝国主义及其走狗国民党所打败，正是中国共产党的领袖能够去学习列宁、斯大林。而毛泽东这个领袖也就学习得不坏，他可以配称列宁、斯大林底学生，可以配称斯大林在中国底最好的战友。蓝衣社惧怕中国革命底领袖学

习斯大林如惧怕中国革命是一样的，而中国布尔什维克的领导者，便惟恐学习不周。

共产国际的领导者，国际路线的坚决拥护者

毛泽东他不仅是中国革命的领袖，并且也是世界革命底领导者之一。他一方面是共产国际底执行委员，而同时中国革命又是世界革命的一部份，中国革命底胜利便是世界革命部分底胜利，尤其是中国苏维埃在实际上曾经援助过牛兰夫妇，援助过台尔曼、季米特洛夫以及九里工友，同时反对过意大利帝国主义进攻亚比西尼亚。在这些实际上，不能不使中国苏维埃成为第二个世界无产阶级的祖国，而这个中国苏维埃底创造者毛泽东，便不能不是世界革命领袖之一。

蓝衣社惟恐中国共产党执行斯大林底国际路线，因此常常以拿毛泽东、陈绍禹坚决执行国际路线为嘲笑为挑驳的口实。的确，毛泽东、陈绍禹以及他们底许多战友曾经在党内进行过反对各种各色违反国际路线的，正是因为如此，所以中国革命才能获得胜利，而中共许多领袖也就以执行了列宁、斯大林的国际路线为自豪。这又不得不羞死蓝衣社底可耻虫。因此我们可以说毛泽东是国际路线的坚决执行者与拥护者。

群众领袖，群众底生活

一个被国民党军队俘虏去的红军士兵对大公报记者这样的说："但是，当出发

时，他与红军士兵一同睡，同他们一样食，有时在拿到衣服鞋袜与他，他总是分给与红军士兵或其他的人。在雩都打仗的时候，我亲自看见他卧在地上放枪，他站起来第一个向前冲锋，其余的人都跟着他。"的确，这位领袖他生在一个贫穷的家庭背景，他无论在学生时代以及对革命负责时代，一切生活完全是群众化，从不愿居于特殊的地位，一切生活费用均与每个战友每个战士是支取同等的，吃的是与全体工作人员一锅一甑的饭，穿的是与全体工作人员穿的一样的衣，当他还在前方指挥军队的时候，虽然公家为他预备有一匹马，但他自己骑的很少，总是让给病的干部、老的干部、病的士兵、老的士兵骑，而他自己穿着草鞋与队伍一同步行，并且他是行得最快的。有次他两次经过江西南部一个大市镇，那里在市镇上排列着将近五六百男女大小，等候着瞻仰这位伟大底领袖毛泽东。后来毛泽东到了，有人便告诉这位便是毛泽东，这些群众竟不相信，只有当他进行宣传时，说到群众的切身要求处，如是这才相信起来了。因为他出外并不要前扶后拥，又无特别的穿着，又不显特殊的威风，所以群众不得不相信有这样一个完全群众化的伟大领袖。同样在毛泽东底这种群众化的生活下，他底许多最好的战友朱德、周恩来、王稼祥、张闻天、林伯渠、何叔衡、项英、张国焘、任弼时、彭德怀、林彪、罗炳辉、徐向前、贺龙、刘伯承、陈毅以及董振堂、肖克、徐彦刚等，无一不是这种群众化的生活。这与国民党国民政府那些军阀官僚拥妻抱妾花天酒地视人民血汗如沙土、一食千金的吸血鬼来比较，那真有天上地下之隔了。

居最高的领袖地位，以平等的坦白的态度对待干部

他不仅对于最好的一些战友，平日的态度是亲爱的和蔼的，互相帮助的，而尤其是对于一般干部。在提拔干部时他没有半点丢开布尔什维克的原则，并且提拔以后，他从来总是本着一种教育说服的精神。他是最反对所谓家长制的对待干部，但他也最忌那些所谓吹牛拍马的份子。他在井冈山曾经嘲笑过一个干部，这个干部最爱所谓捧场而同时为自己吹牛的。他说："我不相信这样的人，自己好而没有别人知道的。"他有时也会骂人，但他要估计这个被骂的人在他骂过以后有无益处的，然而他总是无处不是表示他底坦白、教育说服的精神。他在任何忙碌中，他的战友和每个干部请求他解释问题或修改著作书信，他总是立即答复，并且完全是个商量解释的态度，无不使每个干部心悦意服，自然而然的发生一种对他尊崇的心意。在他这种精神领导下，成千百万底战友和干部是团结在他底周围，愿意在他底领导下作长期艰苦的斗争到最后一滴血。

一九三七年江帆撰写的
《毛泽东先生的传略》

MAO TSE-TUNG

在《毛泽东自传》版本研究中，笔者得到了许许多多红色收藏家的支持和鼓励。就在本书即将定稿的时候，北京收藏家裴书和先生提供了上海前锋出版社 1937 年 11 月出版的《毛泽东奋斗史》。本书系汪衡译本的翻印本，译者为鲁凯，应该为化名。这本"自传"四章的标题则改为《我的家庭奋斗》《我的生活奋斗》《我的阶级奋斗》《我的战争奋斗》。在这本书脊署名《毛泽东自传》的奇异版本中，开篇则收入了一篇《毛泽东先生的传略》。[图4.1-图4.2]作者为江帆，笔者认为是化名，有待考证。本文是根据《毛泽东自传》一书的内容和其他材料写就的，全文仅 750 字，可谓是此书的一篇导读。现原文摘录如下。

[图4.1-图4.2]

毛泽东先生的传略

江帆

毛泽东——许多人想象中的猜说人物，不知是怎样的怪杰，谁知他是一个优秀书生，走路好像诸葛山人的派头，而谈论中的持重与音调，又似三村学究，有人称为赤豹者，面目上当有特别的地方，不过头发稍为微长一些的缘故。

少年时代的毛泽东，曾肄业长沙第一师范。湖南湘潭是他的故乡。生于一八九三年即现在四十四岁年龄了，他的家庭是耕读传家，父母亦是专制得很。在八岁时间，送到本村里私塾读书，一直到十三岁。每天清早和晚上须在田里帮助佣工作工。白天便念《四书》，但不喜欢那些东西。不顾教师的告诫，因此时常逃学。专喜看《岳飞传》《反唐》《三国志》《西游记》等书，钦仰古时代的英雄。到了十六岁时，他的父母就给他娶了一个二十岁的女人，并不谈过恋爱，不以她为妻子。因为他所负的使命，是时常存在爱国救亡的思想。

在一师时代，李大钊和陈独秀在北平大学当教授而大宣传马克思经济学说的时候，一九一八年北大的学生张国焘韩麟符等一群左倾分子组织起马克斯研究会，这风声传到长沙，我们的红色将军，也被惑而大事宣传了。

一九二四年国共合作，凭着他的活动才量，一擢而为中央执行委员，可是陈独秀和李大钊却左袒北大派，很为挤轧，他就站不住脚，就得一溜烟一跑到上海了，在上海执行党部叶楚伧部长里下当了秘书，月薪只一百廿元。毛的聪明和才力露得太厉害，被同僚反对得不住，便无声无息地跑到故乡去隐居，从事农民运动的研究。

一九二五年五月，他又在广东出现，把谭平山推下宣传部副部长的位置，代理汪兆铭氏的职务，更兼了政治周报社社长。

中央党部整理案中提出了"清共"这一项条文，毛将军便消音无从了。

一九二八年和朱德的暴动队在江西合流，朱任军长，他当委员。

一九三一年十一月，在江西瑞金，成立了苏维埃临时政府，他当了主席。对于工作中所得的经验，负有特殊责任，可称为英勇忠诚和超人的忍耐力。

（此文诸多评论和表述不准确，仅供研究参考。）

一九三九年闯雄在《共产国际》发表的毛泽东小传

MAO TSE-TUNG

一九三九年，共产国际机关刊物《共产国际》杂志（俄文版）第六期，发表了一篇题为《中国人民忠诚的儿子毛泽东》，署名"闯雄"（ЧУAН СЮН），作者身份不详。

这篇评介毛泽东的文章，从引用的材料看，是作者在阅读了埃德加·斯诺的《毛泽东自传》或《红星照耀中国》后，才进行写作的。写作时间是在一九三八年底或一九三九年初。与苏联"国家政治读物出版社"出版的《毛泽东》一样，这篇文章对毛泽东也给予了高度评价。

此文个别地方有讹误，笔者作了简要注释。现摘录如下——

中国人民忠诚的儿子毛泽东

中国人民解放事业热诚而无所畏惧的斗士，中国共产党的领导人和组织者之一，真正的布尔什维克、学者、出色的演说家、军事战略家和天才的组织者——这就是中国人民忠诚的儿子毛泽东的形象。

一八九三年，毛泽东出生在湖南省韶山的一个农民家庭。他在少年时代就经历了许多困苦和不幸。六岁的时候，父亲就开始让他干活。白天，毛泽东上学堂；早晨和晚上，帮助父亲记账，常常得干到深夜。即使这样，父亲仍责备他"懒惰，不是做儿子的行为"。毛泽东在自传[48]中写道：

[48] 这里的"自传"自然就是指埃德加·斯诺记录的这本《毛泽东自传》，可见《毛泽东自传》在国外产生影响之大。此段引用"自传"的文字部分因为直接翻译自俄文，有个别地方不甚准确，请读者参阅《毛泽东自传》原书此部分的内容。

[49] 文化书社成立于 1920 年 8 月 2 日，毛泽东等在长沙楚怡小学发起成立。社址租用的是潮宗街 56 号湘雅医学专门学校的三间房子。

"……我十三岁从学堂结业了,开始与大人一起下田劳动。此外,每天晚上还要替父亲记账(毛的父亲那时开始搞贩运和买卖粮食——著者),但我还是挤时间学习:每天夜里,我把自己房间的窗子堵严,以免让父亲看到灯光。我就这样读了不少书。读书对我产生了巨大的影响。我开始对周围的一切持批判态度。我想继续自己的学业。田间劳动令我厌烦,和父亲吵架后,便离家出走了。"

残酷、没有人性的剥削制度,强压在中国人民身上。沉重的压迫使毛泽东对剥削者深恶痛绝。他忍受了侮辱和机械式的教育。对知识的无限渴望扩展了他的视野,使他充实,并飞快地发展了他的智慧,增强了反抗剥削和压迫的意志。

在长沙的工人区,无家可归的贫民群中新来了一个人。他就是毛泽东。消瘦疲惫的他经常在街巷里奔走,贪婪地阅读着到手的书籍。他醉心于读书,读得非常刻苦。考上师范学校后,他眼前展现出了一个崭新的世界。无法解释和神秘的东西变得清楚明白了。毛泽东自身的发展大大加快了。沉重而广泛的生活经历在这方面帮助了他,他在短时间内成了一名师范学校的优秀生。搞到一些革命小册子后,他便开始埋头阅读起来。

毛泽东非常想建立起小手工业作坊工人小组。他自己挨饿,还要组织救济自己的同志、学生、朋友和工农兄弟。他经常去参加工人集会、群众大会,用群众易懂的语言揭露剥削者。他筹备了第一次工人罢工,制定出基本要求:缩减工作日,改善工作条件,提高工资。毛泽东,这个无家可归的学生成了长沙市的知名人物。城市工人、学生、知识分子中的革命分子都集中在他的周围。

一九一九年,毛泽东开办了"文化书社"。[49]警方盯住了这个活跃的、但并非商业活动的"文化书社"。这里经常举行革命学生的集会、工人宣传员小组上课等活动。

那时，长沙又爆发了由毛泽东领导的新罢工。

一九二〇年冬，正如毛泽东自己所述，他"在马克思主义理论和俄国革命史的影响下"在长沙建立了工人的政治组织，很快他又到上海参加了中国共产党的成立大会。一九二一年十月，毛泽东组成了中国共产党湖南省委员会，组织出版了《新时代》周报。[50] 在这份报纸上，毛泽东及其同志们起初是小心谨慎地，随后越来越公开和尖锐地抨击造成社会不平等、暴虐和专治的封建制度。

一九二四年冬，在中共中央和国民党上海执行部工作的毛泽东来到了湖南。在这里，他成了农民运动的组织者。

一九二五年至一九二七年爆发了轰轰烈烈的大革命。毛泽东一直处在事件发展的中心。到处可以见到他的身影。在工业城市的工人区，在湖北、江西、湖南最边远的村落，他的名字家喻户晓，人们爱戴他，认为他是一个唤起人民斗争的积极勇敢的宣传家。警察在跟踪他，但毛泽东受到了工人和农民的掩护，没有被抓。

一九二五年至一九二七年的大革命失败了，国共合作分裂后，反动势力在全国开始蔓延。共产党转入了地下。毛泽东勇敢地领导着工农地下革命组织，支持和发展着与军队士兵的秘密联盟。一九二七年八月一日，南昌卫戍部队在共产党员朱德、贺龙等人领导下举行了起义，[51] 开始向南方、向广东进军。与此同时，毛泽东正在江西北部，他在地方共产党员的协助下组织了工农武装。在湖南和江西交界处，他经过长期艰苦的战斗，将这支革命队伍带到了宁冈县。在这里，著名的井冈山上，他与另一位久经考验的中国革命的布尔什维克朱德会合了。毛泽东和朱德并肩建立了战斗中享誉盛名的中国红军第四军。

毛泽东与红四军一起穿田野、过峡谷、走山路，转战江西、湖南、湖北、福建。这个军所到之处都建立了苏维埃根据地。毛泽东，这个不知疲倦的宣传家和组织者，发

[50] 1921年10月10日，毛泽东在长沙建立中国共产党湖南支部，任支部书记，成员有何叔衡、易礼容等。在小吴门外清水塘租赁一所房子，作为中共湖南支部的秘密机关，并与杨开慧搬到这里居住。但《新时代》周报是毛泽东与李达在1923年4月10日创刊的，系毛泽东和何叔衡在1921年8月中旬创办的湖南自修大学的校刊。

[51] 八一南昌起义是根据中共中央的决定，以周恩来为书记的中共中央前敌委员会，在南昌领导国民革命军贺龙、叶挺部两万多人举行武装起义，打响了武装反抗国民党反动派的第一枪。

动起千百万民众投入到为解放自己的斗争之中。这些群众满怀极大的热忱追随着他。

在井冈山上，他教战士学文化和射击、用革命理想和手榴弹武装他们。

一九三一年，在中央苏区首都瑞金，第一次苏维埃代表大会上，在中国人民代表们的热烈欢呼声中，毛泽东当选为中国苏维埃中央执行委员会主席。他在这个新的岗位上显示了自己作为卓越的国务活动家的独特天才。他起草了中华苏维埃共和国宪法和一系列其它基本法。他清楚地了解人民大众的需求和渴望，在中华苏维埃政权的一系列著名决议中他表达出了他们所有的愿望。[52]

毛泽东是一位不知疲倦的斗士，真正的布尔什维克，人民的真诚朋友。毛泽东的朋友们这样谈他："他每天工作二十小时，只睡四个小时。他总是不停地从这个城到那个城，从这个村到那个村。到处都像迎接父亲、兄弟、儿子一样地迎接他。他所做的一切都是为了人民生活得轻松和幸福。"

在前线，毛泽东总是在前沿阵地。他以自己的英雄行为鼓舞着战士们。中国军队的许多指战员都认识他。下面就是一位中国红军战士谈毛泽东："他是我们的主要领导者。他领导着政府党和军队。毛泽东是一个普通而热心的人。他的话就连闭塞的人也能理解。他的威望和声誉难以用语言表达。他一贯关心他人而全然不顾自己。他非常朴素，行军时与红军战士们一起睡在地上，吃得也和大家一样。"

革命统帅和国务活动家钢铁般的意志、布尔什维克的顽强、惊人的勇敢、博学和无穷的天赋——这就是中国共产党卓越领导人之一毛泽东同志的品质。

同毛泽东一起度过一段日子的一位美国记者写道：[53]

"毛泽东是现代中国完美的学者。他精通哲学与历史，是优秀的演说家，具有非凡的记忆力和特殊的凝神思索的能

[52] 中华苏维埃第一次全国代表大会于 1931 年 10 月 7 日至 20 日在瑞金召开。毛泽东代表中共苏区中央局向大会作报告。大会依据中共中央关于宪法原则要点制定了《中华苏维埃共和国宪法大纲》，通过了《中华苏维埃共和国土地法》《中华苏维埃共和国劳动法》《中华苏维埃共和国经济政策》等法令，选出毛泽东、周恩来、朱德等 63 人组成中央执行委员会，宣告中华苏维埃共和国成立。大会还给毛泽东、朱德、彭德怀等 8 人授予革命贡献奖章。20 日，毛泽东致闭幕词。11 月 25 日，中华苏维埃共和国中央执行委员会任命朱德、王稼祥、彭德怀、周恩来、贺龙、毛泽东等 15 人为中央革命军事委员会委员，朱德为主席。11 月 27 日，在中华苏维埃共和国中央执行委员会第一次会议上，毛泽东当选为主席，项英、张国焘为副主席。在中央执行委员会之下组织人民委员会作为中华苏维埃共和国中央行政机关，毛泽东被选为人民委员会主席。宣告中华苏维埃共和国临时中央政府正式组成，即日开始工作。

[53] 这个美国记者就是埃德加·斯诺。但此处引用的文字不是斯诺的原文，显然是经过作者加工的。因为译者直译自俄文，所以存在一些不准确的地方。可参阅本书的《毛泽东印象记》一文。

力。文章写得很好。他对个人生活有些漫不经心，但完成党和社会赋予的职责却一丝不苟。他精力过人，许多日本人都认为他是最有才干的战略家，这是很令人感兴趣的事。

"毛是个认真研究哲学的人。一次，在我们夜间交谈的时候，我给他带来了几本哲学新书。他要求我改期再谈，读这些书一直读到清晨。毛不只阅读马克思主义哲学家的著作。他还读斯宾诺莎、康德、歌德、黑格尔、卢梭等人的著作，甚至还钻研古希腊思想家的著作。

"上学的时候，毛就和几个同学一起建立了类似斯巴达俱乐部一类的组织。为了锻炼，他们进行了饥饿训练，在华南山林中作长途跋涉。在冰冷的水中游泳，光着脊梁雨里行、雪里走。他们凭直觉知道，未来中国需要他们忍受最大的艰难困苦的能力。毛在作坊做工，自食其力。为了锻炼，曾经一连几天只靠豆子和水充饥。"

从一九三一年九月十八日日本帝国主义侵占东北开始，中国人民的基本任务就成了"反对日本帝国主义、反对日本侵略中国的斗争"（毛泽东语）。一九三二年，中国共产党为了建立抗日民族统一战线，建议国民党军队同中国红军缔结和约，投入共同反对日本侵略的斗争。一九三五年八月，党中央和中华苏维埃共和国中央执行委员会向全国人民、所有的党派和政治团体发出号召，"建立全中国统一的抗日军队和共同抗日的全国国防政府"。中国共产党不断地要求停止内战，联合全体中国人民的力量为反对共同的敌人——日本侵略者而斗争。"当前，摆在中国人民面前的基本任务"，毛泽东说："就是共同抗日。"

一九三六年，日本军阀加强了对中国的侵略，利用汉奸，挑起了新的内战。中国共产党再次向中国所有团体、首先是国民党发出呼吁，为了共同对付日本帝国主义，要结束人民力量的分裂。毛泽东作为共产党的领袖，全力以赴地为建立起中国两大基本政治力量——国共的友好关系而努力。共产

[54] 本文选摘自《中国出了个毛泽东》，苏扬编，解放军出版社1991年4月第1版，第392—398页。

党用巧妙、灵活的策略和和平方式解决了西安事变，标志着国共两党合作的里程碑，奠定了抗日民族统一战线的基础。

卢沟桥事件前夕，一九三七年五月，毛泽东说："中国共产党和中国人民面临着在中国建立抗日民族统一战线和团结全世界所有为和平而奋斗的力量的任务。这就是全中国人民反对日本侵略者的统一战线。"

中国人民抗日民族统一战线就这样建立起来了，国共合作开始实现了。在建立统一战线的过程中，中国人民的敌人——日本军阀主义及其代理人——托洛茨基分子和其他中国人民的叛徒，制造了无数的障碍。但是，有毛泽东这样的人领导的中国共产党善于动员人民的警惕性，反对敌人的阴谋，反对一切汉奸和投降派，不倦地加强抗日斗争统一战线中所有党派的合作。由于抗日民族统一战线，中国人民使日本帝国主义开始感到侵略战争中的困难越来越大，战争成了持久战。中国人民的抵抗势力日益增长，游击队使日本侵略者得不到安宁。

中国人民在进行自卫战争中建设着自己的新国家——中华民国。数以百万计的大众参加了它的建设。中国共产党和国民党一起进行着抗日斗争，同时，在孙中山"三民主义"原则的基础上建设着新国家。

毛泽东在自己的讲话和文章中不止一次地强调："武装抵抗需要动员人民，但没有民主自由就无法进行这种动员。在中国，没有民主就不可能完成建立真正的、强大的抗日民族统一战线的任务。"

中国共产党用事实证明了自己对民族统一战线的忠诚和与国民党及其他抗日党派、团体合作的真诚。中国共产党为了夺取抗击日本侵略者的最后胜利和建设民主中国而争取同国民党进行长期的合作。一九三八年十月，毛泽东同志在中国共产党中央委员会第六次扩大会议上的报告中说："统一战线的概念包含的国共合作不仅是在战争期间，而且还有战后，不是那种战后就分裂，就重新开始内战的合作。"

中国共产党的政策赢得了中国广大人民群众的拥护和支持。中国共产党一直战斗在最前列。毛泽东说："为人民的利益而生存，与他们共患难，为他们的幸福而奋斗的党是不可战胜的。"

中国共产党在为人民的胜利进行着英勇的斗争。领导它的是在战斗中久经考验的忠诚的布尔什维克，像毛泽东一样的伟大的中国人民的优秀儿子。没有什么力量可以征服中国共产党——它是抗日民族统一战线的战斗先锋。

毛泽东经受了艰难的生活磨练，走过了一个人民的儿子所走的艰难困苦的道路。漫长的岁月，饱含着艰难困苦。为获取知识的顽强拼搏，革命和民族解放战争的烈火锤炼了这个大无畏的中国布尔什维克，锻造出一位真正的，属于人民的、不屈不挠的领袖和民族英雄。[54]

一九三九年铮铮在《国际时人传》中发表的《毛泽东》

MAO TSE-TUNG

　　从目前发现的史料中，我们可以看到，在一九三九年上海出版的《国际时人传》一书中，有一位署名"铮铮"的作者早在一九三八年就写了一篇短小的毛泽东传记。通过对比阅读，可以发现这篇传记与上述王唯廉写的《毛泽东》，文字内容基本相同，几乎出自同一个人手笔，只是在编辑发表时作了删节。作为一份有重要学术和历史参考价值的珍贵文献，从尊重历史的角度，现保留其历史原貌收录如下，但此文中有多处讹误，仅供学者、读者们参考阅读。

　　毛泽东，字润之，湖南湘潭人，年龄已逾四十，中等身材，头脑甚大，故智力十分充足。头发常数月不剪一次。穿一件布长衫，说一口湖南土话。与人谈话时，两眼常望着自己鼻尖，故思索力极集中。对于任何小事，均甚留心。如见地上有纸角碎片，必捡起细看，一如大侦探之欲在这些东西上发现大秘密一样。平日极爱读报，不论什么地方的报纸，一到他手，从评论、新闻起到副刊广告一字不遗的完全阅读。他不但读报，且读杂志，不论何种刊物有无销路，他都像报纸一样阅读。故他自己说，他的学问不是在书本上得来，是在报章刊物上得来的。他这种阅读报章刊物的精神，在求学时代就如此了。

　　他是湖南省立第一师范毕业的。湖南省立第一师范本

[60] 本文选摘自《中国出了个毛泽东》，苏扬编，解放军出版社1991年4月第1版，第339—400页。

甚平静，自他一入学校，因其宣传与组织之能力特强，故立即波动。以后每有行动，各校均以第一师范之马首是瞻，即在长沙之大学中学校，亦均受第一师范之指挥。从这里，我们可以看出毛先生之能力确是超人。

民国十三年，国民党改组之后，他当选了中央候补执行委员。中山先生本留他在广州工作，但他到了上海，在环龙路四十四号国民党上海执行部组织部任秘书。当时组织部长由叶楚伧兼任，他与叶楚伧发生了冲突，愤然辞职回湖南湘潭。民国十四年十月到广州，时国民党中央宣传部长汪精卫事忙不能兼顾，乃由先生代理，于是他做了中央宣传部长。第二次全国代表大会之后，中央宣传部部长之职仍由他代理，并用沈雁冰为秘书，萧楚女、顾谷宜等为干事。二中全会整理党务案通过后，以共产党不得兼中央部长，因而辞职，由顾孟余继任。

他在代理中央宣传部部长时，本兼有中央农民运动讲习所所长之职。因其热心农民运动，故于民国十五年秋秘密赴北方各省考察农民运动，后又回湖南考察。十六年春到武汉，任中央农民运动讲习所所长，同时又任共产党中央农民部部长。当时总政治部有一农民问题讨论会，他即为委员之一。此外，他又任中央军事政治学校武汉分校农民问题的教员。清党以后，他即在湖南、江西组织农民、训练农民，成立共产政府，以后便由江西、湖南、贵州、四川而北到陕西，带领中国红军作二万五千里之长征，更在陕西倡办陆军大学，训练红军军事人才。

卢沟桥事变发生之后，接着"八一三"上海亦发生战事，中国即掀起对日全面抗战。共产党本在西安事变中曾与中央订立条件，大家团结一致，实行御侮，收复失地。此时中国红军就改编为"八路军"，本来过去谈到共产党，大家有些谈虎色变，以为共产党是可怕的，毛泽东也是一个可怕的人物，但自八路军之游击战迭与敌人以惨败，同时对敌人的俘虏十分优待，且将俘虏加以训练而放还日本，于是大家思想一新，觉得共产党不可怕，毛泽东是一个了不得的伟人。[60]

毛澤東自傳

THE AUTOBIOGRAPHY OF MAO TSE-TUNG

《毛泽东自传》与埃德加·斯诺

　　正如人们一谈到世界新航线的开辟就自然想到哥伦布一样，一提起《红星照耀中国》（《西行漫记》），无论中国人还是美国人都会想到埃德加·斯诺。斯诺是中国人民的诚挚朋友，他对中国人民和美国人民怀有坚定不移的信心，数十年如一日，为促进中美关系正常化做出了不可磨灭的贡献，为增进两国伟大人民的了解和友谊倾注了毕生的心血，被称誉为"中美人民间的活桥梁"。[图5.1]

　　斯诺不仅是中国人民也是世界人民和平友好的使者。他从一九二八年来到上海，目睹了遭受列强殖民主义瓜分和日本帝国主义蹂躏的旧中国与旧中国的黑暗腐败统治，亲身体验了中国人民水深火热的艰苦生活，从而理解并同情、支持了中国革命。他以客观、公正、诚实的品格，参与帮助了中国青年学生的一二九运动、抗日战争中的"中国工业合作运动"，他是第一个冒险进入红色苏区报道中国革命的西方记者，是第一个也是唯一一个采访并撰写"毛泽东自传"的人，是第一个将皖南事变的真实情况公布于世的人，是第一个翻译鲁迅先生作品的美国人，是第一个报道上海抗战的美国记者，是第一个报道新中国的美国记者，是第一个报道"文化大革命"的外国记者，也是第一个被邀请登上天安门城楼和毛泽东一起参加国庆大典的外国记者……在旧中国，他曾因此两次被国民党吊销外国记者特许证，并在一九四一年被迫离开中国；在新中国成立后，他又因此被迫离开自己的祖国而迁居瑞士。

　　从一个本想在中国只待六个星期"撞大运"的青年，到后来竟然在中国生活了十三年的优秀记者，斯诺深深地热爱上了中国，先后与宋庆龄、鲁迅、毛泽东、周恩来等建立了深厚的友谊。而毛泽东和斯诺的友谊可以说是一段历史奇缘。他先后五次会见毛泽东，两人的友谊长达三十五年之久，直至斯诺去世。毛泽东把自己的生平自传、发动"文化大革命"的目的和解冻中美关系的信息，都是没有告诉自己的家人、战友和其他领导人，而是首先告诉给这个美国人的。在斯诺病重期间，毛泽东、周恩来还派出了专门医疗小组去瑞士为一个普通的美国人治病；而当他去世时，中国政府和领导人在北京人民大会堂第一次为一个外国人举行隆重的追悼大会。这一切都是共和国历史上所没有的。而在美国，因为斯诺报道了中国革命，罗斯福总统三次在白宫约见斯诺，还亲自推介斯诺报道的书籍。这一切成就了斯诺成为二十世纪当之无愧的"记者之王"。

如果把斯诺在一九三六年进入"红色中国"作为他人生的一个分水岭的话，那么此前他在上海和北平当游历记者的生活，则可以看作其认识中国的第一个阶段。在这个阶段，斯诺开始转变对中国的认识，同情中国贫穷的人民和痛恨堕落腐败的中国官场，并厌恶帝国主义对中国的侵略和压迫——哀鸿遍野民不聊生的萨拉齐之行，是他重新认识中国的一个起点；目睹十九路军抵抗日本侵略者的英勇战斗是他认识中国的转折点；而一二九运动更让斯诺从爱国青年学生身上看到了中国的希望。而斯诺在刚到中国的时候，曾把中国的希望寄于蒋介石，这一切耳闻目睹的亲身经历让他发现自己错了，后来他说"那时我像杜勒斯在三十年以后那样认为道义是在蒋介石一边，后来我认识到，政治和医道一样，要先诊断才能处方。这里的病人是中国，不是外国，一个国家的政治行为最终不是决定于道义判断，而是决定于内在的最深刻的饥渴和实际的要求。"此后，他开始同情中国革命，"拿一个外国人的脑袋去冒险"，揭开了红色中国的神秘面纱。

斯诺认识中国的第二个阶段，就是探访红色中国。正如费正清所说的，《红星照耀中国》"的确使毛泽东在一九三七年成了举世皆知的人物……而斯诺则开始与他的毛泽东传记一起闻名。他成为一个面对通向中国和美国的两条道路、介于两个世界之间的人"。斯诺帮助中国共产党人打开了同西方世界联系的渠道，也为美国等西方国家打开了认识中国的新窗口，自己也完成了对中国认识和人生价值的真正转变。而《红星照耀中国》事实上也就成了抗日战争时期美国和中国人民友谊的最典型的象征。随着这本书在西方的畅销，在世界上掀起了一股声援中国抗日、与中国共产党人接触的新浪潮。众多的仁人志士和国际主义者，纷纷效仿斯诺或者在《红星照耀中国》的影响下来到中国，涌向红色中国和华北、华中的抗日根据地，形成了势不可当令人注目的"红区热"。他们当中除了献身中国革命的加拿大医生白求恩、印度医生柯棣华之外，更多的是记者、编辑、作家、教授和外交官，而且以美国人居多——海伦·斯诺、史沫特莱、卡尔逊、斯特朗、爱泼斯坦、贝尔登、拉铁摩尔、白修德、斯坦因、福尔曼等等。

斯诺认识中国的第三阶段自然就是"冷战"时期，中美关系自然是他最为关心的大事情。在这一点上，他依然是坚定与清醒的。尽管他也曾一度幻想美国可以"拯救中国，并提出一些改进美国对华政策的天真的建议"，而且就在他受到"麦卡锡主义"迫害的时候，他依然坚持真理："我没有错，到底是谁丢掉中国的，政府方面认为是我的错误导向造成的。但我一直认为中国共产党是真正的共产主义者，我没有错，错就错在'麦卡锡们'的一知半解，却又听不见别人的意见。我们的政府自作多情，支持国民党在中国打内战，在中国内战中丢失了美国强权主义的面子。况且中国不是美国人'出卖'的，也根本不是美国人所能够'出卖'的，中国从来不是我们可以出卖的货物。在四十年代中国并不属于我们，正像苏联今天不是属于我们一样，中国革命不是在真空中与外界无关的情况下诞生的，但是它从头至尾是中国历史的产物，只在次要的方面受外界现象的影响。他们不愿意听我的，其实正是政府当局自己把美国人民引入了歧途。"

没有人能够否认，斯诺几乎用一生在帮助中美两国人民寻找和平友好的道路。作为第一个向全世界报道毛泽东邀请尼克松访华的消息的人，斯诺在继《红星照耀中国》之后，三次访问新中国，亲密接触中共高层领导人毛泽东、周恩来，再次扮演了一个令人刮目相看令世界震惊的角色——中美关系解冻的"报春燕子"，对中美关系和人民友好做出的又一卓越贡献。虽然在尼克松访华之前，斯诺离开了这个世界，他"未能活到亲眼看见自己的努力结出果实，这是一个悲剧。但是中国人民将永远以感激的心情记得埃德加·斯诺这位致力于中美人民友好的不知疲倦的活动家。太平洋两岸的子孙后代将受斯诺之惠，因为他留下的遗产将有助于研究中国的历史。"（宋庆龄：《纪念埃德加·斯诺》）而尼克松也向病中的斯诺致意，称赞斯诺"为跨越太平洋的中美关系的大桥架设了最初的桥头堡"。

在美国的胡佛图书馆有这样一段材料，是斯诺对他的中国朋友张歆海的一段话的评析。张先生是哈佛大学的博士，在三十年代曾任国民政府驻捷克、波兰的公使，他说："那些古老的帝国现在都在哪里呢？古波斯、亚历山大帝国、罗马帝国、成吉思汗帝国、巴比伦和埃及，它们都在何处呢？它们走进了历史，又一个个消失了。中国是唯一的例外。因为中国懂得，仅仅靠武力是不能保证一个国家永存的。"而斯诺是这样说的："张歆海在这里强调的是两点：一是要从长远的观点来看中国；二是要从两重性的角度来看那里的人们。他们不仅仅是共产党人，而且是一种在基因与文化上都将长存不变的文化的代表。"

从这段一个美国人与一个中国人对中国义化的评价中，可以看出，作为一位经历了世界动荡与人生坎坷的智者，埃德加·斯诺早已超越了国界与意识形态的鸿沟，对中国的认识和了解达到了最高的境界。诚如斯诺所言："说真的，如果说我写了一些对中国有用的东西，那只不过是因为我倾听了中国人自己的意见。我把这些写下来，尽量做到坦诚直率——因为我的信念是大家都是一家人，我与中国人都是人类大家庭的成员。"

作为拉开红色中国帷幕、架起中美人民友谊桥梁的先行者，斯诺是走在美国总统尼克松前面的英雄使者，也是毛泽东、周恩来等新中国领导人在特殊情况下或者重大历史转折时期的"代言人"。斯诺之所以能成为这样一个绝无仅有的历史人物，除了"时势造英雄"之外，更重要的是他始终忠于自己的崇高理想和追求，不人云亦云，不讨好权贵，不随波逐流，不见风使舵，坚持超出一般人或一般记者的独立品格和坚持说真话的精神。他的这种独立性成全了他在任何情况下——国家最高领导人接见的荣耀、国人不理解的屈辱、吊销记者特许证的打击，以及政治迫害、婚姻破裂、生活艰难、生命危险、朋友变脸等等——都宠辱不惊，一如既往。而这种独立品格和坚持说真话的精神，正是人类最可宝贵的品格和精神！因为历史上的许多悲剧，都是那些没有或者缺少独立品格的人或不说真话和不听真话的人起哄造成的。而纪念斯诺的意义，一个重要的方面也就是要弘扬这种人类优秀的品格，这也正是我后来花了三年时间写作《记者之王——埃德加·斯诺在中国》的一个出发点和落脚点。这本书终于在二〇〇五年七月十九日埃德加·斯诺诞辰一百周年前夕，由新世界出版社出版发行。在北京大学举办的纪念大会上，我将它赠送给了美国斯诺基金会主席约翰·戴伟乐先生，他欣然为我签名留念。当年曾给斯诺和毛泽东担任翻译的黄华也高兴地为我签名并合影留念。二〇一三年七月，经过修订改名为《埃德加·斯诺——红星为什么照耀中国》，由中国青年出版社再版。

一九七二年二月，在斯诺先生即将离开这个世界的时候，尼克松却开始了让他名垂青史的"破冰之旅"，那时，刚刚降生于安徽一个贫穷落后的乡村的我，正在母亲一贫如洗的襁褓中嗷嗷待哺。如今，时间老人的脚步也早已迈进了新的世纪。因为二〇〇一年策划编辑《毛泽东自传》，我认识了斯诺，爱上了斯诺。隔着三十年的时空，当我小心翼翼地壮着胆子一次次地走近这个尊敬的美国人的世界，我虔诚地以感恩之心一次次地阅读这个可爱的美国人的心灵的时候，面对这些已经成为历史的文字和照片，我不停地问，不停地想，斯诺到底是一个什么样的人？他到底是爱美国还是爱中国？到底是什么力量促使他

[图 5.2]

1928 年夏天，斯诺成为"拉特瑙"
船的一名甲板水手。

[图 5.3]

斯诺和海伦结婚照（1932 年）

在那个从"热战"到"冷战"的不平静的世界里作出了那样的人生选择？他到底是一个成功者还是一个失败者？而这个美国人到底又给我们留下了什么？……如此反复地追问，由表及里地去抚摸，历史的年轮渐渐地清晰，我终于看清了这个要求以事实说话的性格"像密苏里的骡子"的美国人的脸孔。就是在这种小心翼翼与诚惶诚恐之间，我努力地完成了《记者之王——埃德加·斯诺在中国》的写作。每每捧读，仍然能感受得到这个伟大的美国人的心跳，那感觉犹如手捧一星火种，并想认认真真地跟你说——看啊，斯诺这个美国人——他的作品不是自己没有温度却去测量别人的温度计，而是火种，给人以温暖以光明；而他人生的传奇不仅仅是东方与西方两个伟大国家的人民友谊的见证，我相信也是人类和平的一种呼唤和趋势，正像他的作品一样经受住了时间的考验。

还是让我们从斯诺和毛泽东第一次亲密接触开始说起吧——

探访毛泽东，斯诺
"拿一个外国人的脑袋去冒险"

MAO TSE-TUNG

鳞次栉比的灰色欧洲式的石砌高楼俯瞰着黄浦江。江面上横七竖八地停泊着许多艘灰色或白色的美、英、法、意和日本的军舰和各种轮船。而军舰上面的大炮却一律朝西，对着中国。这是一九二八年七月的上海。

"呜——"随着一声汽笛，一艘日本豪华邮轮正缓缓靠近上海港。这时，一个身穿白麻布西装，一头卷曲的棕色头发，整齐修洁中有一丝文雅的美国年轻人，手扶栏杆，站在轮船的甲板上，眺望着上海外滩的风景，充满着喜悦、激动和好奇。灰蓝色的眼睛里却又分明散发着一种对中国这个神秘古老国度的迷茫和不知所措。在迎风飘动的米字旗、三色旗和太阳旗中，他还看到了那面他热爱又亲切的星条旗。这个年轻的美国人叫埃德加·斯诺。然而，让他自己也想不到的是，从此他与中国结下了不解之缘。

斯诺一九〇五年七月十九日生于美国密苏里堪萨斯城。出生时他的家住在默希尔大街一座四周围着白色栅栏的双单元三层小楼里。父亲是一个小印刷厂的老板，从小就强调按劳付酬，自力更生。因此，很小的时候，斯诺就和哥哥在父亲的印刷厂里打工，挣些零花钱。

斯诺喜欢旅行，喜欢像马克·吐温的小说《赫克培姆·芬》的主人公一样沿着密苏里河漂流。一九二二年，他就曾和另外两个朋友一起在美国西部进行冒险旅行，为此他在途中流落他乡，被警察抓住拘留，放出后身无分文的斯诺只

[图 5.4]

1929 年斯诺在上海和中国朋友一起

好靠步行一路回到家中。但这次没有成功的冒险旅行，让他看到了太平洋，更激起了他蔚蓝的遐想，太平洋的西边地球的东方是一个什么样的世界？大洋彼岸深深地吸引着他了……一九二五年，斯诺考入密苏里大学，选择了新闻专业。这个新闻学院曾为美国培养了许多著名的新闻记者。斯诺同样也把院训作为自己新闻工作的准则："职业新闻工作者要有人道主义精神，对报道对象的了解要非常深入，但在报道时要保持客观态度。首先是一个观察家，其次是一个记者，最后才是一个评论分析家和倡导者"。他开始了寻找"东方魅力"的冒险之旅，来到名叫"拉特璐"的船上当了一名甲板水手。[图5.2]

一九二八年七月，年轻的斯诺就是这样带着纽约几家报馆领取的写作任务来到中国上海。他计划在这里停留六个星期，然后离开中国继续完成他九个月周游世界的旅行计划。在上海他遇到了他的密苏里老乡、上海《密勒氏评论报》总编兼《芝加哥论坛报》高级记者约翰·本杰明·鲍威尔。鲍威尔是蒋介石的热心支持者，被在上海的美国人斥为"亲华派"。而他主编的《密勒氏评论报》因为既反共又反帝，支持国民党提出的"废除不平等条约和收回外国租界以及废除治外法权"的要求，就成为当时在中国最有影响的一份美国人办的英文刊物。而这一切在上海的英国人眼里，则认为是犯了罪过，称鲍威尔是"白人的叛徒"。于是在鲍威尔的邀请下，斯诺成了该报的流动记者。从此，斯诺开始了为之奋斗一生的记者生涯，并在中国生活长达十三年，不仅在中国找到了最初的爱情，[图5.3]而且因为在抗日战争期间宣传和支持中国革命、揭密红色中国以及与毛泽东等中共领袖传奇色彩的亲密接触，而闻名世界。[图5.4]

一九三五年，日本侵略者在占领了东北之后，又把河北北部（热河）和东北部（冀东二十二个县）的大片国土攫取而去，而日本的"华北驻屯军"从山海关、唐山、天津直到北平丰台已经形成了对北平的包围态势。眼看着虎视眈眈的侵略者在华北大地上肆意横行蹂躏中国人民，而国民政府却在这年的六月下了一道所谓的"邦交敦睦令"，取消了一切抗日团体，禁止一切抗日言论。蒋介石的侄子蒋孝先的宪兵三团在北平更是猖狂迫害进步人士，搜捕爱国学生。接着，国民党政府驻华北代表、亲日派头子何应钦与日军华北驻屯军司令官梅津美治郎签订了臭名昭著的"何梅协定"。日本特务头子土肥原贤二在北平大肆进行阴谋活动，威逼利诱北平当局的宋哲元，利用收买汉奸策动华北五省（冀、鲁、晋、察、绥）自治运动，妄图把华北和平演变成第二个伪满洲国。

北平危机！华北危机！中国危机！日本帝国主义的阴谋像乌云一样笼罩着北平。面对亡国的危险，北平的爱国青年学生们怎能坐以待毙？又怎能不奋起抗争？[图5.5]

一九三五年十二月九日，一二九运动在中共北平临时委员会的领导下爆发了。这天早晨，八百名青年男女学生分别从燕京大学、清华大学、东北大学、北平第一女子中学和北平师范大学女子附中大门口出来，走上街头。爱国青年学生在张兆麟、王汝梅（黄华）、姚克广（姚依林）、陈翰伯、龚普生、俞启威、李敏、郭明秋、彭涛等学生领袖的带领下，齐声高呼"打倒日本帝国主义""反对华北自治""打倒伪独立运动""停止内战，一致抗日"

等口号，浩浩荡荡向紫禁城迈进。

在日本帝国主义面前，这个取中文名为"施乐"的美国人斯诺，[图5.6]不再是一个"中立者"。也是这天早晨，斯诺和海伦天不亮就起床了。他们带上照相机，开上雇来的一辆汽车，带着《芝加哥每日新闻》的弗兰克·斯马瑟斯、美联社的吉米·怀特、合众国际社的麦克·菲希尔和《时报》的C.M.麦克唐纳德等外国记者，为运动呐喊助威，及时把中国爱国学生抗日救亡的消息告诉全世界，引起全世界进步学生和青年的广泛同情和支持。斯诺认为一二九运动是中国的又一次五四运动，在他的生命中刻下了难忘的记忆，二十多年后，他在自己自传体记者生涯回忆录《复始之旅》中，用"煽火"为标题对自己在北平的这段岁月进行了追述。他还引用英国诗人约翰·多恩的诗句说："我没有带燃料来，但期望用雄辩的劲风把火煽起来。"他回忆说："这一经历使我懂得，引起革命有种种原因，而知识青年对现政权完全失去信心，是其中一个不可或缺的因素之一，这一点恰恰是研究这种现象的学究式的历史学家最容易忽视的。在这危急的关头国民党由于根本起不到领导、鼓舞的积极作用，因而成了悲观、停滞和镇压的象征。而且，在其后的生死存亡的年代里，把大批最有才能、最爱国的青年男女驱赶到了中国最后的希望——红旗之下。在他们当中有一批就是司徒雷登博士

[图 5.6-1] 尺寸：18mm×18mm

[图 5.6-2] 尺寸：23mm×30mm

[图 5.6-3] 尺寸：23mm×23mm

[图 5.6-1]
1933 年，斯诺在燕京大学新闻系任教，取中文名"施乐"，一边学习中文，并在前门大街亿昌图章店，请人刻了这枚隶书阴文图章。这枚铜质"施乐"印章由国家博物馆收藏，是其第一任夫人海伦·斯诺 1972 年首次访问新中国时赠送的。

[图 5.6-2]
斯诺的这枚用象牙篆刻的"史乐"隶书阳文印章，由斯诺第二任夫人洛伊丝·斯诺赠送给美国埃德加·斯诺纪念基金会，现陈列在美国密苏里大学堪萨斯校区图书馆的斯诺阅览室里。

[图 5.6-3]
斯诺的第三枚汉字"施乐"篆体阴文印章，与海伦·斯诺中文姓名"宁謨"（尼姆 Nym 的谐音）篆体阳文印章（见本书第 26 页），应出自同一篆刻家之手，大约在 1933 年前后篆刻。目前可能保存在美国犹他州盐湖城的杨百翰大学海伦·斯诺资料收藏中心。

刘力群 / 提供

[图 5.5]
1935 年 12 月 9 日，清华大学女生陆璀在一二九运动中于西直门发表演讲，其右侧为张兆麟。

所主持的燕京大学的最优秀的基督徒学生。" [图 5.7]

不久，斯诺从一个西安回来的爱国学生宋黎那里得知，张学良部队的大部分军官同情共产党，而且红军已经在那里胜利会师，与东北军和西北军达成了秘密停火协议，建立了局部的统一战线。因此，斯诺就开始向往着前去采访红军，在他看来，国民党越是封锁，越是造谣，共产党红军就越成为一个禁地，一个神秘的谜。他认为"蒋介石十年来一直大喊'赤匪'，接二连三地去消灭共产党，但是共产党依然存在，而且变得越来越强大了，他们到底是神话故事还是什么，西方人，包括中国人都不知道真相。这些年，红军一直在战斗，但没有任何一个外国记者，甚至没有一个外国人进入过红军控制的地区，如果我能去的话，就将获得世界独家新闻。而且这是一个全世界等待了九年的头号新闻。"

机会千载难逢，不能错过。斯诺说他"还没有听说过新闻史上有过比这还要好的机会了"，于是他决定抓住这个机会，设法打破国民党这一持续了九年的新闻封锁。再说，为了探明事实真相，只拿一个外国人的脑袋去冒险，没有比这更值得的了。

[图 5.7]
斯诺拍摄的照片：一二九运动中学生
从警察手中夺取水龙头。

一九三六年春天，斯诺重回上海，向宋庆龄提出了去苏区访问的要求，希望宋庆龄能帮助他完成采访红军的梦想。正好这时中共中央给上海的地下党组织去信，请宋庆龄推荐一名外国新闻记者和一名医生前往苏区。宋庆龄马上答应了斯诺的请求。不久，经宋庆龄的安排，中共中央同意了他的要求。[图 5.8]

这样，斯诺在北京接到了中共地下党员、东北大学教授徐冰转来的一封致毛泽东的介绍信——信是柯庆施根据刘少奇的指示，用隐色墨水写的。一九三六年六月三日夜，斯诺带着这封信、两架照相机、二十四个胶卷从北平出发了。到西安后，斯诺在西京招待所和伪装成"王牧师"的著名"红色牧师"董健吾取得联系，并和宋庆龄介绍的另一位年轻的美国医生海德姆（即马海德）一起，在红军联络员刘鼎和邓发的秘密安排下，冲破了封锁。斯诺就这样成了第一个到陕甘宁革命根据地的西方新闻记者，也是第一个与中国共产党人对话的美国人。

[图 5.8]
毕业于美国乔治亚州梅肯市威斯理安大学的宋庆龄被斯诺称作"绝世佳人"。

周恩来告诉斯诺"你是一个可靠的记者，我们相信你能够讲真话"

MAO TSE-TUNG

[图5.9]
1936 年 7 月 9 日，斯诺到达陕北安塞白家坪红军前沿指挥部，第一次见到留着大胡子的周恩来。

一九三六年七月九日，斯诺在安塞白家坪见到了周恩来。

"Hello!whom are you looking for？（你想找什么人吗？）"长着一脸黑色大胡子的周恩来温文尔雅地用英语问候道："我是这里的指挥员，我叫周恩来。"

斯诺高兴地跳了起来，露出一脸惊喜："周——恩——来？！你就是大名鼎鼎的周恩来！我是美国记者，我是斯诺！" [图5.9]

"斯诺先生、海德姆博士，你们好，苏区人民欢迎你们的到来！"周恩来礼貌地伸出手来。

第二天早晨，"列宁儿童团"的一个团员护送斯诺和海德姆到周恩来的司令部去。司令部是一个四面围着许多同样小屋的农舍。许多农民都若无其事地住在那里，有的在屋外劳动，有的在一起闲聊，好像这里并没有驻扎军队，更看不见一点战争的影子。斯诺和海德姆来了，儿童团团员与哨兵先说了几句话。哨兵就走进屋里向周恩来报告。不一会，周恩来和邓颖超一起出门来迎接斯诺。

周恩来向斯诺介绍说："这是我的夫人邓颖超。"

邓颖超微笑着和斯诺、海德姆握手："您好，欢迎你们的到来。"

走进屋里，大家盘腿坐在炕上的炕桌前。斯诺环视了一下小屋，屋子里面很干净，但陈设却非常简单。土炕上挂着一顶蚊帐，是唯一可以看到的奢侈品。炕头上还放着两只铁制的文件箱，一张木制的小炕桌就当作办公桌了。

周恩来一脸的轻松愉快，笑着说："欢迎你们！我早就接到报告知道你们要来，今天你们冒险来了，我们很高兴呀，也祝贺你们成功地冲破了封锁。"周恩来谈吐缓慢安详，深思熟虑，头脑冷静，态度温和。

"谢谢！是你们的事业吸引着我们，你们像一团谜一样，我可是想来揭开谜底的哟！"斯诺说。

"我们愿为中国人民正义的和平民主事业做一点努力。这也是大多数美国人民的愿望。"海德姆说。

"谢谢！我相信，我们共同做出的努力是为了一个共同的目标，就是中美两国人民之间的合作和争取世界和平与民主。"周恩来说。

"是的，我已经看到红军受到了农民的欢迎，比如你住的这间小屋，就包围在农民中间，这是一间不怕轰炸的小屋！"斯诺用手指一下屋顶，笑着说。

周恩来笑笑，诚恳地说："我接到报告，说你是一个可靠的新闻记者，对中国人民是友好的，并且说可以信任你会如实报道。我们知道这一些就够了。你不是共产主义者，这对于我们是没有关系的。任何一个新闻记者要来苏区访问，我们都欢迎。不许新闻记者到苏区来的，不是我们，是国民党。你见到什么，都可以报道，我

们要给你一切帮助来考察苏区。"

接着，周恩来对海德姆说："你是一位医术精湛的医学博士，我们知道，你在上海就同情和支持中国革命，你的到来将会对苏区的卫生工作大有帮助。你可以和斯诺先生一起参观访问，也可以重点地考察苏区的医疗卫生状况。"

斯诺说："请问，你们有无线电台吗？"

"有啊！"周恩来幽默地一边把无线电报拿起来，又放下推到一边说，"这都是蒋介石蒋委员长送给我们的'礼物'。南京早就想切断我们苏区与外面的联系，可我们从来没有给他们机会。我可以告诉你们，用这些缴获的电台，他们连密码也一次没有破译过的。"

"那么请问南京要进行第六次'围剿'，你们有什么打算？"斯诺问。

"我们红军不想打内战，我们的目的就是要与国民党联合抗日，这样做并不是放弃革命，而是为了更好的推动革命。再说，中国人不打中国人是我们的一贯主张嘛！"

"要是南京政府一定坚持他们的'攘外必先安内'的原则，你们有什么准备？"

"人类的解放首先应该是民族的解放，斯诺先生，任何违背人民意志和历史潮流的事物都会遭到人民的反对，过不了多久，你就会在中国的土地上看到这种结果。但我可以告诉你，抗日战争的第一天就是蒋介石走向末路的开始。"

说完，周恩来拿起笔在桌上的一张纸上不停地写着什么，写好后看了一遍，又递给斯诺，说："我已经给你开好了一个访问苏区和宁夏前线红军的日程表，你拿过去看看。"

"谢谢！"斯诺起身接过来，看着，停一会儿，一脸的惊讶和怀疑，说："哇！要九十二天呀！"

"这是我个人的建议。但是，你是否愿意遵照，那完全是你自己的事情。我认为，你会觉得这次旅行是非常有趣而难忘的。"周恩来慢条斯理地说。

"那我什么时候能见到毛泽东？"斯诺说。

"休息两天你就可以动身去见他。不过，他在保安，那是我们的临时首都，离这里大概有三天的路程。"

"那我们怎么去呢？"

"我已经为你们安排好了，正好和我们的通讯部队一起骑马过去。我会打一个电报告诉毛主席的，你们放心好了。"

斯诺一边和周恩来谈话，一边深感兴趣地观察着周恩来这个传奇式的人物——"个子清瘦，中等身材，骨骼小而结实，尽管胡子又长又黑，外表上仍不脱孩子气，又大又深的眼睛富于热情"。

"周副主席，你的英语发音相当地准确。"斯诺说。

周恩来笑着谦虚地说："我已有五年不讲英语喽！"

斯诺和海德姆又是大吃一惊。在和周恩来的接触中，斯诺打消了原以为在苏区访问将会受到各种各样的限制的顾虑。周恩来的开放姿态和大度的胸襟，不禁让他感到有些意外。于是在短短的两天里，他和周恩来进行了推心置腹的交谈。

斯诺首先问道："一九二七年反革命得逞的主要原因是什么？共产党人主要错误是什么？"

周恩来毫不隐讳地说："我们首要的错误无疑是没有在农民中开展革命，特别是在广东和广西，那里的农民已经武装起来。在这方面我们党采取了机会主义政策，在横的方面也就是数量上的扩大，而没有在纵的方面发展，也就是说没有直接在农民中组织战斗力量。其次，我们没有从国民党军官中发展必要的革命骨干，以致使许多本来可以争取到我们这边的优秀军官脱离了我们……再次，由于策略上的错误，我们失去了在当时还是革命的国民党的领导权的机会。"

"这是什么意思？"对于第三点原因，斯诺有些费解。

周恩来就举例说："例如，在上海，我们没有利用当时存在于国民党内部和各个帝国主义国家之间的矛盾。我们丧失了理应属于我们的对国民党领导权的机会。一九二六年三月以后，如果我们采取正确策略的话，领导权本来是可以取得的。那时，所有的右派已暂时被驱出领导层；左派的汪精卫正与我们密切合作；中间派的蒋介石已被孤立。如果共产党全力加入国民党并争取领导权而不是留在国民党外面的话，我们本来能与国民党左派联合起来，并且确有把握地取得领导地位。当时，士兵、商人、学生，甚至华侨都赞成我们主要的策略纲领。就是在最后，蒋介石进军上海期间，我们仍有时间组织一支联合力量以对付蒋介石和右派。当时蒋介石并没有完全掌握军队的领导权。参加北伐的第二、四、七、八军都不在他的控制之下。他有三个师，而且是最不可靠的。"

"那么请问你如何解释这些错误或失策呢？"

周恩来坦诚地说："原因有几点：首先是我们缺乏经验和缺乏马克思主义传统，因为我们党刚成立才几年。其次，我们党的领导是分裂的，陈独秀的思想属于小资产阶级派别，透彻了解马克思主义的青年党员属于刚刚形成的另一派别。第三，国内不同地区不同领导团体的革命发展不平衡。第四，无产阶级缺乏组织和缺乏经验，小资产阶级成分在党内占有优势。"

周恩来和斯诺进行了两次长谈，给斯诺留下了深刻的印象，他在《红星照耀中国》一书中这样写道："背弃古代中国的基本哲学，中庸和面子哲学；无可比拟的吃苦耐劳的能力；无私地忠于一种思想和从不承认失败的不屈不挠精神——这一切似乎都包含在这个红军的故事和参加创建红军的一个人的故事中。我暗自想，周恩来一定是个狂热分子，因此我想寻找这必有的神色。但是如果说有这种神色的话，我却没有发觉出来。他谈吐缓慢安详，深思熟虑。因此，周恩来给我的印象是，他头脑冷静，善于分析推理，讲究实际经验。他态度温和地说出来的话，同国民党宣传九年来诬蔑共产党人是什么'无知土匪'、'强盗'和其他爱用的骂人的话，形成了奇特的对照。不知怎么，当他陪着我走过安静的乡间田埂，穿过芝麻田、成熟的小麦田、沉甸甸地垂着穗的玉米田，回到白家坪去时，他似乎是一点也不像一般所描绘的'赤匪'。相反，他倒显得真的很轻松愉快，充满了对生命的热爱，就像神气活现地仿佛一个大人似的跟在他旁边走的'红小鬼'一样，他的胳膊爱护地搭在那个'红小鬼'的肩上。他似乎很像在南开大学时期演戏时饰演女角的那个青年——因为在那个时候，周恩来面目英俊，身材苗条，像个姑娘。"

斯诺第一次和周恩来会见时，让海德姆用摄影机拍下了周恩来骑在马上和他握手的珍贵镜头。

第一次见到毛泽东，
斯诺说"看上去很像林肯"

MAO TSE-TUNG

　　斯诺在红军官兵的护送下，来到了保安。斯诺纵马登上崎岖的山顶，一拐弯就看到了下面山谷中的一片古老城墙，确实让人有些豁然开朗的感觉。在灿烂阳光的照耀下，保安城染成一片火红色。绣着镰刀斧头的或写着"中国人民抗日红军"的红旗到处飘扬，道路两边贴满了五颜六色用中文或英文写的标语——"欢迎美国新闻记者访问苏维埃中国！""打倒日本帝国主义！""欢迎美国同志支援我们的革命！""中国革命万岁！"　[图5.10-图5.11]

　　在快到红军司令部时，已经有许多红军干部和战士排成两行，正列队欢迎斯诺的到来。简易的军乐队也奏起了庄严肃穆的振奋人心的曲子。斯诺和海德姆看到这种隆重的场面，显得有些激动和不知所措，为红军在这样的山沟里举行的仪式而感动。共产党中央政治局委员们都集体出来迎接，就是连备受人们敬重的林伯渠、董必武、谢觉哉、徐特立等也站在欢迎的行列里。而斯诺却在人群中左寻右找，就是没有发现毛泽东的身影，心中不免有一丝失落。

　　欢迎仪式结束后，斯诺和海德姆住进了中华苏维埃人民共和国中央政府外交部的招待所，这是一幢只有四间小砖房的屋子。这天晚上，吃饭时，毛泽东来了。这时的毛泽东颇为清癯，个子高出一般的中国人，背有些驼，一头浓密的黑发留得很长，双眼炯炯有神，鼻梁很高，颧骨突出，结实的下巴上长着一颗明显的黑痣，一脸的平易近人。

[图 5.11]
保安的红军在墙上写的英文标语"欢迎美国同志支援我们的革命!"

[图 5.10]
红军将士在陕北保安欢迎美国记者斯诺来访。

在斯诺的眼里,毛泽东有点像美国的林肯。毛泽东走近了,和斯诺紧紧地握手。"这就是那个被蒋介石悬赏二十五万元要他一个人头,而且不管死活的毛泽东吗?"斯诺心想。

"斯诺先生,我们红军欢迎你们!"毛泽东握着斯诺的手说,"我们苏区的生活比不上北平和上海,可没有蒋介石那样的条件招待你们喽!"

"谢谢!我们并不在乎这个。"斯诺说:"毛泽东主席,我现在关心的是什么时候能和你单独谈谈?"

"好哇!不过,我建议你先和红军的其他同志谈谈,等你熟悉了周围的环境,认清了方位,我们俩再谈也不迟,你看怎么样?"

"好!好!"斯诺充满感激地答应道。

"好,那你们先吃饭,不打搅了。"说着毛泽东就缓

[图5.12]
红军长征的终点——保安。13世纪时，
成吉思汗曾通过这个门户进入中原。

[图5.13]
毛泽东在保安居住的窑洞。1936年
毛泽东就是在这里向斯诺讲述"自传"
的。

步走过挤满农民和士兵的街道，在暮霭中散步去了。

一九三六年七月十五日。这是一个值得纪念的日子。这天晚上九点，毛泽东和斯诺开始了第一次谈话。这是毛泽东第一次和美国人的亲密接触。斯诺在红军干部陪同下带着来到毛泽东住的窑洞。海德姆也一同前往。

毛泽东住的窑洞距离斯诺住的招待所很近，一会儿就到了。据民间传说，这孔窑洞是北宋名将杨继业的士兵开凿的。毛泽东是十二天前才从瓦窑堡搬过来的。因为蒋介石在这个时候正在华南与反叛的两广军阀陈济棠、李济深争斗，暂时放弃了对陕北红军的"围剿"计划，所以中共中央的领导人在近期相对有了一段平静的日子。

斯诺和海德姆走进毛泽东的窑洞，寒暄了几句就坐下来开始了第一次交谈。斯诺坐在一张没有靠背的方凳子上，开始打量着毛泽东的住所。这是一眼石孔窑洞，有两间，天花板和墙壁，都是从岩石中凿出来的，下面则是砖块地。窗户也是从岩石中凿出的，半窗里挂着一幅布窗帘，斯诺面前摆着一张没有上油漆的方桌，上面铺了一块清洁的红毡，一支蜡烛在上面毕剥着火花。四壁简陋，空无所有，只挂了一些地图。卧室里的所有的财物却依然是一卷铺盖，几件随身衣物——包括两套布制服。毛泽东所佩的领章和普通红军战士所佩的一样。在斯诺眼里，毛泽东夫妇的主要奢侈品只是一顶蚊帐。[图5.13]

毛泽东的夫人贺子珍在隔壁房间里，正在把新鲜的野杏子制成蜜饯。毛泽东交叉着腿坐在从岩石中凿成的一个很深的壁龛里，吸着一支"前门"牌香烟。坐在斯诺旁边的是翻译吴亮平，时任中共中央宣传部副部长。这时已过了晚上九点，熄灯号已经吹过，保安城内几乎所有的灯火已经熄灭。

毛泽东说："通过国民党十万大军的封锁，你们冒着风险来到这里，我们热烈欢迎啊！宋庆龄先生来信说，你们对中国人民友好，同情中国革命，我们相信你们会如实地报道反映我们的情况，你们可以到苏区的任何地方去考察采访，不受任何限制，我们尽全力给你们方便的。海德姆博士，医术很高，我们这里医疗卫生条件差，希望你能帮助我们，提出真实的建议和批评意见。"

海德姆说："孙夫人让我们给红军带来了一些药品和医疗器械。还有鲁迅先生还给你捎来了金华火腿。"说着，海德姆和斯诺打开他们带来的皮箱子，把东西拿出来，摆在桌上。海德姆将第三国际的文件、鲁迅先生的信交给毛泽东。

毛泽东说："谢谢喽，谢谢喽！宋庆龄先生一贯支持我们的革命事业，是一位坚强的女性，她的爱国精神也激励着我们呀！"

说话间，贺子珍笑盈盈地送来她自己用新鲜的野山杏制成的蜜饯，请斯诺和海德姆吃。毛泽东就请他俩品尝。他俩就各自拿了一颗放进嘴里，刚刚咬上一口，就酸得差点没吐出来。吴亮平赶忙笑着解释说："苏区缺糖，毛主席也没有糖吃。"

毛泽东笑着说："这山杏是子珍同志在山上采摘的，老百姓没人吃，可是这可是开胃的好东西哟！"说着，自己就拿了一颗放进嘴里津津有味地大口嚼了起来。

贺子珍就笑着坐在一旁拿着针线做起了缝缝补补的活计。

斯诺说："主席先生，听说你曾经在北京大学工作过？"

毛泽东说："是的，那时候我是个没有人瞧得起的图书管理员呢！"

"可是今天，你可是和蒋介石委员长一样，在中国是家喻户晓了！"

"哦？那这里面有一半的功劳是蒋先生送给我的喽！"毛泽东幽默地说。

"主席先生，在我来红色中国的时候，我看到了报纸上有一篇报道你已经死去的消息。"斯诺笑着问道，"我实在担心来到这里却见不到你，可事实上却并不如此。"

"是吗？"毛泽东又笑了，"在国民党的报纸上我已经不知道死了多少次喽。"

"主席先生，我注意到早在1932年，你们就曾提出愿意在抗日的共同纲领上与南京政府联合，但你们的提议被拒绝了。现在，红军在西北强大了，重申停止内战，建立民族'抗日统一战线'，把红军和苏区完全归中央政府来管辖。这是不是共产党准备同国民党'复婚'？"

"今天中国人民的根本问题是抵抗日本帝国主义。"毛泽东沉静自如地说，嘴里不停地抽着烟，"我们苏维埃的政策决定于这一斗争。日本军阀希望征服全中国，使中国人民成为他们殖民地的奴隶。反抗日本侵略的斗争，反抗日本经济和军事征服的斗争——这就是在分析苏维埃政策时必须记住的主要任务。因为，日本帝国主义不仅是中国的敌人，而且也是全世界所有爱好和平的人民的敌人。它特别是那些在太平洋有利害关系的各国，即美、英、法和苏俄各国人民的敌人。日本的大陆政策和海上政策一样，不仅针对着中国，而且也是针对那些国家的……"

斯诺说："如果日本被打败了而且被逐出了中国，你是不是以为'外国帝国主义'这个大问题，总的来说也就此解决了呢？"

毛泽东说："是的。如果别的帝国主义国家不像日本这样侵略中国，如果中国打败了日本，那就意味着中国人民大众觉醒了，动员了起来，而且我们也真正获得了独立。因此，帝国主义这个主要问题也就解决了。"

"那么你认为在什么条件下，中国人民才能够消耗和打败日本的军队？"

"有三个条件可以保证我们的成功。"毛泽东跷起二郎腿，用手势比画着，"第一，中国结成抗日民族统一战线；第二，全世界结成反日统一战线；第三，目前在日本帝国主义势力下受苦的被压迫各国人民采取革命行动。在这三个条件中，主要条件是中国人民自己的团结。"

"那么你认为这样的战争要打多久？"

毛泽东思索一会儿，继续抽着烟，说："这要看中国人民的民族统一战线的力量，要看中国和日本国内的许多的决定性因素，要看国际对华援助的程度以及日本内部革命发展的速度而定。如果中国人民的

民族统一战线是极其一致的，如果上下左右都是有效地组织起来的，如果那些认识到日本帝国主义对自身利益威胁的各国政府给予中国的国际援助是大量的，如果日本国内很快发生革命，那么这次战争就会很短，很快就可以得到胜利。但是，如果这些条件不能实现，那么战争会是很长久的，但到最后，日本还是要被打败，只不过牺牲重大，全世界都要经历一个痛苦的时期。也就是说，这将是一场持久战。"

这天晚上，毛泽东和斯诺一直谈到凌晨两点。斯诺显得筋疲力尽，瞌睡了，不停地打着哈欠。毛泽东同斯诺的这次关于中国抗日战争形势和方针的谈话，也就是中国共产党关于抗日战争的主要方针和原则。这次谈话不仅表明了"日本必败，中国必胜"的信念，而且毛泽东也第一次提出了"持久战"的观点。

但毛泽东说得津津有味，兴致不减，找不出一点疲倦的意思。在吴亮平翻译和斯诺记录的时候，毛泽东在两个小房间之间来回踱步，他高大的影子影在窑洞的墙上和天花板上。毛泽东有时一会儿坐下来，一会儿躺下来，一会儿倚着桌子读一叠报告。谈到最后，斯诺问道："中国是否可能与民主的资本主义国家结成反帝的联盟呢？"

毛泽东告诉他："反帝、反法西斯的联盟，性质上就是共同防御好战国家的和平联盟。中国与资本主义民主国家缔结反

法西斯条约，是完全可能而且需要的。这种国家为了自卫加入反法西斯阵线，是对它们自己有利的。……假使中国完全沦为殖民地，那么这就是一系列长期的、可怕的、毫无意义的战争的开始。因此必须做出抉择。从中国人民自己来说，我们将采取对压迫者进行抵抗的道路，我们希望外国的政治家和人民也能同我们一起走这一条路，而不要走上帝国主义的血腥历史所决定的黑暗的道路……要抗日成功，中国也必须得到其他国家的援助。但这不是说，没有外国的援助，中国就不能抗日！中国共产党、苏维埃政府、红军和中国的人民，准备同任何国家联合起来，以缩短这次战争的时期。但是如果没有一个国家加入我们，我们也决心要单独进行下去！"

毛泽东看时间已经很晚了，就结束了谈话。斯诺告诉毛泽东，他明天早上八点还要去参观红军大学。

毛泽东说："好啊！斯诺先生，你是九年来第一个来苏区的新闻记者，我们这里保证你新闻自由，你可以随便采访，我们不会干涉你，有谁不跟你说真话，你可以随时来找我毛泽东！"

这天夜里，斯诺和海德姆在招待所的住处一边吃着花生一边聊起了天。他们来保安已经一个多星期了，他们可以在毛泽东领导的红军"苏区"里自由自在地参观访问，这里的一切对他们曾经是那么的神秘；而如今，这里的一切都是那么的新鲜，物质上的贫穷与精神上的富有产生了巨大的反差，这里好像是中国大地上生长的另一片新大陆，是一个新的世界。

几天后的夜里，斯诺再次来到毛泽东的家。毛泽东坐在窑洞的神龛里，依然抽着烟。贺子珍来来回回地给他们倒水。吴亮平坐在小方桌上，不停地记录着。

斯诺笑着说："毛主席，你的烟瘾好大哟！"

"嗯，我曾经戒过烟，但你知道，这是一件很难的事情。"

这时，贺子珍半埋怨半开玩笑地说："别说了，在长征路上，没有烟抽，你知道他抽什么？就从路边撸一把树叶，用纸卷起来，就抽！"

毛泽东说："有人告诉我，说抽烟容易得肺病，我就戒了一阵子。后来，我们的医生同志给我检查，我的肺好得很，我就又抽上了。"说着，毛泽东又点上一支烟，抽了起来，深深地吸了一口，又吐出来。

斯诺问道："毛主席，你能告诉我南京九年来反共战争的结果是什么呢？"

"对此，我们已经作了总结，事实可以告诉我们，第一次'围剿'时，满洲落入日本的手里，第二次'围剿'上海遭到侵犯，第三次'围剿'热河没了，第四次'围剿'失去了冀东，而第五次'围剿'，冀察的主权又受了很大的损害。因此，蒋介石要对我们进行新的'围剿'，绥远必然就要遭受丢失，因为日本早就虎视眈眈了。

我们可以拭目以待。"

"主席先生，那你要告诉蒋介石什么呢？"

"还是那句老话，中国人不打中国人！要打，我奉陪到底，但那肯定是一件愚蠢的事情！"毛泽东气如长虹，"如果他蒋介石不相信我们红军的话，斯诺先生，我建议您先去我们的前线看一看，这样，你就会明白我们的军队是一支什么样的队伍，我相信，他们就是你们要寻找的中国的'十字军'！……" [图5.14]

通过这次会谈，斯诺对毛泽东更加崇敬。他感叹道："毛泽东那时四十三岁，只比我大十四岁，但是他的阅历不知比我丰富多少倍！"后来，斯诺在《红星照耀中国》中是这样回忆第一次与毛泽东见面的印象的："毛泽东生平的历史是整整一代人的一个丰富的横断面，是要了解中国国内动向的原委的一个重要指南，我以后还要根据他所告诉我的情况，把他个人历史的那个丰富的激动人心的纪录写进本书。但是我在这里想要谈一些主观的印象，还有关于他的令人感到兴趣的少数事实。首先，切莫以为毛泽东可以做中国的'救星'。这完全是胡说八道。决不会有一个人可以做中国的'救星'。但是，不可以否认，你觉得他的身上有一种天命的力量。这并不是什么昙花一现的东西，而是一种实实在在的根本活力。你觉得这个人身上不论有什么异乎寻常的地方，都是产生于他对中国人民大众，特别是农民——这些占中国人口绝大多数的贫穷饥饿、受剥削、不识字，但又宽厚大度、勇敢无畏、如今还敢于造反的人们——的迫切要求作了综合和表达，达到了不可思议的程度。假使他们的这些要求以及推动他们前进的运动是可以复兴中国的动力，那么，在这个极其富有历史性的意义上，毛泽东也许可能成为一个非常伟大的人物。"

一九三六年七月，毛泽东先后在十五日、十六日、十八日、十九日、二十三日进行了五次有关外交、内政、抗日战

[图5.14]
红军战士在哨位上。

争等问题，与斯诺进行了长时间的谈话。斯诺一直想了解有
关毛泽东个人的事迹，他说"关于毛泽东，我可以单独写一
本书"。在二十五日晚上，毛泽东在对斯诺讲述了红军长征
的经过后，斯诺再次向毛泽东提出了为其作传的问题，"交
给毛泽东一大串有关他个人的问题要他回答"。但毛泽东在
谈话中，总是"很少提到他自己或者他个人在某些事件中的
作用"，只是跟他说长征、谈革命、谈党、谈普通的红军战
士和英雄的故事。毛泽东把革命取得的胜利完全归功为党的
正确领导。在这次谈话结束时，毛泽东向斯诺列举了十八个
领导人的名字。毛泽东说："党之所以不可战胜，再一条原
因在于有人才，有一批革命的干部，他们才能非凡、忠勇双
全。朱德、王明、洛甫、周恩来、博古、王稼祥、彭德怀、
罗迈、邓发、项英、徐海东、陈云、林彪、张国焘、徐向前、
陈昌浩、贺龙、萧克同志，还有许许多多为革命献出了生命
的优秀同志，通过所有这些同志的通力合作，创建了红军和

苏维埃运动。这些同志以及正在成长的一代新人，将领导我
们走向最终的胜利。" [图 5.15]

毛泽东在对斯诺和海德姆讲完红军长征的经过后，兴
致很高，欣然挥毫写下了那首著名的《七律·长征》，赠
送给斯诺。

显然，毛泽东似乎对自己的个人经历不感兴趣，不愿
意说自己个人在中国革命中所起到的作用的，"认为个人
是不关重要的"。斯诺想套出毛泽东个人的事情是非常不
容易的，他们好像是在捉迷藏。尽管毛泽东的记忆力好得
惊人，对每一次战斗、每一个事件发生的时间、地点和人
物都能清清楚楚地讲给斯诺听，但毛泽东依然不大相信有
必要谈论他自己个人的经历。在斯诺的"穷追猛打"般地
追问下，最后，毛泽东建议斯诺先去红军的前线看看，等
回来后再谈有关他个人的问题，因为红二方面军和红四方
面军马上就要在甘肃会宁会师了。

毛泽东第一次讲生平自传，且是对两个美国人

MAO TSE-TUNG

　　一九三六年九月底，斯诺和海德姆在红军部队前线生活了一个多月又回到了保安。这时候的海德姆已经深深地爱上了这块红色的土地上红色的人群，为此他立志要为"赤匪"们服务，自己也要当上一个这样的"赤匪"，随后自己取了个中国名字，名叫马海德。

　　几天后，斯诺和马海德再次来到毛泽东的窑洞，又坐在了那方铺着红毡的小桌子旁。毛泽东仍然坐在那个神龛里，抽着烟。贺子珍忙前忙后端茶倒水。一支红蜡烛在桌上毕剥着火花。

　　毛泽东对斯诺和马海德的前线之行，首先表示了感谢："斯诺先生、海德姆博士，我听说你们在红军前线做了不少工作，很辛苦，我们红军感谢你们！苏区的人民也感谢你们！"

　　"毛主席，按照你的要求，我到前线已经写出了一份《苏区医疗卫生工作考察报告》。"海德姆说着，起身将报告递给毛泽东。

　　毛泽东接过来翻阅着说："谢谢喽！谢谢喽！我们的医疗条件实在需要你这样的人才啊！"

　　这时，斯诺打开笔记本，从里面抽出一张纸，递给毛泽东。这是一大串有关毛泽东"个人历史"的问题表。上面用英文写着："你的父母是做什么工作的？""你家里还有什么人？""你在哪里读书的？""你怎么走上革命

道路的？""你是怎样加入共产党的？""你
结过几次婚？"等等……

斯诺说："毛主席，这是一组关于您
个人历史的问题，希望你能告诉我。"

"哈哈，你问我结过几次婚？这个问
题问得好，我可以告诉你的。"毛泽东看
着斯诺提出的各种关于他个人历史问题
表，笑着说，"我是主张实行一夫一妻制的。
但，你这么多的问题，要我怎么回答呢？
我想我是没有必要给你提供自传的吧？"

斯诺力争说："毛主席，你个人的这
些问题，在一定程度上，比其他问题所提
供的情况更为重要。你要知道，大家读了
你说的话，就想知道你是怎样一个人。再说，
你也应该纠正一些流行的谣言。"

"谣言？什么谣言？"毛泽东怀疑地
问道。

"是的，是谣言。我想提请你注意的
是，外面有许多关于你的死亡的各种传
说……"

"哈哈，"毛泽东插话说，"这个我
知道，在他们的新闻里我已经不知道死过
多少次喽。"

"不！不仅仅是这些。有许多人认为
你会说流利的法语，有些人则说你是一个
无知的农民，还有的消息说你是一个半死
的肺结核病人，甚至还有人说你是一个发
疯的狂热分子。你知道吗？你应该告诉人
们真正的毛泽东到底是个什么样的人。"
斯诺说。

"是吗？"毛泽东有些感到意外地笑
了笑说，"想不到还有人竟然会花费这么
多时间，对我毛泽东作出这样种种的猜测。
好啊，好啊，我毛泽东的影响不小嘛！"
但毛泽东犹豫不决，"依然拿不定主意，
是否值得为澄清'对个人的流言蜚语'而
浪费时间。"

这时，斯诺想起来毛泽东曾跟他说过
他读过华盛顿的传记的事情，就说："你
不是说你曾受到乔治·华盛顿的为人和卡
莱尔德《法国革命史》一书的鼓舞吗？"

毛泽东笑着说："我哪里能跟你们的
开国总统相比哟！"说着，毛泽东又拿起
斯诺递给他的那张采访问题表，又从头至
尾看了一遍，沉思起来。

烟雾袅袅中，毛泽东沉思了片刻，平
静地提议说："斯诺先生，既然这样，我
同意你说的，告诉他们一个真正的活着的
毛泽东。不过，如果我索性撇开你的问题，
而是让我概括地把我的经历讲给你听好
吗？我想，那样更好理解些，而且最后你
提出的所有问题都可以得到回答，只不过
不按这个顺序罢了。"

"我要的就是这个！"斯诺高兴地惊
叫起来。

从此以后，接连十几个夜晚，毛泽东
用他浓厚柔和的湖南方言开始了他人生的
叙说。几乎每个夜晚，都是从九点种开始，
到次日凌晨两点结束。

毛泽东幽默地笑着追忆着自己的这些

往事。大家也跟着他笑了。气氛十分随和。窑洞里的气温高，很热。贺子珍坐在一旁，一边扇着扇子，一边认真地当个听众。不时站起来给大家倒水。斯诺像搞密谋的人一样，躲在那个窑洞里，伏在那张铺着红毡的桌子上奋笔疾书，蜡烛毕剥着火花，吴亮平坐在斯诺身旁翻译。海德姆也坐在一旁聆听着，像入了迷一样。

这就是后来《毛泽东自传》一书诞生的源头。

由于窑洞里闷热，毛泽东不时站起来说。他的倒影映在窑洞的墙上和顶上。时间正一分一秒地过去，墙上的挂钟已经指向两点，斯诺开始打呵欠。但毛泽东的精神一直旺盛。说着，说着，斯诺竟然打起了瞌睡。一不小心把头发触到蜡烛，烧焦了一些头发。毛泽东笑着说："我是夜猫子，晚上工作，白天睡觉。不过，现在，在美国可正是白天哟！"

大家又笑了起来。就这样，一连十几个晚上，毛泽东将自己的生平故事第一次也是唯一一次告诉了别人，而且是两个美国人。据当年担任翻译的吴黎平（即吴亮平）先生在一九七九年八月修订毛泽东与斯诺一九三六年谈话时回忆说，毛泽东口述"自传"是"在一九三六年十月间进行的，毛泽东就此同斯诺谈了十几个晚上。谈话通常从晚上九点多钟开始，未谈正文之前，毛泽东常谈一二个短故事（斯诺后来在写书的时候说他很遗憾没有把这些故事记下来）。谈到十一二点钟时，毛泽东招待他吃一顿便餐，有馒头和简单的菜，菜里有一点点肉，这在当时的困难条件下已是十分难得的了。对客人来说，这是夜宵。但对毛泽东来说，则是正常的晚饭。因为毛泽东为了指挥战争和领导全国革命工作的需要，往往在夜间工作直到凌晨才休息。毛泽东同斯诺谈话时，要我去作翻译。谈话时有正文，也插些故事、闲话，毛泽东的态度是那么平易近人，谈话又是那样生动活泼，逸趣横生，久久不倦。斯诺常说这是他生平经历过的最可宝贵的谈话。谈话一般都谈到夜间二点来钟。谈话时，斯诺做了详细笔记。斯诺在陕甘宁边区，进行了广泛的采访活动，并曾到前方的部队，最后于一九三六年十一月间离开边区……"

斯诺在保安的窑洞前拍下了
毛泽东戴八角红星军帽的戎装照片

MAO TSE-TUNG

在和毛泽东谈"自传"的日子里，斯诺晚上到毛泽东的窑洞，白天就和红军干部们一起聊天打扑克。斯诺知道，毛泽东讲完自己的"自传"之后，他就要离开苏区，回北平去了。而妻子海伦来信说，她接到他的信已经出发到了西安，但却没有斯诺幸运，无法冲破封锁进入"红区"。

因为斯诺快要离开这里了，毛泽东决定来外交部招待所看望斯诺。在陆定一的陪同下，毛泽东手里捧着一包花生米，一边走一边吃着，还一边和陆定一说着话。等他们来到斯诺住处的门口，听到里面尽是高兴的笑声，就走了进去。

"哟，怎么这么高兴？有什么好消息？"毛泽东说。

大家一看是毛主席来了，就都止住了笑声。

"毛主席，斯诺先生借了我们的可可粉，说是给我们做巧克力蛋糕吃，你看，上面是白的，下面是黑的。"博古笑着指着蛋糕给毛泽东看。

毛泽东看了看，伸手也揪了一块蛋糕，送进了嘴里，品尝着。"嗯，中西结合，很有特色嘛，不过，这蛋糕的名字得换一换，我看呐，叫'糕蛋'更合适些，是不是啊？"

说着，大家都哈哈大笑起来。不过，最后大家还是你一口我一口津津有味地把它吃掉了。毛泽东一边吃一边说："斯诺先生，告诉你一个好消息，十月九号甘肃来的无线电消息告诉我们，我们的红四方面军先遣部队已经在会宁同一军团的陈赓领导的第一师胜利会师了。朱德、徐向前、贺龙、张国焘等同志都高兴地碰了头。甘肃的东北部分已经全部牢牢地控制在我们红军之手，我们的四方面军有一个纵队已经渡过了黄河，到了甘肃西北的狭长地带，政府军的反抗已暂时被压下去喽。斯诺同志，你可以安全回西安喽！"

斯诺激动地看着毛泽东。大家都很兴奋。

"斯诺先生，这是毛主席给你的照片。"陆定一走过来递给斯诺一叠照片。斯诺接过来，一张张地翻着看。

"斯诺先生，这些照片都很珍贵，希望你把它带出去，推荐给新闻报刊发表，让全世界的人，都看看我们共产党，看看我们苏区的人民是怎么生活，怎么战斗的！让他们看看我们这些'赤匪'们都长着是什么样子，到底是不是丑八怪。这样，一切真相都会大白于天下喽！"毛泽东笑着说。

"谢谢！这的确是珍贵的照片，我一定把它们公布于世！"说着，斯诺像突然想起了什么似的说，"哦，毛主席，我还没给你拍照片呢，现在我就给你拍一张，好不好？"说着斯诺转身从柜子里拿出照相机。

"好吧！给我也拍一张。"毛泽东笑着说。

于是大家就出了屋子，走到招待所门口。毛泽东就侧身站好，等待斯诺拍照。而他的头发很长，所以看上去就显得比较随便。架好相机调好焦距后，斯诺正准备拍照，却发现毛泽东没戴帽子，就叫李克农、陆定一把他们的帽子给毛泽东戴上。可是他们的帽子不仅破旧，而且还小了。于是，斯诺就急忙把自己头上的新帽子摘下来，走过去亲自给毛泽东戴上。毛泽东简单地用手梳理了一下头发。这样，斯诺就拍下了毛泽东戴八角红星军帽的照片。而这幅照片也成了毛泽东最好的也是唯一的戴八角红星军帽的戎装照片。这张照片后来成了毛泽东的相片中最著名的一张，风靡世界。

毛泽东的这张珍贵的照片，曾经刊登在一九三七年一月二十五日出版的美国《生活》周刊上。我们可以看到斯诺拍摄的这些照片，图像清晰，质量非常之好。但这篇报道的文字却出自史沫特莱之手。我们可以在这张《生活》周刊看到，毛泽东画像下面正是史沫特莱的照片。而在毛泽东戎装像的右下角，有一行文字清晰可辨："MAO IS HIS NAME AND ＄250,000 THE PRICE ON HIS HEAD"（悬赏25万大洋换取他的脑袋）。

[图5.16-图5.18]

本期《生活》周刊共用了七个页面报道了红军事迹，同时发表了朱德、彭德怀、周恩来、贺子珍等人和红军战士以及战斗、娱乐场面的图片十九张，和一幅长征地图。在图片说明文字上，可以看到朱德、贺子珍的被国民党蒋介石悬赏捉拿的金额和毛泽东一样，也是二十五万，而彭德怀和周恩来的悬赏金额分别是十万和八万。文字报道了中国工农红军长征胜利到延安的故事。《生活》周刊还在二月一号的杂志作了连续报道，发表了邓发、徐特立、邓颖超、林彪和红小鬼，以及红军战斗生活画面的图片二十一张。

毛泽东戴着斯诺的帽子在相机前有些不自然，大家看着军装整齐的毛泽东都很惊奇，在一旁高兴地笑着。

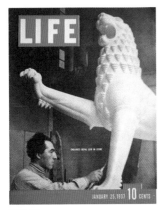

[图 5.16]
1937 年 1 月 25 日出版的《生活》杂志，最早以图片的形式在美国报道了中国红军和毛泽东。这是杂志的封面。

[图 5.17]
1937 年 1 月 25 日《生活》杂志第一个发表了毛泽东头戴八角红星的戎装照。

[图 5.18]
1937 年 1 月 25 日《生活》杂志斯诺拍摄的中共红军图片报道的第 3 页，有红军长征地图和朱德照片。

博古笑着说："斯诺同志，你现在成了保安唯一能使毛主席戴上帽子的人了！"

陆定一开玩笑说："斯诺先生，你回去后，一定要把我们的照片卖个好价钱，我希望你能帮助我们红军到你们美国买一队飞机来，外加武器装备和驾驶员，让我们一起去打日本帝国主义！"

说完大家又高兴地笑起来。

照完相，毛泽东又把帽子还给斯诺，同时从口袋里取出几枚一九三一年至一九三四年在江西中华苏维埃政府铸造的银质钱币送给斯诺留作纪念。毛泽东说："当别人谁都不来的时候，你是第一个冲破封锁来采访我们的情况的人，我们感谢你，希望你回去后忠实地报道中国革命和苏区红军的情况，促进抗日民族统一战线的建立。"以后的几十年里，斯诺一直把毛泽东戴过的这顶帽子珍藏着。直到斯诺去世后，才由他的第二任夫人洛伊斯·惠勒·斯诺赠送给中国人民革命军事博物馆收藏。

斯诺说："在这几个月里，你们确实对我进行了一些宣传，但远不如我在国民党那边所受的宣传多。你们从没有告诉我，能写什么，不能写什么，没有人查看我的笔记，让我自由地采访任何人，自由地拍摄任何镜头。你们给了我一切可能的合作和帮助。我仍旧是一个密苏里人。我向你和你的同志们深表感谢！"斯诺说"我仍旧是一个密苏里人"的意思就是说我仍然是一个独立思考的新闻记者。

"我相信你会把我们的真实情况向全世界报道出去的！不过，这回你可要大大地得罪蒋委员长了。"毛泽东笑着说，"我们已经是朋友了，希望你以后再来。"

"我一定会再来的！"斯诺哽咽着说。

"别了，红色中国！再见了，红色中国！"一九三六年十月十二日，斯诺最后一次走过保安的大街，看着朝夕相处过的共产党红军同志，看着这片虽然贫穷却生机勃勃的陕北的红土地，斯诺的步伐是沉重的。他一步一步地放慢着脚步，越是走近保安城那斑驳的城门，心里越是感到恋恋不舍。保安的红军和百姓们纷纷来送行，一些正在工作的人们也从办公室窗户里伸出脑袋来和斯诺道别。斯诺的"扑克俱乐部"成员——蔡树藩、李克农、博古、伍修权、李德等都全体出动来为斯诺送行。徐特立和谢觉哉等也赶来了，许多"红小鬼"围在斯诺的前后左右，簇拥着一起走到了保安城墙下。斯诺停下来给徐特立和谢觉哉拍照，两个老人像小学生那样互相搭着肩膀，笑容满面。当斯诺走过红军大学的时候，红军大学的全体学员都露天坐在一棵大树下听林彪作报告。大家看见斯诺要走了，就停止了报告，高喊着"再见"和祝福的话语。斯诺向他们挥手，嘴里也喃喃地说着"再见"。

只有毛泽东没有出现，他仍在睡觉。

大家依依不舍地送到城外的一个小溪边才停住了脚步。斯诺和护送他的几个红军战士一起越过小溪。人们站在小溪边不停地挥手，和斯诺聊过天的几个"红小鬼"纷纷随着斯诺的小旅队越过小溪，再送一程。在小溪的这边，人们高呼喊着"再见！"。

斯诺对送行的海德姆说："乔治，真的，我觉得我现在不是在回家，而是在离开家，去远行……"斯诺的声音有些哽咽。

"埃德，我不陪你回去了，我决定留下来，祝你一路顺风，多保重，别忘了给我写信。还有，你的新闻报道中千万不要提到我的名字，一定要为我保密啊！"海德姆叮嘱着说。这也是斯诺在《红星照耀中国》一书中从来没有提到海德姆的原因。

"乔治，哦，不，应该叫你马海德同志了，你多保重，再见！"斯诺一边说，一边脱下自己身上穿的一件黄色的鹿皮夹克送给海德姆作纪念。

"哦，埃德，回去后，见到孙夫人，一定告诉她，我在这里很好。"

斯诺点点头，和海德姆紧紧地拥抱在一起。

"再见！祝你一路平安！"海德姆眼含热泪，挥别这个与自己一起来到陕北的美国同乡。

泪眼盈盈，斯诺向保安挥手告别，向他热爱的红军告别。然后，他转身骑上马，跟着换成东北军制服的红军的护卫队向南方奔去，矫健的身影渐渐地消逝在陕北高原的千山万壑之间……蓝天灿烂，白云透明，山丹丹花儿开得正红，"信天游"歌声嘹亮……

毛泽东：“斯诺先生是为建立友好关系铺平道路的第一人”

MAO TSE-TUNG

　　斯诺给毛泽东拍的那张头戴八角红星帽的照片首先在上海《密勒氏评论报》刊出，一版显著位置的大幅照片，让人们第一次看到了“赤匪”头目毛泽东的形象。《毛泽东论中日战争》等文章也在各大中英文报刊的头版刊出。

　　斯诺的新闻报道像一枚炸弹在中国的大地上炸响，毛泽东领导的共产党红军一下子成了热点，“赤匪”的新闻成了人们关注的焦点。燕京大学新闻学会在未名湖畔的临湖轩召开全体大会，请斯诺作访问陕北的报告。斯诺在大会上首次放映了反映苏区的影片和幻灯片。会场上人数异常踊跃，三百多人把会场挤得水泄不通。这些日子，斯诺把自己关在家里，废寝忘食地工作，夜以继日地在打字机前写作。“嘀嘀嗒嗒”的键盘敲击声，也变得是那么的悦耳动听。就是这样，斯诺的一篇篇新闻稿件成为世界各大报纸的头条新闻。国内外各种报刊杂志争相连载、报道斯诺撰写的中国红军和苏区的通讯。为了扩大反法西斯主义和民主宣传，一九三七年一月斯诺夫妇与中外著名人士又共同创办了《民主》杂志。继续刊登大量斯诺自己采写的新闻通讯。[图5.19]

　　一九三七年三月十日毛泽东在延安致信斯诺：

　　斯诺先生：自你别去后，时时念到你的，你现在谅好？我同史沫特莱谈话，表示了我们政策的若干新的步骤，今

[图 5.19]
1936 年在北平写作《红星照耀中国》
时的斯诺。

托便人寄上一份，请收阅，并为宣播，我们都感谢你的。
此问健康！

毛泽东

　　七月七日，卢沟桥事变爆发，日本人的侵略终于让沉默的中国军人发出了怒吼！中国全国抗战爆发。踏着隆隆炮声和弥漫硝烟，斯诺驾车来到宛平城采访，亲眼目击了中国士兵浴血奋战，抗击日本军队入侵的悲壮情景。

　　为了掩盖真相，日本人在日本侵略军司令部举行了中外记者招待会。在招待会上斯诺频频发问。

　　斯诺问道："请问，你们为什么攻击中国宛平城？"

　　日本官员回答说："昨日我皇军在宛平城进行正常的军事演习。在演习结束后，我军一名士兵突然失踪，我们认为，此事与宛平城的中国军队有关。当我们提出要求中国军队打开城门，给予查找，却遭到了他们的无理拒绝。"

　　斯诺又问道："那么，请问你们为什么要在中国领土上进行军事演习？为什么为了寻找一个失踪的士兵，竟然动用成千上万的兵力？为什么日军不撤回自己的营房，反而要求中国守军撤出宛平？"

　　日军官员被逼问得面面相觑，无言以对，侵略者理屈词穷，只得狼狈不堪地草草收场。

　　卢沟桥事变爆发后，许多进步爱国青年学生都隐藏在斯诺家里。斯诺协助他们乔装成小贩、乞丐、苦力，甚至在黑夜里让他们攀越小院后墙，逃出北京，有的就在北京的郊区组织参加了游击队。斯诺甚至还冒着危险同意几个进步青年在家里设置了一部短波无线电台发报机。斯诺还把邓颖超乔装打扮顺利送出了北平。不久，淞沪抗战爆发，斯诺从青岛赶往上海，在那里他和美国海军陆战队情报官卡尔逊一起，冒着枪林弹雨到前线采访，向世界报道中国战场的真相。战争停止后，斯诺为繁荣中国的战时经济，他和夫人海伦一起协助路易艾黎建立了"中国工业合作社"。
为此，他千方百计找到宋美龄为"工合"筹款时，却被指
桑骂槐地骂了一顿。

　　一九三九年九月下旬，斯诺以"工合"国际委员会代表
和记者身份到延安参观访问，第二次会见毛泽东，并作了重
要谈话。

　　此时，毛泽东的窑洞也已经"现代化"了许多，里面
的三间屋子分别是书房、卧室和会客室。墙壁粉刷着石灰，
地面铺着砖块。墙上挂着一些简单的装饰物，毛泽东的那
件打着补丁的大衣也挂在墙上。简易的木桌上摆满了前线
来的电报，一台油灯，还有一些报纸。窑洞的客厅里摆着
一把摇椅和一张坏了弹簧的矮沙发。毛泽东明显胖了，头
发也剪短了，但仍然穿着一套普通士兵的制服棉衣，但目
光里充满着安详、乐观和自信。[图5.20-图5.21]

　　斯诺笑着说："毛主席，你的窑洞现代化了。"

　　毛泽东也笑着说："延安的比保安好，是不是？自从
你一九三六年访问我们以来，我们曾努力在各方面求得进
步。给我们时间，如果我们能保持现在进步的速度，到

[图5.21]
毛泽东在延安居住的窑洞（1939年）。

[图5.20]
1939年毛泽东和斯诺在延安再相逢。

一九四五年我们就可有一些东西给你看的喽！"

斯诺担心地说："毛主席，我那本《西行漫记》的书中，不知道有没有什么不准确的地方？请您批评，我希望再版时给予订正。"

"你的书写得很好，忠实地报道了我们共产党的政策和方针。"毛泽东说，"斯诺先生我们感谢你。明天我们准备开一个干部大会，请您参加，好不好？"

斯诺听毛泽东这么一说，心中压着的一块石头落地了，充满感激地说："毛主席，现在，国民党对抗日战争的政治基础的说法，与你们共产党的说法好像有些矛盾。你们一再强调，统一战线是这个战争的政治基础，但是这个词在国民党的文件和谈话里却没有地位。在他们看来，战争的政治基础是共产党和所有其他党派服从于国民党的独裁。……统一战线已经存在一个时候了。在人民的心中，在他们的谈话里，他们已经承认不仅存在名义上的统一战线，而且存在实际上的统一战线。但是有那么一小撮人，他们事实上不得不承认统一战线，而在口头上企图否认统一战线。我们叫这些人是'阿Q主义者'，而他们的手段就是'阿Q主义'。"

毛泽东笑着说，"在鲁迅先生著名的《阿Q正传》里，阿Q总是做错事，却自命为一贯正确。你不相信，就去读读这部小说。有一派人企图无视事实，像阿Q，也像希特勒。你知道，不久前希特勒说，苏联只是一个名字，他认为世界上其实没有这样一个国家。可是过了一会儿，希特勒受了一点教育，有了一点进步。在一九三九年八月二十三日，希特勒不仅发现了名义上存在的苏联，而且发现了现实存在的苏联。"说到这里，毛泽东又笑了，深深地抽了一口烟，接着说，"中国的阿Q主义者中间，有许多人也会进步的。如果今天他们还否认统一战线的存在，今后他们很可能会承认这个现实。最近我碰到一个老国民党党员张继，他作为赴各战线慰问团的团员访问了延安，过两天也许你会见到他。他并不否认存在统一战线，也不否认存在共产党。可能有些国民党党员只是在面前没有共产党人时否认存在共产党。也许他们以为，只要面前没有站着共产党人，就不存在统一战线，至少是那个时候不存在。至于我们服从国民党的独裁的问题，也许有些国民党相信这是事实。他们有这样想的自由，正像他们有吃饭和睡觉的自由。我个人支持孙中山的民权原则，我不妨碍他们爱想什么，想什么。事实上，我现在很忙，没有时间去管这个闲事……"

第二天，中共中央、毛泽东为斯诺开了一个欢迎会。会上，毛泽东指着斯诺说："同志们，今天，我向大家介绍一下我们请来的客人，这就是忠实地报道我们革命的《西行漫记》一书的作者，我们的美国

朋友斯诺先生。" [图5.22]

毛泽东带头鼓起掌。场下立即响起雷鸣般的掌声。毛泽东接着说："去年春天，德国记者希伯采访我时，我就曾亲自告诉他说：当其他人谁也不来的时候，斯诺先生来到这里调查我们红军的情况，并帮助我们把事实真相公诸于世。我们将永远记得他曾为中国做过一件巨大的工作。斯诺先生是为建立友好关系铺平道路的第一个人。下面请斯诺先生给我们演讲。大家欢迎！"

斯诺站起来，给大家敬了个很不标准的军礼，有些不好意思地说："朋友们，三年前，我作为一名记者冒险来到这里采访，写了一本《西行漫记》的书，产生了巨大的影响，震惊世界。虽然从字面上说，这一本书是我写的，这也的确真是我写的。可是从实际意义上来讲，这书里面的故事却都是你们这些中国革命的青年们所创造的，所写下的。是你们使这本书中描写的故事震撼了人们的心灵。所以说这本书其实是你们做的和说的，也是你们写的书。"

大家都鼓起掌。斯诺接着说："战争开始了，我知道，你们最希望最想听到的是什么？可以使你们欢呼的莫过于保证美国支持你们打击日本。但大家都知道，美国没有完全这么做。我是一个美国人，我知道美国在不停地支援日本武器，但内心里没有办法否认或减轻这种罪恶。我也不能只说干这种事情的都是资本家，是他们完全违背了美国人民的意志吗？真是这样吗？我是衷心相信和同意罗斯福的话，'拿铁铣和军火卖给日本的责任，全在于美国人民的肩上。'你们的领袖毛泽东曾经说过，每一个男女必须学习'用他的牙、他的手和他的脚来战斗'，所以中国可以单独获胜。毛主席说得对，谁都靠不住，除了你们自己。我相信，你们一定能打败你们的敌人，取得胜利！"

毛泽东带头给斯诺鼓掌。这次在延安，毛泽东和斯诺又进行了长时间的对话。不久"工合"在延安开展起来。

[图5.22]
毛泽东在陕北向红军将士演讲。

结束陕北之行后，斯诺前往菲律宾碧瑶，开始创作《为亚洲而战》。一九四一年《为亚洲而战》在美国出版。同年斯诺再次回到中国上海。

斯诺认为蒋介石政府是一个独裁的政府，政府是独裁性质的。在二十世纪三十年代，斯诺作为第一个也是最后一个访问中国共产党和毛泽东的外国记者，他认为：美国人不必要为欧洲战争作出牺牲，美国的最好选择不是维持欧洲在亚洲的殖民统治，而是要鼓励亚洲独立。因此美国有义务帮助中国，这应该是一个美国人的信念。在亚洲，中国是最值得美国信任的朋友。失去中国，就失去亚洲，甚至失去世界。

一九四一年皖南事变爆发，斯诺因为报道皖南事变的真相，被国民党蒋介石政府吊销了记者许可证，被迫离开生活了十三年的中国。但斯诺说："我不会忘记中国的。尽管我没有资格向中国索取什么东西，中国却占有了我的身心。是中国人民，那些苦难的人，用他们的微笑，让我看到了自己内心隐藏着的冷漠的恐惧和怯懦，而他们曾一度让我幼稚地认为他们低人一等，可他们的身上却显示着勇敢和决心。我和这些中国的革命者们相识，胜利的时候我和他们一起开心大笑，失败时我和他们一起伤心流泪，我也将仍然支持中国的事业，因为中国的革命事业是在真理、公道和正义的一边。凡是有助于中国人民自救的措施我都支持，因为只有这样才能使中国人民看到自己的力量。但是，我再也不敢想象我个人还能对中国起到什么作用，我只不过是历史沧海的一粟，而历史有它自己的发展逻辑，我既无力改变它，也没有评说它的天赋权利。"

离开中国时，宋庆龄非常真诚地告诉他："不，埃德，你会回来的，我们把你当作弟弟。你在美国不会幸福的，你是属于中国的。"

"是的，孙夫人，您的话，让我感动。"斯诺说，"我承认，至今我仍然和我所认识的中国共产党的革命者们有着共同的信仰。我也不知道您说的是否有道理，我内心既害怕，又希望您说的是对的。亚洲，中国，确实像我真正的家乡，我把我青春最美丽的岁月留在了这里，中国是我的第二故乡；而美国，现在对我来说，却好像是一片茫茫。但是，我不曾是，也永远不可能是你们中间的一员。我是一个美国人，我热爱美国。也许，我的形骸虽然离开了，但是我的心却依然留在中国。"斯诺热泪滚滚。

罗斯福三次邀请斯诺到总统椭圆形办公室秘谈中国问题

MAO TSE-TUNG

一九四二年二月二十四日下午。华盛顿。白宫。绿草地。和平鸽正在地上觅食。每周例行的白宫新闻发布会正在进行。白宫新闻发言人正在回答记者的提问。斯诺坐在记者们中间，认真地做着笔记。这时，总统罗斯福的特别助理韦恩·科伊走到斯诺身边，轻声与斯诺耳语了几句，斯诺就跟着他走进了白宫的大门。科伊告诉斯诺，罗斯福总统打电话来想立即接见斯诺。

此前，因为自己与一般的美国人关于世界形势的看法有距离，斯诺就曾亲自给罗斯福写了一封信，询问政府的倾向和政策。让他想不到的是总统竟然非常重视，邀请他去总统椭圆形办公室见面。这个消息多少让斯诺有些吃惊，喜悦之情难以言表。他步伐轻盈地随着科伊来到总统的椭圆形办公室。

罗斯福已经快六十岁了，他仍然坐在轮椅上执政，鬓发更显霜白，眼眶下的黑圈说明他非常疲劳，嘴里叼着一只黑色的大烟斗，但点香烟时手有些抖动，面色憔悴，时而咳嗽。

一走进椭圆形办公室，罗斯福总统就满脸微笑着向斯诺表示欢迎，并热情地伸出手来和斯诺握手，并示意斯诺坐下。等斯诺坐下，罗斯福把科伊支走之后，掏出了一支香烟递给斯诺，并欠身给斯诺点上火。

罗斯福笑着先发表声明式地说："斯诺先生，你会想得到，我们两人间的谈话是敏感问题，不供现在发表的。"

斯诺微笑着点点头，答应了。

罗斯福说："我是通过阅读你的《红星照耀中国》认识你的，你该是一个'中国通'了，我想今天我是'记者'，向你'采访'，怎么样？"说完自己就先笑了。

斯诺被总统的幽默和随和也逗笑了，说："斯诺先生，你能告诉我，中国那里的情况到底怎么样？中国人认为我们好吗？"罗斯福深深地吸了一口自己的大烟斗。

"中国人知道总统先生本人是常常设法在帮助中国的。"斯诺竖起大拇指，学着用中国话说，"他们说'罗斯福，顶好！'这意思就是说罗斯福非常好。我在中国内地访问时，那里的人们一听说我是美国人，就会对我说这句话。就是在我们还向日本人出售战争物资的时候，也是这样。"

罗斯福好像很欣赏斯诺这样的回答，咧着嘴笑着，说："给我说说，你对蒋介石的看法。"

"蒋介石是个独裁者，他很聪明，但又无能，他不知道中国人民需要什么，不知道怎么为人民办事。这一点和毛泽东大不相同。你要知道中国是一个农业国家，农民占了一大半，不能赢得绝大多数的民心就很难统治中国。"

"斯诺先生，日本人简直像是一个为粉碎老殖民主义制度、推动势在必行的改革所不可或缺的恶魔。当然，这种角色竟然要日本人来扮演，也实在太不像话了。"罗斯福总统仍咧着嘴笑着，"因为欧洲人看不到这种不祥之兆。我看我对日本人是有点偏见，也许我是受了我祖父德拉诺影响的缘故，我祖父曾坐快帆船去过中国，他很了解和喜欢中国人，但是十分讨厌日本人。我很高兴你对中国人的看法和我们一样。他们和我们相处，要比和英国人相处好吧？"

斯诺说："我觉得，中国人对我们不信任的程度要比他们对英国人不信任的程度要少一些。这可能与我们和他们之间没有发生过任何战争，也没有占领他们的领土有关。但是，我们从来没有放弃过治外法权，我们继续分享帝国主义的利益而不承担义务。"

罗斯福挥动了一下手臂，说："我们早就应该把所有这些都取消了。1933 年我就曾给国务卿赫尔写过一张条子，告诉他，我认为我们该放弃在中国的治外法权了。赫尔也赞成我的意见，但是他在国务院的顾问们不同意。当然，我对情况还不够了解，不能驳倒国务院的所有人！"

"总统先生，你要知道中国人是最适合做我们的朋友的。"

"我年轻时有这样的一个印象，中国人和欧洲人通婚生的孩子最好看，也是最奉公守法的公民。"罗斯福点点头微笑着说，"哦，对了，斯诺，你接触的毛泽东、周恩来他们，到底是不是真正的共产党？"

"是的，他们是真正的共产党，并不是我们国内一些人想象的是斯大林莫斯科的附庸。"

"中国共产党领导的抗日游击队情况怎样？用什么装备？吃得饱饭吗？是怎么跟日本部队作战的？"罗斯福问道。

"他们是勇敢的十字军。我至今没有看到过这样英雄的军队，他们的军官和士兵一样，与我们美军相比，物质生活简直是一个天上一个地下。就像我在《红星照耀中国》中记述的那样，他们有一套自己的战略战术，有毛泽东、朱德、周恩来这样一大批优秀的指挥员，他们的游击战争打得日本人防不胜防，让日本人胆战心惊。而最让我感动的是，他们的士气高昂，在艰难的环境中从来没有失去希望，从将军到士兵都充满着胜利的信心。"斯诺充满激情地说。

罗斯福满意地点点头说："我有一个军队的朋友，叫埃文斯·卡尔逊上尉，他曾深入中国共产党的抗日根据地，你所描述的情况和他跟我说的大致相同。我觉得，这样的人会赢得战争的。斯诺，我问你，我们要怎样帮助中国才最有效呢？"罗斯福歪着他的大脑袋望着斯诺，好像希望斯诺能给他一个答案似的。

就在这时，秘书利汉德小姐提醒罗斯福总统，海军上将希莱会见的时间到了。斯诺看看手表，时间已经不短了，他站起身准备告辞。

罗斯福总统对利汉德小姐说了几句，秘书就让海军上将希莱在另外的房间先休息去了。罗斯福又示意斯诺坐下来，他们继续交谈。

"斯诺先生，我希望你继续说说关于我们的中国政策的看法。"

"总统先生，我不明白，我们只为争取在欧洲实现自由而打一场战争，怎么能指望亚洲殖民地人民感到振奋。我们还需要一个太平洋宪章。你知道，对于中国，我们在那里开展了工业合作运动，对恢复抗日战争时期的战后经济取得了一些成效，它对中国抑制通货膨胀，帮助中国达到消费品自给，为中国的政治民主建立一些新的经济基础具有直接的和潜在的作用。总统先生，你要知道，除了红十字会以外，'工合'是唯一能在国统区和共产党管辖区都可以进行活动的战时组织。但现在仍然存在资金不足。因此我建议总统先生要求蒋介石在我们对中国的二千万美元的军事援助信贷中，拨出一部分来作为给工业合作运动的贷款和活动资金。"斯诺自然而然地谈到了自己发起的"工合"运动。

罗斯福思考了一会儿说："嗯，我知道了，蒋介石的统治似乎缺乏民众的一致与热烈的支持。可我不能像一个野蛮的酋长一样，采取高压手段直接给蒋介石下命令。但是我会想办法让蒋介石了解我们希

望这样做，同时我会要求蒋介石随时向我
通报这方面的进展情况。难道这样他还会
不知道要支持这项事业么？"

斯诺想了又想，似乎有话要说，又吞
了回去："谢谢您！总统先生，我占用了
您很长的时间，我想，我该走了。"

斯诺再次起身告辞。

"那好吧？斯诺先生，哦，你现在做
什么工作呢？"

"是这样，最近，我同时接到空军情
报部和《星期六晚邮报》的委任，我自己
既不敢违抗军方的命令，又非常想受聘于
《邮报》，因此想请总统给予帮助。"

"你想到国外去吗？"

"我没有去过俄国。我有一个打算，
我可以给《星期六晚邮报》写些有价值的
文章，这家报纸的读者对俄国的了解可能
比我还少。但是，如果空军那份差事更加
重要的话，我不会拒绝接受。"斯诺回答说。

罗斯福眨了眨眼睛说："哦，他们忙
得过来，没有你也不碍事。你还是接受《星
期六晚邮报》给你的工作吧，情报部会另
外安排人的。我从来不怀疑，一个出色的
军事记者任何时候都比两个将军强。斯诺，
出色地完成任务后再回来。要知道，战争
要打很长时间的。"

"我可以把您现在说的话当作命令
么，总统先生？"

罗斯福加重语气笑着说："这就是命
令！"

"谢谢！总统先生，您有什么事情需
要我在国外替你办的么？"

"嗯，让我想想，你是先去印度，是
吧？你到了那里，见到尼赫鲁时替我向他
问好。我希望你要求尼赫鲁给我写封信，
说清楚他要我为印度做些什么事。"罗斯
福笑眯眯地伸出手来给斯诺说，"好了，
听到什么有趣的消息，请随时来信。你只
要通过外交信使把信带给我的秘书利汉德
小姐，我就可以看到了。哦，你回来后给
我写一份报告，别忘了。好吧，祝你一路
平安！"

罗斯福摇着自己的大脑袋和斯诺握手
话别，那双碧蓝的大眼睛里闪烁着喜欢旅
行的人的那种羡慕的神情。而斯诺却一直
沉浸在莫大的幸福和兴奋之中，深深地被
罗斯福总统的优秀品质所感染，心情愉悦
并有些骄傲和自豪。

一九四四年五月二十六日，罗斯福第
二次在总统椭圆形办公室接见了斯诺。总
统秘书利汉德小姐带着斯诺走进总统椭圆
形办公室。

罗斯福微笑着和斯诺握手："斯诺先
生，什么时候回来的？"

"回来一个星期了。"

"哦，我已经给蒋介石写过信了，跟
他谈到了'工合'的事情，我想，蒋介石
会重视这件事情的，你放心好了。"罗斯
福说。

"谢谢总统先生！我的朋友艾黎已经

从中国给我发来消息，说'工合'已经从蒋介石那里得到了一些特别贷款。"

"这次采访可有什么收获？"

斯诺说："总统先生，我通过这次苏联和印度之行，深深感到苏联、印度的反法西斯战争的艰苦和中国一样，但他们的胜利也同样是辉煌的，对反法西斯战争在全世界的胜利起着非常重要的作用。可是不同的是，中国的国民党政府太腐败。"

罗斯福说："我在开罗时，就曾坦率地对蒋介石夫妇说，反法西斯战争已经进入了关键时刻，而中国国内的形势一直使我们担忧。蒋介石却说'这种担忧的局面是由共产党造成的'。他的夫人宋美龄也在帮蒋介石说话，在用英文翻译了蒋介石的原话之后，自己还加了一句，说'共产党闹独立的事，常使委员长睡不着觉、吃不下饭'。我就说，据我所知，你们国民政府很难称得上是现代民主政府，但按理来说，我们希望它应该是这样的政府。而蒋介石却阴沉着脸说，'中国的情况太复杂，历史包袱太重，这是总统所难以了解的，要将有四亿五千万人口的国家按美国的民主标准管理，是要经历一个艰难历程的。'我就告诉他，现在的情况是，前所未有的战争正在进行，我希望你们与中共之间的分歧能够通过谈判解决，国民党和共产党应该在战时就建立一个联合政府。显然，蒋介石内心对共产党始终怀有戒心，但是当着我的面，他只好答应说，会考虑

同意我的意见，邀请中国共产党参加国民政府。我说，这样就可以避免你们之间冲突的发展，而达到共同抗日的目的。"说着，罗斯福将双手都拧成拳头同时击向前方，"拧紧拳头，打击日本人！"

斯诺看着总统的模样笑了："蒋介石对共产党有条件吗？"

罗斯福说："蒋介石是有条件的。他提醒我注意，说中国共产党可不是一般的政党，它是一个大国支持的武装集团，对政府构成了很大的威胁。他们愿意与中共和解，吸收共产党的领袖参加政府；但是，应有一个前提，就是共产党必须放弃武装。"

"那你怎么说呢？"

"我说，据我所知，中国共产党就在日本士兵的眼皮底下，他们能不拿起武器吗？蒋介石却又说，苏俄也不得插手中国事务。我还是强调说他们必须设法与中共合作，一致抗日，不支持任何中国内战。"

"是的，总统先生，我认为，如果国共两党不能达成某种联合，那么在日本被打败以前或者日本被打败以后不久，中共将有可能爆发大规模的内战。"

"是的，这也是我所担心的问题。中国可能会发生内战，我已经把促进中国国共双方妥协看成美国的一项确定的政策。我准备与蒋介石协商，我们美国派出军事观察组进入延安。我将派副总统华莱士将作为特使前往中国和他谈判。"

斯诺说："总统先生的意思是我们美国政府将与共产党直接打交道了……"

罗斯福神秘地笑了……

一九四五年三月三日，罗斯福第三次接见斯诺。在总统椭圆形办公室里，罗斯福正和海军上将希莱在一起审阅公文。秘书利汉德小姐带着斯诺来拜见罗斯福。这一年，罗斯福进入白宫已经十二个年头了，六十二岁的他仍然坐在轮椅上执政。

罗斯福的鬓发更显霜白，眼眶下的黑圈从来没有消失过，点香烟时手抖动得更明显了。面色憔悴，不断咳嗽，常常感到疲劳。他患有高血压，严重的支气管炎，心脏病在扩大。总的说，开罗会议及德黑兰会议之后，对盟国来说，战争形势更趋好。代号为"霸王"行动的诺曼底登陆的重大行动，密锣紧鼓地进行最后的筹备。他却重病在身了。在这个关键时刻，他不能倒下，也不能退下。他仍要前进！

罗斯福抬头看见斯诺进来，露出了热情的微笑，向斯诺伸出了热情有力的大手："斯诺先生，你到处旅行，比我到过的地方多得多啊！我很欣赏你写的这本著作《人们在我们这边》。那本书写得引人入胜，我在去开雅尔塔会议的'昆西'号轮船上一直看到半夜都没有合眼。"总统的声音很高，看得出他见到斯诺很高兴。

"谢谢总统先生。我只是在我的书中建议美国战后在亚洲，最后在非洲，取消一系列的殖民地，并希望能把帮助各殖民地人民迅速实现自由平等作为它的对外政策的主要目标。"斯诺谦虚礼貌地说着自己的观点。

罗斯福说："我完全赞成在这次世界战争以后竭力争取持久的和平，建立一个使我们能够共存的世界。雅尔塔会议就是这样的一次历史性的会议。英国的丘吉尔代表右，斯大林代表左，我呢，算是一个中间派，是统一战线的结合剂。"

"那么中国呢？"斯诺问道。

"中国，我当然要提高中国的国际地位，使中国取得与美国、英国和苏联相同的地位。这样在将来形成的四大国俱乐部中，中国无疑是需依赖于美国的。可斯大林是不同意的。你知道的，开罗会议他为了不想见到蒋介石，就拒绝参加会议。没办法，后来，我们德黑兰又开了一次。而在莫斯科会议上，苏联外长莫洛托夫强烈反对中国成为《关于普遍安全原则》的签字国时，我就明确地指示赫尔国务卿无论如何要坚持让中国参加，我告诉他'两个三国协定远远抵不上一个四国协定'。赫尔国务卿在此问题上也坚持了强硬的立场，在莫斯科会上强调'排除中国是错误的，罗斯福总统说了，如果不以'四强'名义发表，宁愿此次会议不发表宣言'。而在战略上，就是如此，中国，对于美国实在太重要了，我们不能失去中国。"

斯诺说："但是现在的中国很复杂。而我们的战时援助实际上并没有派上用场，甚至成了国民党打内战的资本。总统先生，我不知道这是否是对中国进行一种政治干涉？"

"是的，中国问题是一个令我头疼的问题，既让我迷惑不解，又让我神魂颠倒。"罗斯福又点燃了他的大烟斗，"我，甚至任何人都无法作出满意的解释。但敢断定，我真诚地希望我们的这种援助能使用得当，既可以使中国继续进行抗日战争，又能带来社会、经济和政治的进步。但是，这怎么能办得到呢？"

"总统先生这话是什么意思？"斯诺问道。

罗斯福说："说真的，我对蒋介石这个政治家和他的为人实在是迷惑不解了。你知道，上次我就跟你说过，我们派驻延安的观察组在延安受到了中国共产党的礼遇和优待，合作得很好。可是最近从中国传来一个非常令人失望的消息，我的总统特使赫尔利先生斡旋的延安和重庆之间的谈判破裂了。"

"不是早些时候就有消息说已经制定了一个方案吗？"

"是的。这个方案的五条协议，应该说，是经双方协商一致达成的，赫尔利将军也在那上面签了字的。共产党人提出的要求也是符合权利法案的，我看也是完全合情合理的。可延安方面给赫尔利特使的满意答复却被蒋介石提出的一些荒谬绝伦的反对意见给否定了。你知道，在中国，

中共的势力在不断增长，而国民党在人民的心目中的威望却在下降。可我们又需要蒋介石……"罗斯福抽了一口烟，也给斯诺点上一根，"斯诺先生，你觉得蒋介石这个人到底怎么样？你喜欢他吗？"

"总统先生，对于蒋介石这个人，我实在是不敢恭维，虽然我曾经采访过他，可是我对他本人真的不太了解。"

罗斯福机敏地看着斯诺说："嗯。我在开罗时也根本没有对他形成什么看法。当我后来想到这件事时，我才发现我所了解的情况全是蒋介石的夫人宋美龄告诉我的。会谈时，宋美龄担任翻译，实际上就是她在那里斟酌各种问题和词句和我对话，和我谈她的丈夫的事情和想法，而不是蒋这个家伙本人的想法。所以我也根本不可能直接了解他。我只能希望赫尔利回来的时候能多告诉我一点情况。但我正在考虑是否直接向中共提供援助，帮助他们抗日，作为军事上的权宜之计。"

"我感觉，我们应该这样做。"斯诺说。

"我想，这样还可以有助于在中共那里占俄国人的上风。不过，斯诺，我想请你告诉我，中共是否是真正的共产党人？俄国人是否在操纵他们。而他们的目标是无产阶级专政呢还是像某些人所说的那样，他们只不过是'土地的改革者'？"

"总统先生，关于这一点，我可以告诉你，中共是真正的马克思主义者，他们的最直接的纲领是土地改革，或者说是平

均地权，是真正的共产主义者。这十年来，中共从未得到莫斯科的军事援助，因此也就谈不上俄国人在操纵他们。但是，据我猜测，莫斯科会通过他们在共同对日作战中与中共加强联系，来达到控制中共的目的。"斯诺分析说。

"那么，如果当我们逼近日本时，将运送一些补给品和派联络官至华北沿海地区，也就是说给中共的八路军军事物资援助，当然迄今为止，我们没有向共产党军队提供任何军事援助。这些谈话当然也是不能发表见报的。我设想，这也包括共产党的游击队，我们设法取得国民党的合作。我不知道在日军占据的公路、铁路、城市之外，控制着中国华北绝大部分人口的共产党人对此将作出什么反应？"

斯诺反问道："情况是不是这样？假如我们承认蒋介石是唯一合法政府，我们只有通过他才能继续运送军事物资。而这些物资送去后，也只能通过他来分配，即使是在和游击队打交道时，也是这样。可是我们总不能在中国支持两个政府吧？"

罗斯福果断地把头往后一扬说："这个嘛，我一直在和那里的两个政府合作。我打算一直这样做下去，直到我们能使他们凑在一起为止。"

"总统的意思是不是说，我们在延安派驻了外交和军事观察人员，是否就是看作一种事实上的承认呢？"

正说着，电话铃响了。罗斯福拿起话筒，开始接电话。不一会儿他轻放下电话，转过头来对斯诺说："斯诺先生，对不起，我有一个重要的电话，今天就谈到这里，好吗？"罗斯福坐在轮椅上面带微笑地和斯诺握手言别，并大声地说，"斯诺先生，别忘了来信，随时告诉我你看到和听到的情况。"

斯诺微笑着点点头，随着秘书利汉德小姐悄悄地离开了总统椭圆形办公室。

然而让斯诺想不到的是，一个月以后的1945年4月12日下午，罗斯福因脑溢血倒在了工作岗位上。罗斯福逝世后，美国和中国共产党进行的军事合作计划自然流产。中国共产党在当时的中央机关报《新华日报》上发表了题为《民主巨星的陨落——悼罗斯福总统之丧》的社论悼念。

毛泽东说斯诺"将永远活在中国人民心中"

MAO TSE-TUNG

在陕北革命根据地建立以后，中国共产党积极通过各种渠道向外界宣传自己的纲领、路线和主张，打破国民党的新闻封锁，把事实真相告诉全世界人民。正如海伦·斯诺所言："毛泽东懂得笔杆子的威力，希望找到一个可信赖的外国人，来记下和发表事实真相。在当时国民党统治下的中国，任何其他的人无论走到天涯海角，也休想在书刊上讲出真话。"

正如美国历史学家拉铁摩尔说的："只有那些当时身在中国的人们，才能回味斯诺的《红星照耀中国》所产生的影响……在人们政治上陷入思想苦闷的情况下，斯诺的《红星照耀中国》就像火焰一样，腾空而起，划破了苍茫的暮色……原来还另外有一个中国啊！"的确是这样，斯诺首次向全世界报告了中国共产党领导的革命根据地的真相，展示了中国的光明和希望，打破了国民党十年的新闻封锁，揭穿了它的造谣污蔑，打开了人民的眼界，他对"中国共产主义运动的发现和描述，与哥伦布对美洲的发现一样，是震惊世界的成就"，"标志着西方了解中国的新纪元"。他的采访被誉为二十世纪"新闻记者所施展的一个最了不起的绝技"，"在全世界面临空前灾难的前夕，报道了一支远离西方各国的独立的战斗力量"（费正清），给全世界人民带来了反法西斯斗争的信心和力量，同时也使"中国在这最紧急的时候，找到了民族最伟大的统一，找到了民族的灵魂"。因为在此之前，"在世界各国中，恐怕没有比红色中国的情况是更大的谜，更混乱的传说了"。也就像海伦·斯诺所说的，"在斯诺的报道发出之前，对于中国共产党人，特别是他们的领袖毛泽东，不仅苏联人根本不了解，就连中国人自己也完全不知道，更不用说西方了。"斯诺因此成了最了解中国和毛泽东的美国人，也因此成为"我们这一世纪中做出最伟大个人贡献的新闻记者"（美国《新共和国》图书主编马考恩·柯勒）。

新中国成立后，斯诺辛勤地在太平洋两岸传递信息，先后于一九六〇年六月二十八日至十一月十五日以美国《展望》杂志记者身份、一九六四年十月十八日至一九六五年一月十九日以法国《新直言》周刊记者身份和一九七〇年八月十四日至一九七一年二月偕同夫人一起三度访问中国。斯诺的每次访问，都受到了毛泽东、周恩来等人的亲切接见。一九七〇年十月一日国庆节，毛泽东在天安门城楼上接见了斯诺，并于十月八日同斯诺进行了重要谈话，表示欢迎美国总统尼克松来中国访问。而像发动"文化大革命的目的"和解冻中美关系的信息，毛泽东也都是像一九三六年谈"自传"一样，没有告诉自己的家人、战友和其他领导人，而是首先告诉给这个外国记者的。[图5.23~图5.28]

斯诺以他的笔粉碎了"赤匪神话"，赢得了毛泽东和中国共产党的信任和敬重，被人们誉为"中美人民间的活桥梁"。而斯诺却因此受到美国政府"麦卡锡主义"打击，作为危害美国安全的"共党嫌疑"，被迫离开祖国，移居欧洲瑞士。[图5.29]

一九七二年二月十五日，也就在毛泽东和尼克松会晤的前一个星期，斯诺在瑞士日内瓦郊区埃辛斯村逝世。斯诺病重期间，毛泽东、周恩来亲自派中国医疗小组到斯诺家中为其治疗。临终时，他用生命的最后力量讲出一句话："我热爱中国。我希望死后我的一部分仍像我活着的时候一样能留在中国。美国抚育和培养了我，我希望把我的一部分安葬在哈德逊河畔，日后，我的骨灰将渗入大西洋，同欧洲和人类的一切海岸相连，我将感到我自己是人类的一部分，因为我知道几乎每一块土地上都有与我熟悉的善良和值得尊敬的人民，他们都是人类的一部分。"而他在生病期间，毛泽东派专门的中国医疗小组去为他治病。斯诺也收到了白宫请他作为"总统特使"到中国访问的信，但一切都已经晚了。逝世后，毛泽东立即发去唁电："斯诺先生是中国人民的朋友，他一生为增进中美两国人民之间的相互了解和友谊进行了不懈的努力，作出了重要的贡献。他将永远活在中国人民心中。"一九七二年二月十九日，中国政府在人民大会堂第一次为一个外国人召开了隆重的追悼大会。

一九七三年十月十九日，按照斯诺的遗嘱，斯诺的一半骨灰葬在北京大学未名

[图 5.23]

1960, 毛主席为斯诺在《毛泽东选集》英文版上签名留念。右一为马海德, 右二为路易·艾黎。

[图 5.24]

1960 年 2 月, 毛泽东亲切会见斯诺。中间是马海德大夫。

[图 5.25]

1965 年 1 月 9 日, 毛泽东与斯诺共进早餐。

湖畔。周恩来、李富春、郭沫若、康克清、廖承志, 以及马海德、艾黎、爱泼斯坦等首都各界人士一起出席了斯诺的骨灰安葬仪式。邓颖超主持了斯诺骨灰的安葬仪式。一代"记者之王"安息在静静的未名湖畔, 见证着历史, 也昭示着未来……

[图 5.26]

1965 年 1 月 9 日, 毛泽东和斯诺亲切交谈。

[图 5.27]
1970 年 10 月 1 日，毛泽东、周恩来和斯诺及夫人在天安门城楼上。同年 12 月，在和斯诺的谈话中，表示欢迎美国总统尼克松访问中国，改善中美两国关系。

[图 5.28]
1970 年毛泽东、周恩来和斯诺在北京。

[图 5.29]
斯诺在瑞士的家。

[图 5.30]
北京大学未名湖畔的埃德加·斯诺之墓。

澤東白傳

THE AUTOBIOGRAPHY OF
MAO TSE-TUNG

《毛泽东自传》最早
译者汪衡

[图6.1]
顾衡（1909—1934），江苏无锡人，1927年考入中央大学，1930年加入中国共产党。历任中共太和县委书记、南京市委组织部长。1934年不幸被捕，同年12月在南京雨花台英勇就义。

随着《毛泽东自传》的重印问世，作者埃德加·斯诺和题写书名的潘汉年，不用介绍也为人们所熟知，唯有译者汪衡是何许人也，一般读者还不甚清楚。作为该书的策划和编辑校注者，笔者有必要向广大读者作一个介绍。

汪衡到底是什么样的一个人呢？笔者怀着崇敬的心情走进了北京汪丹熙女士的家，和她一起回忆她敬爱的为编辑出版事业贡献了一辈子的父亲。

一九一四年八月二十九日，汪衡出生于北京羊尾巴胡同的一个封建官僚家庭。父亲汪凤瀛，曾是长沙知府和湖广总督张之洞的幕僚，是一个主张实业兴国的开明人士，在民国初年还曾做过大总统府的顾问，一九二六年去世。母亲汪蔡氏，是一个勤劳善良的家庭妇女，一九六六年去世。

汪衡兄妹五个，自己排行老三，族名汪椿宝。四岁时就入家塾，读四书五经。十二岁时，考入苏州私立树德中学小学部五年级。中学毕业后，一九三五年考入上海复旦大学土木工程系，后来又转入经济系学习。因大哥汪季琦是中国共产党员、南京中央大学学生运动的领导人，而大嫂顾清俦的哥哥顾衡也是"地下党"，[图6.1]在中学读书时，汪衡就经常读到哥哥带回家的《唯物辩证法》《反杜林论》和《共产党宣言》等书籍，深受他们进步思想的影响，开始接触并对共产党领导的革命思想产生了浓厚兴趣。顾衡是江苏无锡人，一九三四年被捕，经家庭多方营救，反动派终于答应只要求他写一张自首书后就可以无罪释放，但他宁折不弯，大义凛然，慷慨赴死，被国民党反动派杀害了。汪衡对顾衡非常敬仰，在收拾顾衡的遗物时，他发现了顾衡衣服上有许多被反动派殴打折磨的斑斑血迹，为纪念这位英勇无畏的兄长，汪衡就将自己的名字汪椿宝改为汪衡。这正式标志着他自己走上了反蒋抗日的革命道路。

在复旦读书期间，汪衡开始阅读大量进步书刊，尤其对鲁迅先生更是崇拜，几乎阅读了他能找到的鲁迅先生的所有作品，百读不厌。这更加坚定了汪衡投身中国共产党倡导的抗日救亡运动。一九三六年夏天，复旦大学教授孙寒冰先生创办《文摘》杂志，主要摘译国外有关中国的报道，并邀请中文和英文基础都十分优秀的汪衡参加编辑工作。一九三七年一月一日，《文摘》月刊正式出版了第一期。此后汪衡不负众望，很快就在编辑部担起大梁，成为孙寒冰教授的得力助手，并一度和孙寒冰等人一起担任了主编。到了这年的七月份，孙寒冰在英文杂志《亚细亚》(ASIA) 上看到了开始连载美国记者埃德加·斯诺的《毛泽东自传》，如获至宝，便请汪衡翻译。于是，《文摘》月刊以晚一期的同步速度在连载《毛泽东自传》。同时，汪衡还翻译了《二万五千里长征》。后来，汪衡还编辑、翻译过《周恩来抗战言论集》《平型关大捷》《台儿庄大捷》《日本的泥足》等二十多种小册子。

因为日本帝国主义的入侵，八一三淞沪抗战爆发，上海复旦大学被毁坏，《文摘》月刊改名《文摘战时旬刊》，不久又被迫迁往汉口。而因为翻译《毛泽东自传》，汪衡也被国民党当局列上了"黑名单"，陈立夫主管的"教育部"向复旦大学要人。孙寒冰就派汪衡先去武汉后又转往香港和重庆等地，逃过了国民党的抓捕。

汪衡还曾于一九三八年一月十二日上午十一时至十二时在第十八集团军（即八路军）武汉办事处采访过周恩来，并在《文摘战时旬刊》第九号发表了《周恩来访问记》。据说这是当时在国统区最早发表的一篇专访周恩来抗日救国主张的报道。据汪丹熙说，父亲生前曾告诉过她一件小事——汪衡曾经就《文摘战时旬刊》向解放区发行的事情，找过中共在汉口的领导人。但因为当时情况不清，这位领导错误地以为《文摘战时旬刊》是一个"反动宣传"的报刊，不准进入解放区。为此，汪衡在这次采访周恩来的时候，专门就此事请教过周恩来。周恩来听说后，立即代表中共中央对复旦大学文摘社表示了歉意。

汉口失守后，《文摘战时旬刊》随之迁往重庆。一九四〇年五月二十七日，日本侵略者轰炸重庆，编辑部遭炸，孙寒冰不幸遇难，年仅三十七岁。汪衡因外出采访幸免于难。孙寒冰遇难后，许多文化名人如郭沫若等纷纷写了悼念诗文，表彰这位爱国的、敢于说真话的进步知识分子。复旦大学还曾为其建立了纪念馆"寒冰堂"。此时身在重庆的汪衡决心北上抗日，但他请求去延安参加革命的申请没有得到八路军驻重庆办事处的批准。办事处的同志告诉他：《文摘战时旬刊》是一个很好的刊物，更需要有人在恶劣的环境中把它办好。汪衡只好继续留在重庆工作。

抗战胜利后，蒋介石实行独裁，不顾全国人民的反对，开始发动内战，破坏和平。汪衡就不再愿意为国民党做事，便在复旦大学的英国教授 Robert Payne 的帮助下，将爱国将军冯玉祥的自传《我的生活》翻译成了英文，并准备在英美等国家出版。冯玉祥将军知道后，非常高兴，就想收 Robert Payne 教授和汪衡作自己的"门生"。经冯玉祥的秘书赖亚力的协调介绍，他们向冯玉祥递交了"门生帖子"，正式拜师。笔者有幸在汪丹熙家中看到了这个封套"籤条"上写着"程门立雪"字样帖子的草稿：

敬求

×××同志（或先生）介绍投拜

×老夫子门下，嗣后谨愿听聆教诲，并愿一本利他精神，追随老夫子改进社会，造福人群，始终不懈，兹将三代履历谨录于后。

门生 ××× 敬叩

　　　　　　　　　年　月　日

下面写着的是：曾祖、祖父、籍贯、年龄、经历和通讯处（现在、永久，附贴照片）等几项。

一九四六年七月，汪衡作为英文秘书和翻译，随爱国将军冯玉祥的水利考察团赴美。其实，这是蒋介石在政坛上驱除和排挤"为人所不敢为、说人所不敢说"的冯玉祥。王福时先生告诉笔者，他在美国跟汪衡有过交往，也曾见过冯玉祥。一九四七年，汪衡离开冯玉祥到哥伦比亚大学读书，积极组织了留美学生通讯社和中国留美学生建国同盟，撰写了同盟的章程，并主编钢板刻字油印的《留美学生通讯》。[图6.2]汪衡自编、自刻、自写、自印、自寄，每两周出版一期，完全赠送。期间，汪衡在《华侨日报》上发表了《留美同学组织起来》《双十节告留美同学书》等文章，公开反对蒋介石政权的倒行逆施，号召留美中国学生"组织起来"，"对那些即将回国的同学，说服并鼓励他们到解放区工作！对新近来美的同学，争取他们携手共进，介绍他们阅读进步报纸，以达到使每一个有血性的、有正义感的留美同学，都能在思想上准备将学习得的新知识、新技能归国贡献于人民的目的"，祝愿"我们留美同学坚强地团结起来，组织起来，努力学习，努力工作，回去参加一个光明绚烂的新中国的建设。"这个刊物，不仅刊载港、沪的报道和回国留学生的书信，还介绍中共的政策和新中国的情况，深受留美中国学生的欢迎。却引起美国《先驱论坛报》的恶意指责和一些右翼中文报刊的诋毁。

新中国成立后，一心想回国的汪衡于一九四九年十二月启程，一九五一年一月到达北京。回国后的汪衡先在华北革命大学学习，之后到《争取持久和平、争取人民民主！》报中文版翻译部工作。[图6.3]该报是共产党和工人党情报局机关报，报上刊载的文章都是各国共产党和工人党的领导人写的。该报是一份周报，平时一般是两开四版，节日往往增至八版或十六

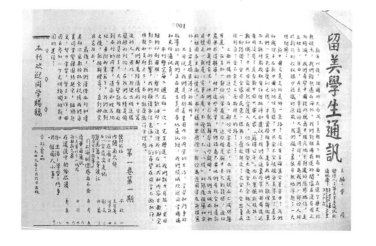

[图6.2]

汪衡在美国代名李同主编的《留美学生通讯》。

版。而外文版一般要到星期三才能空运到北京，但在汪衡和其他同志的努力下，一到星期六中文版就在三天内翻译出版了。随后，汪衡先后在国际新闻局、学习杂志社、人民出版社、世界知识出版社、北京图书馆和国家新闻出版局从事编辑、翻译和版权研究工作。"文化大革命"期间的一九六九年，汪衡下放到湖南攸县，后来转到江西。一九七三年到江西大学教授英文。

一九七八年，汪衡返京，此时中共中央毛泽东主席著作编辑出版委员会办公室、中国科学院和中国妇联等多家单位要他。后来应陈瀚伯的邀请，汪衡从北京图书馆到国家新闻出版局工作。一九七九年起，汪衡出任中国出版工作者协会版权研究小组第一任组长，开始草拟版权法。汪衡领导的这项工作立即引起国际版权组织和国外版权产业界的关注，他们纷纷表示愿意为中国建立现代版权制度提供法律咨询和帮助培训版权专业人员。但也有个别的外国人乘机指责中国"盗版"，甚至对中国如何制订版权法指手画脚。面对这两种声音，汪衡先生有理有利有节地给予了积极回应，对好的建议表示欢迎并组织落实，对无理指责坚决耐心细致地说明解释和驳斥。汪衡以其丰富的国际工作经验和渊博的学识让那些无理取闹的人不得不低头服气，为祖国争得了荣誉。在中国版权工作底子薄的情况下，汪衡开创性地建立了中国版权工作的国际联络网，强化了

[图6.3]

20世纪50年代初刚刚从美国回来的汪衡。

[图6.4]
汪衡（左）代表中国参加联合国教科文组织的版权工作会议。

[图6.5]
"中国的版权先生"汪衡。

基础，培养了一批版权工作的人才。汪衡的工作作风和品质，深得美国版权局前局长雷大卫先生的赞赏，他警告西方人不要在版权问题上给中国人施加压力，他在一九八五年全美律师大会上说："中国人知道他们该怎么做，最好的办法是当他们需要帮助的时候帮助他们。可以肯定，他们欢迎美国人和其他人帮助，但给他们施加压力，告诉他们怎么做是不明智的。在他们按自己的方式前进并要求提供帮助的时候，我们应当努力去帮他们。"

汪衡曾担任国家出版局版权处处长、全国出版工作者协会理事、连续两次推选为联合国教科文组织与世界知识产权组织版权咨询委员会委员，还曾代表中国参加了联合国教科文组织的有关版权工作会议，是中国著名的版权专家。[图6.4]而凡是和汪衡在版权问题上打过交道的人，无不为他业务的精通、地道的英语和中国人的优秀品格所折服，一位国际版权专家送给他一个绰号，叫做"中国的版权先生"。[图6.5]

汪丹熙知道父亲曾翻译过《毛泽东自传》，但一直没有见过这本书。父亲也很少跟她具体讲起此事。当笔者将新版的《毛泽东自传》递到她的手中时，她含着泪水激动地拉着我的手，说："谢谢！谢谢！我爸爸生前的一个遗愿总算实现了，他可以含笑九泉了。"

EDGAR SNOW
RED STAR OVER CHINA

陪同斯诺西行漫记的
傅锦魁到底是谁

[图7.1]
《西行漫记》中被误译为傅锦魁的
胡金魁。

说起埃德加·斯诺的《红星照耀中国》（中译本《西行漫记》），人们并不陌生。在二十世纪三四十年代，作为一部打破国民党十年新闻封锁的报告文学著作，它如同一道闪电照亮了历史的天空，从此封锁于陕北高原的中国共产党和中国工农红军开始走向世界，并赢得了中国革命的胜利。而斯诺本人也因此与中国人民和毛泽东、周恩来等老一辈无产阶级革命家建立了深厚的友谊，成为中美友好关系的"报春燕子"和享誉世界的"记者之王"。

在《西行漫记》（董乐山译，生活·读书·新知三联书店一九七九年十二月版）书前插页第二十七页上有这样一幅注明为"傅锦魁"的红军干部照片——灿烂的阳光下，身材挺拔的他，身穿整洁的红军干部服，腰扎武装皮带，英俊的脸庞上露出浅浅的笑意，干净的头发向后整齐地梳起，潇洒精干，充满活力，俨然是一个"知识分子"的形象。[图7.1]几十年来，该书经过多家出版社一版再版，并出现了多种译本，总印数早已超过千万册。"傅锦魁"这个红军干部到底是何许人也，对广大读者来说始终是一个谜。

其实，"傅锦魁"的真名叫胡金魁。因为他浓重的江西口音，斯诺一九三七年在《红星照耀中国》（Red Star Over China）英文原著中将他的名字误拼作"Fu Chin-kuei"，导致后来各种中文译本都错误地译成了"傅锦魁"（新华出版社一九八四年版、解放军文艺出版社二〇〇二年版、作家出版社二〇〇八年版、人民文学出版社二〇一六年版）。在他平平淡淡才是真的人生背后，却蕴藏着一个"红小鬼"鲜为人知的传奇——

积极组织工人响应参加秋收起义，
长征路上邓发介绍胡金魁入党

MAO TSE-TUNG

一九三七年五月，为纪念秋收起义十周年，毛泽东在延安凤凰山驻地专门召集参加一九二七年秋收起义后成立的工农革命军第一军第一师尚存的部分同志合影。照片冲洗时，毛泽东专门在这张合影的上方亲笔题写了两行字："一九二七秋收暴动成立工农革命军第一军第一师，至今尚存之人约数十人，此为一部分。一九三七，九月，于延安城"。[图7.2]参加这次合影的共有十八个人，前排坐地上的左起依次为：赖传珠、张宗逊、孙开楚、赖毅、谭冠三、胡友才；后排站立者左起依次为杨立三、陈伯钧、毛泽东、龙开富、周昆、谭希林、罗荣桓、谭政、刘型、杨梅生、胡金魁和贺子珍。毛泽东站在后排左侧第三位，他的夫人

[图7.2]
1937 年 5 月，为纪念秋收起义十周年，毛泽东在延安凤凰山驻地专门召集参加 1927 年秋收起义后成立的工农革命军第一军第一师尚存的部分同志合影。贺子珍站在后排右侧第一位，而站在贺子珍身边的就是胡金魁。

贺子珍站在后排右侧第一位，而站在贺子珍身边的就是胡金魁。

胡金魁，原名胡贵昌，祖籍江西新余，一九〇六年十二月四日生于江西省峡江县戈坪乡流源村一个贫苦的农民家庭。因为家境寒苦，他从五岁开始就帮助父亲在田间干农活，十二岁时随哥哥胡福昌（红军烈士，一九三〇年牺牲）到吉安学徒做工。因为聪明好学，他从一九二一年开始学习机器制衣。一九二四年，他积极组织参加赤色工会，要求增加工人工资、保护工人利益，开展工人运动，并当选吉安市缝纫工会委员。也就是从这个时候开始，他参加革命，积极组织工人与资本家、反动政府作斗争。期间，他还参加了组织人民群众欢迎宋庆龄访问吉安、动员工人群众参加欢迎北伐军新编第二师师长叶剑英的大会等活动。一九二七年大革命失败后，因为吉安工会委员长被杀害，工人运动陷入低潮。时任吉安缝纫工会副委员长的胡金魁号召、组织工人积极响应参加了毛泽东领导的秋收起义。一九二八年四月底，"朱毛"红军在宁冈砻市会师，宣布成立中国工农红军第四军，井冈山的革命斗争进入了一个新时期。

一九三〇年秋，红军占领吉安，八月十六日成立吉安县委，原红三军政治部主任毛泽覃担任红一方面军筹备处主任，兼中共吉安县委书记。这时，毛泽覃找到时任红一方面军被服厂（即筹备厂）厂长的胡金魁，就革命形势和任务、工人阶级的出路等问题畅所欲言，并要求胡在吉安重新组织工会，设法筹备大量物资以支援红军。胡金魁领受任务后，立即组织工人召集全市工人大会，着手工会的组织建设，并当选吉安市缝纫工会委员长，为红军筹集到十四万多元的物资。工人的权益得到了一定的保障，生活有了相当的改善。他们自愿为红军的需求加紧工作，也常为工会活动捐钱捐物。这为胡金魁开展工会活动，接待来往人员，组织宣传动员等提供了比较充足的经费。工会同时发给胡三十元月薪。在与毛泽覃的一次谈话中，胡询问道："工会每月活动经费支出虽然比较多，但也够用了。我就不再领工会的月薪了吧！"毛泽覃思量了一会，笑着说："那好吧！"

不久，因第一次反"围剿"的战略需要，红军撤离吉安。根据毛泽覃的部署，胡金魁再次发动工人做好人员撤离和物资转移工作。经过他的努力，有六十多名工人积极响应，用十三只木船将筹措的各种生活和战斗物资安全运送到红军驻吉安办事处的驻地潭头，圆满完成了党交给的任务。其中八名工人光荣地参加了红军。

一九三一年初，在红一方面军筹备处解散后，胡金魁调到红军十二军经理处任股长，不久又调任红军总司令部副官处科员。同年六月，在第二次反"围剿"战斗中已升任副官的胡金魁，在负责转运总司令部的黄金、现洋的战斗中，疲劳过度，发高烧、拉肚子，积劳成疾，身患重病。在副官处处长杨立三的关心下，胡金魁被送到后方医院接受住院治疗。可就在住院养病期间，敌人偷袭了医院，造成很大损失和人员伤亡。对此，胡金魁非常生气，严厉地批评了医院特务队队长带着武器跑掉，没有履行好保护后方医院的职责。不久，在王明"左"倾路线支持下的肃反运动在医院展开，医院领导竟然诬蔑胡金魁是"AB团"成员，把他关进了医院的特

务队。胡金魁后来回忆说："我一九三一年六月至九月间坐了三个月的冤枉牢，但是未经任何审问。我根本不是AB团，毫无理由，自然没什么可审问的，其次我是工人，所以没有审问。如果审了，可能也被杀了。九月间，正是第一次全国苏维埃代表大会召开前夕，毛主席纠正肃反'左'倾错误路线时，我才被释放了。"

一九三一年十一月七日至二十日，中华苏维埃第一次全国代表大会在瑞金召开，毛泽东当选中华苏维埃共和国中央执行委员会主席和人民委员会主席。一九三二年一月七日，中共苏区中央局召开会议，会议通过了《苏区中央局关于苏区肃反工作决议案》。此间，中央苏区国家政治保卫局来信，将胡金魁调回该局处理，当即被释放。保卫局秘书长亲自找胡金魁谈话，指出全国各地的工人运动形势发展很好，作为有过工人运动经验的革命者，希望他能够更好地工作，为工人阶级贡献力量。胡金魁非常感谢党组织的信任和鼓励，坚定地回答说："我是工人，是坚决要求革命的，我一定要为工人阶级利益斗争，好好地工作，绝不会去当反革命。"随后，胡金魁履行诺言，一边积极努力地工作，一边接受组织的考察，经受了考验。一九三三年三月被任命为中央苏区国家政治保卫局科员，半年后又升任保卫局副科长、科长。

一九三四年十月，中共中央、中革军

委率红一、红三、红五、红八、红九军团及中央、军委机关和直属部队共八万六千余人，开始从瑞金等地出发，被迫实行战略大转移。胡金魁所在的国家保卫局作为中央、国家机关的部门和军委后勤部门、工会、共青团等单位组成第二野战纵队，开始了长征。十一月间，在部队前往贵州的行军途中，胡金魁经局长邓发亲自介绍，光荣地加入了中国共产党，成为正式党员，无候补期。一九三五年遵义会议召开后，作为中央直属机关党内科以上干部，胡金魁听取了张闻天对遵义会议精神的传达。

经过艰苦卓绝的行军，胡金魁九死一生战胜了重重困难，终于翻过了雪山走过了草地，随部队顺利抵达甘肃。因为长征途中积劳成疾，体质严重下降虚脱，一下子无法适应北方的气候和生活环境，胡金魁旧病复发，脚部、脸部全部浮肿，不停地打摆子，还染上了阿米巴痢疾，无法行军。但他从来不放弃自己的信仰和追求，依然坚持着。胡金魁顽强与病魔作斗争的行动感动了邓发，他命令胡金魁坐在他自己的战马上，终于安全走出了马家匪帮的危险区。一九三五年十月，他顺利抵达陕北瓦窑堡。而长征路上留下的疾患，却令胡金魁痛苦了十几年，几乎年年都要发作，直到解放后才在武汉治愈。而他也一辈子不忘邓发对他的关心和爱护，战斗结下的生死情义也成为他人生的另一种财富。

毛泽东派胡金魁全程陪同
埃德加·斯诺采访陕北苏区和红军

MAO TSE-TUNG

长征结束后，胡金魁就住进了医院，而且这一住就是三个月。他非常焦急，盼望着早点回到自己的工作岗位上。一九三五年十一月，中共中央成立了中华苏维埃共和国中央政府驻西北办事处，下设七部一局。一九三六年一月二十六日，宣布增设外交部，下设交际处。胡金魁在月底出院后，调任外交部交际处工作。而此时的外交部工作实际上由周恩来主持，胡金魁任外交部招待所（即交际处。前一称谓对外，后一称谓对内）所长，外交部秘书是王立人。

经过近十年封锁的中国共产党和中国工农红军，在美国记者埃德加·斯诺没有到达陕北之前，那里是一个被隔断与外界联系的"世外桃源"。当时国民党把共产党和红军描绘成堕落、愚昧无知的土匪，只知道烧杀抢掠、共产共妻，四处散布谣言迷惑人民大众。自陕北根据地建立后，中共中央和毛泽东、周恩来等就积极通过各种渠道向外界宣传自己的纲领、路线和主张，打破国民党的新闻封锁，把事实真相告诉全世界。正如海伦·斯诺所言："毛泽东懂得笔杆子的威力，希望找到一个可信赖的中国人，来记下和发表事实真相。在当时国民党统治下的中国，任何其他的人无论走到天涯海角，也休想在书刊上讲出真话。"而这一切也的确成了"全世界等待了十年的头号新闻"。一九三六年六月，在宋庆龄的帮助推荐下，斯诺开始了自己"拿一个外国人的脑袋去冒险"的伟大的历史之旅。他

[图7.3]

斯诺（右）和胡金魁（中）、李长林三人一起骑马的合影。

把探访红色中国的旅程形容是"跨越雷池"。

与斯诺同行的还有年轻的美国医生乔治·海德姆博士（即马海德）。四十多年后的一九八三年，马海德兴奋地用拳头"砸"向一位采访他的女记者胡苏娅（即胡金魁的长女、时任"三S〈斯诺、斯特朗、史沫特莱〉研究会"兼职会员）的肩膀，激动地说："刚刚你还在采访我对麻风病的看法，我才听摄影记者介绍，原来你就是胡金魁的女儿？太好了！你知道当年在延安的'老外'都在打听你爸爸的消息吗？我们找他找得好辛苦。初到延安陪同我们的第一位共产党人就是他，他是那么地让人怀念……"同样也是在二十世纪八十年代初，丁玲这位未到延安就已经红遍中国的左翼作家，亲热地对胡苏娅说过同样感人肺腑的话。

而这位让马海德和丁玲终生难以忘怀的人，就是中华苏维埃共和国陕北苏区政府外交部招待所所长胡金魁。就是他，被毛泽东亲自指派全程陪同斯诺在保安和到保安以西的甘肃边境进行采访，从而揭开了中国陕北红区的神秘面纱。毛泽东告诉胡金魁：一定要搞好生活饮食，吃饱吃好，务必使客人感到有"宾至如归"的感觉，同时还要从各方面尽量满足斯诺的采访要求，帮助他解决困难，保证他的人身安全，保证一路平安愉快。

七月十三日，斯诺抵达苏区前敌指挥部安塞县白家坪。在这里，周恩来亲自为斯诺拟定了一张为期九十二天的考察苏区日程表和地图，并接受了斯诺的采访。按照周恩来的安排，胡金魁作为外交部的专使与保卫局干部李长林一起，陪同斯诺前往当时中共中央和红军总部所在地陕北保安（今陕西志丹县），住进了提前给他准备好的外交部招待所。这是一间坐北朝南的房子，阳光充足，挂着保安罕见的洁白的新窗帘。斯诺对此十分满意。胡金魁后来回忆说："在经济十分困难的情况下，我们每天给他安排小米稀饭、烤馒头、炒鸡蛋一类的食物，他总是吃得津津有味，还高兴地告诉我，他的体重增加了不少。"

斯诺是一九二八年七月来到中国上海的，随后热爱上了中国。平时没事的时候，他就经常和胡金魁一起聊天。而初次和斯诺接触时，胡金魁还担心自己因为言语不通难以接待好，让他没想到的是，斯诺"不仅会讲一口流畅的中国普通话，而且还懂得不少上海地方方言。他很善于和周围的人交朋友，一有空他就主动向我问长问短。当他了解我的文化程度很低时，便自告奋勇当我的老师，教我识字学文化；我认识的英文字母和用英文的自我签名，都是他教会的。"

七月十六日，毛泽东在保安窑洞里，接见了斯诺。随后，两人就抗日战争问题和建立抗日民族统一战线的思想与政策问题进行了数次畅谈。在保安，斯诺先后采访了毛泽东、林伯渠、徐特立、谢觉哉、张闻天、陆定一、李克农、杨尚昆等他能采访的所有红军干部、战士和"红小鬼"。在保安采访生活了一个月左右，斯诺就住招待所里，生活上由胡金魁负责招待。而实际上这个时候，招待所里的"外宾"极少见，自然他也就成为招待所所长胡金魁最尊贵的客人。他除了要安排好斯诺的住宿之外，还要在当时极其困难的情况下，周密安排好斯诺的饮食，每天都要给他调剂小米粥、烤馒头、炒鸡蛋，尽量花样翻新，让毛泽东主席的这个"外国客人"吃得有滋有味，体重也增加了。但毕竟条件有限，斯诺后来回忆说："我每天看到千篇一律的伙食就生厌，但并不妨碍我狼吞虎咽，食量之大使我有些不好意思。他们对我作了让步，用保麸面做馒头给我吃，这种馒头烤着吃也不错，有时我也吃到猪肉和烤羊肉串。除此之外，我就以吃小米为主，轮流吃煮的、炒的、烤的，或倒过来又吃烤的、炒的、煮的。白菜很多，还有辣椒、葱头、青豆。我极想喝咖啡、黄油、白糖、牛奶、鸡蛋等许多东西，可是我只能继续吃小米。"

在采访了众多高级将领和红军干部战士之后，斯诺希望毛泽东向他讲述自己的革命历程和人生传记，并"交给毛泽东一大串有关他个人的问题要他回答"。但毛泽东认为他"个人是不关重要的"，没有同意。斯诺想毛泽东讲他的自传是不容易

的，好像是在捉迷藏一样。最后，毛泽东建议他先到宁夏红军的前线去采访。当时那里有国民党包括马鸿逵的二十万大军与红军对峙，战斗频繁。斯诺接受了毛泽东的建议。

八月下旬，他们出发了。一路上，胡金魁和李长林陪同斯诺骑马西行，不受任何限制地采访了红军将领、士兵和农民群众。同行的还有时任中央宣传部副部长的吴亮平（即吴黎平），后来王汝梅（即黄华，当时燕京大学刚刚毕业）也加入进来。在农民家里，斯诺感受到了中国农民的朴实和殷勤好客，他们住在茅屋中，睡在土炕上。当农民看到斯诺这个"洋鬼子"时，不仅腾出干净的屋子让他居住，还热情地杀鸡招待他，并拒绝收钱。同时，斯诺也看到，作为红军干部的胡金魁严格遵守红军纪律，吃饭、买东西都主动付钱，不拿群众一针一线。斯诺还发现，当他问及农民们对红军和白军执行的不同政策有何感受的时候，农民们竟然无拘无束，要知道"这次谈话是在胡金魁面前进行的，农民们似乎并不怕他是个共产党'官员'，他们似乎把他看成是自己人，而且是一个农民的儿子，他确实也是农民的儿子。"在陕北苏区的"工业中心"和兵工厂所在地吴起镇，斯诺参观了红军的工厂和红军阅览室——"列宁室"。斯诺和红军指挥员对弈，与红军战士打乒乓球。斯诺还和红军战士一起参加红军晚间游戏，输了，也

要表演节目，唱他刚刚从胡金魁那儿学会的歌曲："鸡娃子叫，狗娃子咬，当红军哥哥你回来了。"他那外国腔唱得让红小鬼们笑得前扑后仰，掌声雷动。在红军的后勤基地河连湾，斯诺不放过任何机会，采访了工人、管理员和工程师，了解包括女工待遇和产假以及农民和土地革命的问题等等。

但在前往红军前线采访途中，斯诺曾经有过"打退堂鼓"的打算。途中访问吴起镇后一天中午，斯诺了解到蒋介石即将发动对苏区另一次大攻势，于是产生了到国民党占领区即兵力较强的一方报道的打算，对是否去红军前线向吴亮平表示了犹豫。吴亮平劝他说：你不去我们红军的前线，你会后悔的！你这次采访也是不完整的。而胡金魁则以生气来激将，对吴亮平大声说："我看哪，干脆你陪他回去，我一人去前线。"胡金魁这么一生气，反倒让斯诺想通了，决定继续前进。胡金魁还是一个人在那儿生闷气，斯诺走到胡金魁身边说："胡同志，走！带我去前线！"胡金魁这才露出了笑容，带领斯诺继续向西边的红军前线指挥部奔去。

后来，斯诺在《红星照耀中国》这部经典著作第七篇《去前线的路上》第一节《同红色农民谈话》中，这么写道："到保安以西的甘肃边境和前线去的时候，一路上借宿农民的茅屋，睡在他们的土炕上（在弄不到门板那样的奢侈品的时候），

他们有些人听说我是个'外国客人'便拒绝收我的钱。我记得一个农村小脚老太太，自己有五六个孩子吃饭，却坚持要把她养的五六只鸡杀一只招待我。"接着斯诺写道："我当时是同傅锦魁（即胡金魁）一起旅行，他是一个年轻的共产党员，由外交部派来陪我上前线。像在后方的所有共产党一样，傅因有机会到前线的部队里去而很高兴，把我看成是天赐给他的良机。同时，他直率地把我看成是个帝国主义分子，对我整个旅行公开抱怀疑态度。但是，在一切方面，他总是乐意帮忙的，因此后来没有等到旅行结束，我们就成了很要好的朋友。"

从保安出发两个星期走了两百公里，终于快到红一方面军司令部驻地宁夏预旺堡了。看到一队人骑马朝他们奔来，其中一个认识胡金魁，赶紧下马向胡报告说："彭总正在等候你们！"随后，大家快马加鞭，见到了彭德怀率一行高级将领正在司令部门外迎候他们的到来。一下马，胡金魁就向彭德怀敬礼说："彭总司令，美国客人埃德加·斯诺和乔治·海德姆安全到达。"彭还了军礼，握着胡的手说："你们辛苦了，任务完成得很好！"胡还向彭总介绍，黄华同志就是王汝梅。

在宁夏前线预旺堡，斯诺采访了彭德怀、李富春、左权、聂荣臻、徐海东、程子华、陈赓、张爱萍、杨成武、杨得志、肖华等著名红军领导人。陪同斯诺在红军

前线采访，给胡金魁留下了美好难忘的人生回忆——"大西北的夜空是很清新的，因此，斯诺特别喜欢露宿。在星光下，他常常和我们畅谈到深夜，而且总是谈得那样的诙谐、乐观。记得有一次，当他谈到他来苏区采访时，国民党造谣，说到苏区去共产党是要'剥猪猡'（即杀害之意）时，他乐哈哈地告诉我：'我倒真感到了"游子如归"，自由无束哩！一路上，你们怕我喂了狼，夜夜陪我露宿。我这个"外国佬"一点也不孤独，不寂寞，更不必担心"剥猪猡"。'"斯诺在参观访问之余，还不时给我们讲一些风趣幽默的小故事。有次他碰到一个枯瘦如柴的老头，这老头向斯诺发牢骚说："红军来了买不到东西。"胡便问他："是不是买不到鸦片了呢？"老头点点头。胡又说："红军来了，当然啰，鸦片买不到了。但是，村里合作社的日用百货都有吧？"这个被罂粟花果汁佝偻了的瘦老头，无可奈何地掉头走了。斯诺极高兴地夸奖胡："你把他打败了！"

九月七日，在红军前线采访一个多月后，斯诺、马海德和吴亮平、胡金魁、黄华在宁夏预旺堡兵分两路。马海德由黄华陪同随部队前往甘南，去亲眼看一看红二、四方面军与一方面军"三军会师"的伟大场面。而斯诺则由吴亮平和胡金魁陪同，起身赶回保安。四五天后来到甘肃河连湾，与蔡畅、李富春和聂荣臻两夫妇重逢。胡金魁不忘记再次请蔡大姐，为斯诺又做了

一顿美滋滋的法国大餐。

斯诺从宁夏、甘肃前线返回保安的路上，与胡金魁骑着马一路上有说有笑，他们早已是好朋友。斯诺说，这次没有见到朱德总司令很遗憾。胡金魁告诉他，朱总司令很快就会回来和我们会师的，你不能再等一等？斯诺说：不行，我妻子佩格来信说她已经到了西安，正准备到保安来，我得回去接她。胡金魁开玩笑说：哟，还是老婆重要哟！他们从甘肃河连湾南下的路上看到一队少年押着两个被俘的民团匪首，斯诺以为他们就要被枪毙了，就去问胡金魁。胡金魁摇摇头说："我们不杀俘虏的民团，我们教育他们，给他们悔过改新的机会，他们许多人后来成了很好的红军战士。"

回到保安，斯诺又住进外交部招待所，生活依然由胡金魁负责安排照顾。

经过近两个月来的采访，斯诺感到所收集的材料可以编一本"红色中国名人录"了，但还是缺少毛泽东的传记材料。十月八日前后，胡金魁带来了毛泽东邀请斯诺前去谈话的邀请。斯诺有点不敢相信："真的？"胡认真地说："真的？不是真的，难道还有假？我们红军没有说假话的。"

这天，毛泽东兑现了他的诺言，一连花了十几个晚上在自己窑洞那昏黄的烛光下向斯诺讲述了他的"自传"。一九三七年，斯诺把毛泽东自传以第一人称在美国ASIA（《亚细亚》）月刊七月至十月号

上连载，同年八月经上海复旦大学《文摘》主编孙寒冰介绍，由汪衡翻译为中文发表，同年十一月在上海出版了中文版单行本图书《毛泽东自传》。一九三八年二月，斯诺又将其收入《红星照耀中国》一书的第四章《一个共产党员的来历》，在英国出版。在保安，斯诺参观了红军大学、红军剧社，观看了红军战士和"红小鬼"们的演出。他还采访了博古、林彪、蔡树藩、罗炳辉、张爱萍、耿飚、伍修权等红军高级将领和李德，和他们一起打篮球、打网球、打桥牌，还和他们一起用可可粉制作咖啡，结下了深厚的友谊。

胡金魁回忆说："斯诺带的东西很多，有好几部照相机，大量的胶卷，许多必用的书报杂志和笔记本，一共有几麻袋，我们专备一匹马给驮这些东西。采访中，他自己累得满头大汗，却经常翘起大拇指夸奖我们为他分担了重任；我们当然更是感谢他远涉重洋、不辞劳苦到大西北来采访，宣传红色中国，介绍中国共产主义革命。"而在斯诺眼里，胡金魁"具有大学毕业生的文雅、沉着风度，但他却是一个完全自学，或者说是由红军培养出来的知识分子。他为人幽默、有耐性、机警和勇敢。令人难以置信的是，四五年前，他还是一个目不识丁的工厂工人。"（这段文字发表在《斯诺眼中的中国》的《一个"红小鬼"的成长》一节中，由斯诺第二任夫人洛伊斯·惠勒·斯诺编著，中文版由王恩光等翻译、

中国学术出版社 1982 年 2 月出版。）显然，斯诺对这个"红小鬼"的成长，感到十分的惊讶和佩服。其实，一九三六年的这个时候，胡金魁正是而立之年，整整三十岁，已经从一个"红小鬼"成长为镇定自若的第一代红军外交官了。

和斯诺朝夕相处了两个多月，胡金魁和斯诺成为好朋友。斯诺给胡金魁还照了很多照片，除了美国《生活》杂志一九三七年二月号发表的那张单人照之外，斯诺还留下了自己和胡金魁、李长林三人一起骑马的合影。[图7.3]斯诺告诉胡金魁，他在红色中国的采访，是找到了"东方魅力"的故乡。一九三六年十月底，斯诺结束了在红色苏区的采访行动，胡金魁负责送行，他们在洛川依依惜别。告别时，斯诺请胡金魁在他的笔记本上签下了他教的英文签名，还送给胡金魁一只圆型挂、座两用表和一只派克钢笔。胡金魁说啥也不肯收下。斯诺说："这两件东西对你学习、工作都有用，你一定得收下，我一到那边（指白区）就会有的。"胡金魁非常感动，收下了两件珍贵的礼物，并一直珍藏着，陪伴着他走过了难忘的战争岁月。

负责接待并陪同斯诺访问红色苏区的往事，是胡金魁人生最难忘的记忆，也是他在陕北完成的一件重大政治任务。[图7.4]但他始终守口如瓶，即使在子女面前也从不谈及。《红星照耀中国》中文版《西行漫记》在中国出版后，将他的名字译作"傅

锦魁",他也从未向任何部门提出任何修改意见。直到后来各种史料陆续公开,子女们才知道父亲接待和全程陪同斯诺采访的往事。而当孩子们向父亲求证时,胡金魁只淡淡地说:"书中(指《红星照耀中国》)将外交部公开了,当年我们说好的,对外要保密,只说是招待处的呀!"然后依然缄默不语。

一九八二年春,纪念斯诺逝世十周年的斯诺学术研讨会在武汉召开,来访的斯诺的第二任夫人洛伊斯·惠勒·斯诺与重病中的胡金魁愉快地见了面,一起畅谈往事。后来病榻上的胡金魁在夫人杨湘君帮助下回忆整理了《我和斯诺》《斯诺和红军》《斯诺前来寻找东方魅力》等文章,发表在《长江日报》等报刊上。与斯诺同去陕北苏区访问并留下来后来加入中国国籍的美国医生马海德,也与胡金魁家人建立了深厚的友谊。

[图7.4]
胡金魁与战友何炳文摄于延安"市场街"照相馆。

[图7.5]
胡金魁(左)和周恩来的警卫员龙飞虎(右)在上饶合影。

亲历西安事变和皖南事变，得到
毛泽东、刘少奇、叶挺和陈毅的赞赏

MAO TSE-TUNG

从一九三六年十月至十二月初，胡金魁先后担任陕甘宁边区政府驻陕西洛川、三原联络站站长，负责做张学良的东北军、杨虎城的西北军部队的统战工作，并为边区部队筹集物资、西药药品。十二月上旬返回外交部。

不久，胡金魁随周恩来亲历了西安事变的处理。其间，胡金魁不仅完成了委派他的具体工作，还努力完成了毛泽东亲自交代的工作，就是要搞几部印刷机和必要的印刷器材回来。当印刷机送到延安后，毛泽东非常高兴地说："今后中央的文件可以用自己的印刷机印刷了。"他夸赞胡金魁办了一件大好事，并请他带亲笔信给在西安的周恩来。

西安事变后，胡金魁再次回到外交部。一九三七年一月，胡金魁随中央机关由保安迁至延安。在延安任中央外交部招待处（交际处、外事处）处长。一九三七年十一月，中央决定组建陕甘宁边区政府交际处。毛泽东指示胡金魁负责交际处筹建工作并担任首任边区政府交际处处长（一九三八年五月胡金魁离开延安后不久，因当时形势的变化，交际处改为交际科；以及后来又恢复了交际处）。在中华苏维埃共和国中央政府西北办事处外交部招待所所长（招待处处长）和陕甘宁边区政府交际处处长的岗位上，负责外事接待工作的胡金魁，经常跟随并直接在毛泽东、周恩来等中央最高领导人领导下工作，聆听他们的教诲和指示。他接待了许多投奔延安的革命热血青年和各界著名人士，还接待了诸如爱泼斯坦、海伦·斯诺、史沫特莱、柯棣华等众多国际友人。

而有幸在毛泽东、周恩来的直接领导下做对外接待工作，也使得胡金魁成为中国共产党外交战线和新中国的第一代外交官。新中国成立后，李一氓、张执一、陈楚、史梓铭、谢甫生等多位党和国家外事外交战线上的老人，曾到武汉胡金魁家中看望、拜访，有的一进门就表示来看"外交界的元老来了"。

一九三八年五月，胡金魁奉命南下到"武汉八路军办事处"工作。六七月间，周恩来指派他回到家乡，到南昌新四军驻赣办事处工作任副官处副处长。

新四军军部是一九三八年一月六日移驻南昌三眼井高升巷一号张勋公馆（即现在的三眼井友竹花园七号）的，而新四军驻赣办事处也就在同一天在东书院街二号危家大屋正式成立，新四军少将参谋黄道任办事处主任。同年一月至四月初，新四军军部又分批转移到皖南岩寺，驻赣办事处就由危家大屋搬到张勋公馆。九月，中共中央决定撤销长江局，改东南分局为东南局，并决定东南局由南昌移至皖南泾县新四军军部，项英任书记，曾山任秘书长兼组织部长，黄道任宣传部长兼新四军驻赣办事处主任。

当时，新四军驻赣办事处是中共在国民党统治区设立的公开、合法的机构，工作由黄道主任负责，下设秘书处和副官处。秘书处处长是李家庚（即郑伯克），副官处处长是吴法有（亦叫吴华友）。一九三九年初，吴法有调新四军军部工作（亦称调广东），胡金魁接任副官处处长（亦称主任）。办事处下属一个警卫连和一个便衣队。副官处的工作是"送款子、送弹药、送干部"，也就是承担为新四军军部筹集军需物资和枪支弹药的任务，主要是筹集军饷和军服、日用品、医药品和枪支弹药，输送抗日青年和干部到新四军、八路军工作，同时与国民党三战区长官部保持直接联系。[图7.5]

在党的领导和新四军驻赣办事处的推动下，当时，闽浙赣各地的抗日救亡运动有很大发展，抗日民族统一战线工作也取得了很大成绩。胡金魁回忆说，"我在南昌时，经常看到蒋经国来办事处，隔一、二天就来一次，与黄道同志谈谈。我没有与蒋经国直接见过面。国民党反动派是仇视抗日救亡运动的，自然也把新四军驻赣办事处看成是眼中钉，他们派特务随时随地监视我办事处的活动，时刻进行着阴谋破坏的勾当。"

在新四军办事处，胡金魁还亲自接待过叶挺和夫人李秀文，以及袁国平、曾镜冰等人。他回忆说："期间叶挺来过上饶，住在旅馆里，随身带个照相机，曾到我们办事处指示工作，并给办事处五条新的双保险驳壳枪，我拿了一条，四个警卫员四条。"新四军军长叶挺为什么在这个时候来上饶呢？原来他的目的主要是到第三战区长官部交涉所扣压的枪支问题。但当天交涉未果，叶军长住进了新四军驻赣办事处。后来经叶挺义正词严的据理力争，顾祝同不得不将被扣压的手枪如数交还给叶挺带回。就是在这种情况下，叶挺亲自赠送给胡金魁五只驳壳枪。

皖南事变爆发后，作为突围部队的党支部书记，胡金魁和罗湘涛带领四十五名幸存的排以上干部，白天在山上隐蔽，夜晚突击行动，经过两天两夜的艰苦奋战，终于安全渡过长江，胜利突围到达江北新四军第七师，于三月初顺利抵达盐城的新四军军部。按照中共中央的命令，新四军在盐城组建了新的军部。一九四一年下半年，新四军代军长陈毅和政委刘少奇根据中央"华中各地应急速成立银行，发行边币"的指示，在南方根据地组织成立江淮银行和江淮印钞厂（当时对外叫华光公司）。新四军财政经济部长朱毅、副部长李人俊分别兼任银行正副行长。组建印钞厂，责任重大，陈毅和刘少奇亲自找胡金魁谈话，要求他这个老红军担任"华光公司"的督导主任。此后，胡金魁先后担任了新四军江淮印钞厂副厂长、厂长、党支部书记，华中印钞厂厂长、华中印钞厂总管理处主任；解放战争时期，华中银行和山东北海银行合并后，他又担任两个地区印钞厂的总管理处主任，是抗日战争和解放战争时期华中根据地和华东解放区印钞

事业的开拓者和具体领导组织者之一。

一九四七年十一月，胡金魁离开印钞战线，跟随陈粟大军进军豫皖苏前线，为解放开封做准备。从这年十一月至次年八月，胡金魁作为南下干部长江支队成员，担任淮海大队政委兼大队长，率队南下。开封解放后，一九四八年八月到一九四九年六月，胡金魁担任了豫皖苏工商管理局副局长、经理，兼任开封市中州银行行长。期间，通过学习，胡金魁很快熟悉了工商、税收、贸易、银行等方面的工作和业务知识。他先组织成立了印钞厂，印刷出当时市场流通的中州钞票（这个厂在武汉解放后，成为中国人民银行钞票厂），同时接管了国民党在开封的金融机关和工作人员。在胡金魁的领导下，经过三个月的学习和教育，对被接收过来的职工都作出了结论，分配了工作，后来这些人绝大部分都成为银行的骨干。

武汉解放后，胡金魁南调汉口。在一九四九年六月至一九五○年十月期间，担任武汉中国人民银行监委（政委）。一九五○年十月，胡金魁担任中南局统战部秘书长、副部长，兼中南行政委员会副秘书长；之后相继任中共湖北省委统战部部长、省政协常务副主席、人大常委会副主任，其间有多次机会调任北京到中央或国家机关部门担任领导职务，他均主动放弃，在地方一干就是三十二年。

毛澤東自

297

THE AUTOBIOGRAPHY OF
MAO TSE-TUNG

《毛泽东自传》
传奇照片的来历

在上海文摘社版汪衡译本《毛泽东自传》一书的插页中，有一张毛泽东站在陕北农家小院的个人全身照片，因为这张照片中毛泽东的身后还有一只正在走动觅食的母鸡，不禁令人眼睛一亮，叹为观止。这在毛泽东的影像资料里是极其罕见的。[图8.1]也正是因为这张照片更加让人认识了另一个毛泽东——一个极其生活化充满人情味散发着人性光芒的毛泽东！给人的那份亲近那种随意那些平和，正好与《毛泽东自传》中毛泽东口述生平事迹的那份平常心天衣无缝地融合在一起。

这张照片发表在一九三七年十一月八日出版的《文摘

[图 8.1]
1937 年 4 月，毛泽东在陕北农家小院。（田一明摄影）

[图8.2]

新中国成立后，此图片修版为彩色，但毛泽东身后的小母鸡也被技术处理掉了。

战时旬刊》第五号的第一百一十一页的左上角，是连载《毛泽东自传》（六）的插图。图片的下面还标有"毛泽东近影"字样。

而在由张宗汉翻译、延安文明书店一九三七年十月再版和十一月三版的《毛泽东自传》的封面上，也正是这张图片。这就说明这张照片在一九三七年的九月份或更早一些时候已经公开发表。

但这张照片是谁拍的呢？又是如何拍的呢？是美国人埃德加·斯诺吗？还是其他人士？说来又是一段故事。拍摄这张照片的并不是斯诺，更不是其他外国记者，而是一个地地道道的中国人。

他就是全国政协第五、六、七、八、九届委员，香港著名实业家田一明先生。笔者有幸在二〇〇一年策划编辑出版《毛泽东自传》后，认识了田一明先生的女儿田珍颖女士，并在她北京方庄的家中作过交谈。

田一明是一九四九年之前在香港走上从商之路的。二十世纪五十年代曾在中国国际贸易促进委员会任专员兼《中国对外贸易》杂志社社长、总编辑，八十年代定居香港，先后创办过义鼎有限公司、文化教育出版社有限公司、建义利有限公司等，并担任董事长。他一九一四年出生于陕西白水，年轻时参加了杨虎城将军的十七路军，先后在西安、北平、上海等地从事"反蒋抗日联合阵线"的活动。一九三六年，田一明奉杨虎城之命，回到西安，直接参加了西安事变，并担任了西北民众运动指导委员会的科长。可以说是当今为数不多的西安事变的见证人。

西安事变和平解决后，田一明受陕西省国民政府的委派，前往延安办理事变之后地方军民的善后安置工作。也就是在这次，田一明见到了包括毛泽东在内的中共中央和军队的高层领导人以及陕甘宁边区的领导人，如周恩来、朱德、董必武、徐向前、刘伯承等，并为他们照了相。笔者有幸在田珍颖女士家中看到了这些已经有些发黄的老照片，风采依旧。

一九三七年的田一明只有二十三岁。这年四月的一天，国民党陕西省政府秘书长、西北民主运动的领导人杜斌丞找到他，对他说有一件"重要的好事"要交给他去做。

杜斌丞是杨虎城的高级幕僚，平时也很看重年轻有为的田一明，说："这件事情很重要，我想来想去找不到合适的人，现在我觉得你最合适。"布置完任务后，还说，"你想想，两三天里赶紧给我个回话。"

原来，西安事变期间，陕北不少军民逃散。到一九三七年初，局势趋向平稳，陕西省政府计划派专人同陕甘宁边区政府协商，送返一万多名逃散的士兵和民众。这就需要一个得力的人前往延安协调。

接到这个任务，田一明既感到非常突然，又感到机会难得。第一感觉告诉他，他可以到延安看到毛泽东了。尽管任务十分艰巨，但凭着自己年轻的干劲，也就不怕什么了，他也没多想，立即回答："不用考虑了，我去！"

接着，田一明就到八路军驻西安七贤庄办事处，办理了相关手续。然后在红军联络处李克农主任的安排下，乘一辆装满补给品的篷布卡车，一路颠簸到达了延安。和田一明同去的还有延长县县长王正身。

作为陕西省政府的代表，田一明在延安受到了时任陕甘宁苏维埃政府主席林伯渠的接待，并顺利地开展着工作。随后会见了周恩来、朱德等中共领导人。一个多月后，边区苏维埃政府的一位同志告诉田一明说："一明，你最近辛苦了，工作有成效。现在，这里有一件好事。"

"什么好事？"

"毛泽东要见你。"

苏区政府安排他晋见毛泽东，田一明心里甭提有多高兴了。毛泽东当时住在延安北门靠左边的土山下的一所小院落里。田一明回忆说："我们是中午去的，和毛主席谈了很长时间，我们无所不谈，非常投机。"

和其他中共领导人一样，毛泽东也住在窑洞里。屋内的布置非常简朴，有一个过冬的土炕。不过，在炕边上又支了一张木板床，上边放着洁白的棉被和卧具。窑洞的墙上钉着一幅大的作战用的军事地图。室中央放着一张长方形的条桌和几把木制椅子。落座后，毛主席和田一明开始拉家常，问他的工作和家庭生活情况。

田一明问毛泽东："红军只有不到一万人，两万五千里长征到陕北。从军事角度，应该先在陕北发展抗日根据地，立稳之后再扩展。为什么要'东征'呢？"

毛泽东回答说："我们是为抗日才来到陕北，我们去华北，更是为了进入抗日前线，是去打日本鬼子。"

接着，毛泽东向田一明了解西安事变

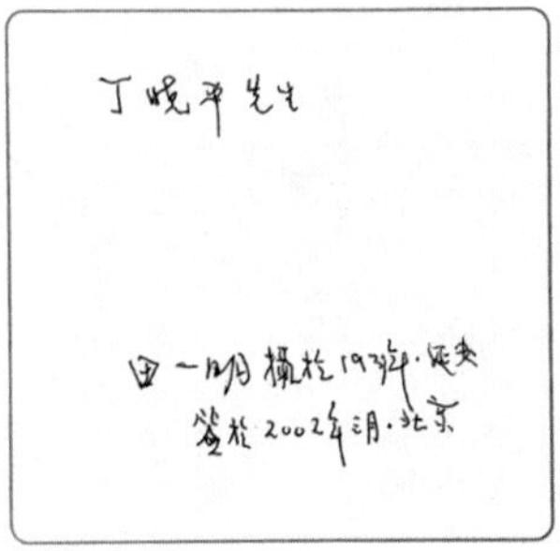

[图8.3]
2002 年 3 月，田一明先生为本书作者签名留念。

前后西安的一些具体情况："从你在西安看的情况，局势会怎么发展？"

田一明说："看来，最后免不了一打。"

"为什么？"

"西安从钟楼到鼓楼，蒋的军队又在墙上贴上了'攘外必先安内'的标语。蒋介石没有真正和平的意愿，他还要打。"

毛泽东认真地听着，点了点头，笑着说："蒋介石由不得他自己了。"语气非常肯定、自信、有气魄。

在随后的谈话中，田一明问了不少年轻人爱问的问题，毛泽东一一作了回答。

在谈话快要结束时，田一明提出想为毛主席照一张相。毛泽东慨然应允。

田一明回忆说："我们一同走出窑洞的门，在院中选一光线比较好的角度。我当时用的是德国 AGFA 牌的相机，胶片是 Film Pack，一张一张地抽换。因此，对光和抽换胶卷要费一点时间，毛主席站在天井中毫无着急之意，还一再说：'慢慢来。'当我要按下快门时，忽然有一只小鸡走到毛主席的身后，我正要赶那只小鸡时，毛主席摇摇手说：'不要赶，留上小鸡在身后更有生活气息。'当我们向毛主席告辞，离开那个并不大的天井时，我紧紧握着毛主席的手，仰望着他和蔼慈祥的笑容。我不知何时才能再见到中国人民的大救星毛泽东主席啊！"

值得一提的是，二○○二年三月，田一明先生在北京参加"两会"时，专门在新版的《毛泽东自传》一书上为笔者签名留念。[图8.3]

第九章

远方的客人，你请坐，让我唱个辣椒歌。

远方的客人，你莫见笑，湖南人待客爱用辣椒。

虽说是乡里的土产货，一日三餐少不得。

要问辣椒有哪些好？随口能说十几条——

去湿气，安心跳，健脾胃，醒头脑，

油煎爆炒用火烧，样样味道好，

没得辣椒不算菜呀，一辣胜佳肴！

《辣椒歌》

MAO TSE-TUNG

毛主席最爱唱的《辣椒歌》

你知道毛泽东主席在陕北的时候最爱唱什么歌吗？

埃德加·斯诺在《西行漫记》中披露了这个信息，我们可以在这部书第三篇《在保安》的第一节《苏维埃掌权人物》中看到下面这段话：

毛泽东的伙食也同每个人一样，但因为是湖南人，他有着南方人"爱辣"的癖好。他甚至用辣椒夹着馒头吃。除了这种癖好之外，他对于吃的东西就很随便。有一次吃晚饭的时候，我听到他发挥爱吃辣的人都是革命者的理论。他首先举出他的本省湖南，就是因产生革命家出名的。他又列举了西班牙、墨西哥、俄国和法国来证明他的说法，可是后来有人提出意大利人也是以爱吃红辣椒和大蒜出名的例子来反驳他，他又只得笑着认输了。附带说一句，"赤匪"中间流行的一首最有趣的歌曲叫《红辣椒》。它唱的是辣椒对自己活着供人吃食没有意义感到不满，它嘲笑白菜、菠菜、青豆的浑浑噩噩，没有骨气的生活，终于领导了一场蔬菜的"起义"。这首《红辣椒》是毛主席最爱唱的歌。

这篇文章的中文译本最早以《毛泽东印象记》为题，收入一九三七年十二月由大华编译、上海救亡出版社印行的《毛泽东印象记》一书，此后不同版本的《毛泽东印象记》或《毛泽东印象》像《毛泽东自传》一样，分别在一九三七年到一九三八年间、一九四五年到一九四七年间以不同版本翻印出版。二〇〇三年为纪念毛泽东主席诞辰一百一十周年，笔者将这两类图书的不同版本进行了重新编辑校订，以《毛泽东印象》为书名由中央文献出版社重新出版。

埃德加·斯诺说"《红辣椒》是毛主席最爱唱的歌"，但这首《红辣椒》到底是一首什么样的歌呢？歌词是怎么写的呢？现在已经鲜为人知。

经查证，这首《红辣椒》在今天的延安依然有乐谱传唱，歌词抄录如下——

远方的客人，你请坐，让我唱个辣椒歌。

远方的客人，你莫见笑，湖南人待客爱用辣椒。

虽说是乡里的土产货，一日三餐少不得。

要问辣椒有哪些好？随口能说十几条——

去湿气，安心跳，健脾胃，醒头脑，油煎爆炒用火烧，样样味道好，没得辣椒不算菜呀，一辣胜佳肴！

少年毛澤東

MAO TSE-TUNG

最早的毛泽东连环画《少年毛泽东》

　　连环画对我们来说一点也不陌生，二十世纪六七十年代出生的中国人，小时候几乎都是看连环画这样的"小人书"长大的。但你听说过或者看见过画开国领袖毛泽东的连环画《少年毛泽东》吗？你知道连环画《少年毛泽东》的作者是谁吗？你知道连环画《少年毛泽东》背后的故事吗？

　　笔者因为策划、发掘和编辑传奇之书《毛泽东自传》，得到了广大热心读者和众多红色收藏家的关注和支持，有的还和我成为好朋友。我就是从他们那里看到了这本旷世连环画瑰宝——解放前唯一画毛主席生平的连环画——《少年毛泽东》，并且记住了一个名字：米谷。

　　和许多人一样，"米谷"这个名字对我来说非常陌生。他到底是谁呢？他又是一个什么样的人呢？从二○○二年开始，我四处打听查找有关米谷的各种资料，寻找米谷的亲属，包括从米谷先生生前工作的中国美术馆研究部打听，但终无消息。最后，经过四年多的寻找，终于辗转找到米谷夫人张笑英女士。在她和子女们的娓娓叙说中，一个以火一样的激情投身革命真正与人民同呼吸共命运的艺术家、一个以火一样的热情敏锐执着聪明灵巧地挚爱生活的艺术家、一个以火一样的感情虚怀若谷没有功利高度自觉肩负使命的艺术家，以其不可磨灭的革命贡献、不可比拟的艺术成就和不可抗拒的人格魅力，给我们打开了其灿烂的艺术之门。［图7.1- 图7.3］

[图 10.1]
连环画《少年毛泽东》平装本

[图 10.2]
连环画《少年毛泽东》扉页

[图 10.3]
连环画《少年毛泽东》精装本

《少年毛泽东》

连环画《少年毛泽东》系著名画家米谷（原名朱吾石）先生 1948 年秋在香港创作，
1949 年 1 月由香港新民主出版社出版，小 16 开，有精装、平装两种版本面世，但
总印数仅 2000 册。这是第一部反映毛泽东生平事迹的连环画作品，是十分珍贵的
革命历史文物，具有极高的史料、美术和收藏价值。当时，米谷先生受香港《文汇
报》主编徐铸成之邀，担任《文汇报》"漫画双周刊"主编。连环画《少年毛泽东》
是米谷在阅读《西行漫记》第四章《一个共产党员的来历》（即《毛泽东自传》内容）
之后而创作的。它选取了毛泽东人生少年时代（1—13 岁）的故事为蓝本，用钢笔
在白报纸上以黑白两色勾勒而成，共 87 幅。这部作品被誉为"中国现代连环画真
正的先驱"和罕见的"超时代"经典作品，享有"连坛神品"之称，是中国美术史
上不可多得的里程碑式的艺术品。本书在尘封 60 年后经笔者重新发掘整理校订，
于 2009 年 1 月由中国青年出版社重新再版，受到广大读者欢迎。

一九三七年米谷"拿着漫画这个标枪"
步行八百里投入延安的怀抱

MAO TSE-TUNG

一九一八年十一月四日，浙江海宁县斜桥乡西环桥埭西万缘坊四号的"德树堂"朱家有了弄璋之喜，雷生公长子十九岁的朱继堂为朱家添了一个孙子，取名朱禄庆。可在小禄庆不满四岁的时候，父亲突然病故。分家后，母子分得"同茂森"南货店和"公茂"米店一半及三十余亩土地。孤儿寡母不善经营，就将店铺和田地租让他人，收取微薄租金度日。这就是米谷的童年。

十岁那年，米谷入斜桥镇斜川小学读书，一九三一年毕业后考入"海宁乙种商科职业学校"（后并入县立初中）。也就是这一年，九一八事变爆发，震惊全国，消息传至海宁，工人学生纷纷上街示威游行奋起抗日，米谷在老师的带领下与同学们一起上街演讲，用他的画笔临摹抗日宣传画，从此与绘画结下不解之缘。

一九三四年，十七岁的米谷初中毕业考入杭州艺术专科学校高中部（即西湖艺专），将朱禄庆之名改为朱吾石。[图10.4] 同年十月奉母命与出身书香门第的张笑英结婚。夫人阿英聪明贤淑，知书达理，夫妻恩爱，共生育子女七人。

一九三五年，米谷转入上海美术专科学校学习西洋画，并开始创作漫画向鲁少飞主编的《时代漫画》月刊投稿。次年，米谷以朱吾石本名在《时代漫画》四月号的封面上发表了政治讽刺画《夜上海》。从此，米谷开始了其在中国独树一帜的政治漫画生涯，自觉地"拿起漫画这根标枪，

[图10.4]

米谷（1918—1986）

生龙活虎地向旧社会的黑暗、国民党反动派、帝国主义、霸权主义战斗"（黄苗子）。也就是这一年，他的另一幅反映上海租界的上层阶级寄生人物和他们主子卑劣无耻的丑恶嘴脸的漫画——一个提着鸟笼的上海流氓画像，参加了在上海举办的第一届全国漫画展览。在二十世纪三十年代，上海就有一些专门从事描绘歌颂殖民地半殖民地都市中的资产阶级少爷小姐太太糜烂淫逸生活的漫画家，而年轻的米谷从一开始就一往情深并始终如一地投身时代洪流，站在抗日民族统一战线的旗帜下，坚持民族大义，成长为一名走向革命道路的漫画家。

一九三七年七月中华民族掀起了全面抗战，上海美专停学，米谷回到家乡，与同学褚学潜等组织"抗敌后援会"，积极进行抗战宣传活动。在民族危亡、国难当头的时刻，米谷在这年十一月毅然决然地抛弃舒适的家庭生活，离高堂老母，别娇妻幼子，历尽千难万险，投奔延安参加革命。米谷于年底到达当时抗日的中心汉口，在那里他与幼年同学张鹤龄（笔名张惊秋、殷白，重庆市书协名誉主席）在汉口生活书店相遇，于是两人决定同赴延安，同行的还有浙江同乡余宗彦和王野翔。殷白先生回忆说："我们四人辗转到达西安，钱已用完，幸得一位姓寿的同乡前辈资助，才有继续前进的生活费用。我们毅然登程，步行去延安。从西安到延安八百华里，我

们走了将近半个月。这倒不是年轻腿软，而是由于踏上祖先发祥之地的黄土高原，心情十分兴奋，多所瞻仰、流连、耽搁之故。米谷常停下来勾画，四人轮流每天作详细的集体日记。以致行抵延安城南三十里铺时，已经断粮，只剩下仅够住店的两角钱了。这天我们不吃晚饭，一人喝了一碗店家的米汤。第二天微明即起，背起背包，迎着从延安吹来的晨风，迈开了大步。不多时，宝塔山上的宝塔在望，我们不禁欢呼跳跃，投入延安的怀抱。"

他们是一九三八年二月到延安的，先都进了陕北公学。米谷和张惊秋同编在十五队。张为墙报委员，米谷当墙报美术编辑。六月份，米谷随陕北公学迁往枸邑的分校，负责政治部宣传工作。是年，米谷在延安加入中国共产党。一九三九年一月，米谷又奉命返回桥儿沟，入鲁迅艺术学院美术系学习、任教和创作。在这里，米谷开始为八路军后方政治部刊物《前线》创作漫画，并为延安的大生产运动画宣传画。也就是在这个时候，米谷的"手上、嘴边多了一只后来为人们熟悉的烟斗，这是助他勤思勤画的"。为培养艺术人才，米谷在这里还与著名画家华君武一起创办了"漫画研究班"。

在延安，米谷还以其独有的艺术家眼光悉心收集了大量朴实生动、别具一格的陕北民间剪纸，进行陕北民间美术的研究。[图10.5] 前中央美术学院院长、全国美协主席

江丰回忆："一九四一年他离开延安去南方工作，剪纸便交由我保管。四年后在张家口，我便同艾青把它编印成集。这批米谷心爱的，并为人民喜见的珍贵剪纸艺术，才得以保存下来。"

一九四一年八月，二十四岁的米谷由组织派往苏北新四军第一师，在该师文工团任美术组长。次年五月，他在未带党组织关系的情况下被派入浙江沦陷区做宣传工作，后因部队转移，与组织失去联系。米谷回到家乡斜桥，一边为母校学生讲解放区儿童英勇斗敌的故事，一边为孩子们画"世界各国小朋友"的连环画，激发少年的爱国热情。次年一月，米谷在母校担任教师。米谷当年的学生吴振华回忆："一九四二年的斜桥和全国一样，正处在日本侵略的铁蹄蹂躏之下，听到的多是日本军歌声、狼狗声、刺刀声，在此种情景下老百姓确实难以生存下去。作为一个孤儿我就更难生存了。在朝不保夕的情况下我还是坚持读书，因为有像米谷这样的好老师为我们上课。上课的内容有音乐、有劳作，教育方法很生动。音乐课教的是延安的《一条扁担》《南泥湾》和李叔同的'长亭外，古道边，芳草碧连天……'使我们这批孩子从小加深了对祖国的感情，同时对日本侵略军充满痛恨。……老师的观点是：生来无贵贱，要求生存、求平等、求自由、反压迫、反饥饿、反侵略。在日本的眼皮底下米谷老师用解放区那种革命思想来灌输学生，所以说在我心里早就埋下了唯物的火种，甘心情愿去为革命呐喊，我们去贴抗日标语，去刻老师画好黑白的抗日版画，学生和老师生死与共。为了民族的利益去争取解放，和鬼子展开面对面的斗争。"

[图10.5]

米谷收藏的延安剪纸作品

"米谷的每一幅漫画都说明他是一个战士！"因此被列入暗杀的黑名单

MAO TSE-TUNG

一九四二年七月，米谷来到上海，在成都路一百二十号私人广告社画广告，并做舞台设计。起初通过同学石帮书等朋友介绍在大华电影院的美工主任所设的美术工厂画电影海报，条件十分艰苦。在这里，米谷住的是一间像蒸笼一样的小阁楼，每天吃的是冷饭冷菜，但依然乐观，专心作画抨击帝国主义侵略者和国民党反动派。后来因为被反动当局发现，追捕，遂被解雇失业。之后又在石帮书和其夫人的帮助下，米谷在一家名叫振华的实业公司（上海久孚化学工厂）当了一年会计。后来又在上海钱业中学当了半年美术教员。据石帮书回忆："当时还在敌伪时期，孤岛环境险恶，他当然不能像抗战胜利后揭露和抨击美蒋反动派那样，正面抨击日本侵略军和汪伪政府的罪行，但是他仍然用一些迂回曲折的笔锋，去描绘战争给予人民的悲惨生活，寄到国外左派刊物区争取发表。"这一年，米谷一边靠当会计作掩护养家糊口，一边用笔名"令狐原"创作了大量的政治讽刺漫画，发表在《光明日报》《光华日报》《新申报》和《什志》上。米谷以《伊索寓言》中弱肉强食的故事，画了许多讽刺日军侵华的漫画，像一枚枚匕首投枪射向敌人，让侵略者胆战心惊。据说，米谷当年创作激情高涨，往往半夜梦醒来了灵感，就在睡觉的床板上画，把床板都画满了。

米谷的政治漫画构思巧妙，自出机杼，深入浅出地反映人民群众关心的热点、焦点问题，客观真实，针砭时弊，寓

[图 10.5]
米谷（左二）在鲁迅纪念会上

意深刻，成一家风骨。前中国新闻漫画研究会会长、著名漫画家沈同衡先生回忆："那时我们唯一的工作是搞漫画，每天都需要反内战、反独裁、反迫害的大量漫画在报刊发表，浩浩荡荡的示威游行队伍都需要巨幅漫画，街头的橱窗和墙上有时也出现漫画，还有成套的系列漫画在地下巡回展出。这时还创立了以工人学生为主要成员的漫画工学团。没有经费，没有脱产干部，连个会址也没有，可是干得多来劲、多痛快！"王乐天先生回忆说："抗日战争胜利后，我们都在上海进步报刊作漫画。当时他为《大晚报》编辑漫画专栏，并为《文汇报》《文萃》《时与文》等报刊创作政治漫画。他的漫画创作生涯，严格地说，也是开始用'米谷'这一笔名（漫画签名用 M.K）才崭露头角的。当年他的作品矛头所向，旗帜鲜明地反映了他的政治立场，而表现技巧和人物刻画等等，更显示了他熟练地掌握了漫画的特有功能。因此他的作品一旦问世，立即博得同道和读者们的一致赞扬。由于不少作品紧密地结合当时反内战、反饥饿的国内政治形势，犀锐有力地揭露了美蒋的依附关系和法西斯统治，势所必然它会引起广大读者的共鸣，激发大家的爱国热情。"[图10.5]

米谷正式用"米谷"这个笔名发表作品是在一九四五年的八月。当时，米谷因画讽刺漫画被特务四处跟踪和追捕，就干脆辞职以漫画投稿为生，在《群众》周刊、《文汇报》《新民晚报》《文萃》《周报》《时代日报》《光华日报》《新申报》《联合晚报》《时与文》《大众》和《什志》上发表了大量讽刺美英日帝国主义的侵略本质的政治漫画作品。同时，米谷还和陶谋基合编了《华美晚报》的漫画专版，作品矛头直指国民党反动派。因为米谷亲身经历了延安革命根据地农村和半殖民地腐朽堕落城市这两个截然不同的世界的生活，所以他的这些作品紧跟党的政策，密切结合"反内战、反迫害、反饥饿"的国内政治形势，深刻揭露了美蒋勾结和法西斯统治的实质，成了反帝反封建反官僚主义的武器。广大民众读了米谷的政治漫画，就像上了一堂时事教育课，而敌对者却惶惶不可终日，以致把他列入暗杀的黑名单。这个时期米谷的漫画如：《好一名"壮丁"》《上海滩的"哑剧"》《请君"一饱"眼福》《招收下一幕临时演员》《同心协力挖蒋根》《蒋武松打虎》《这是我昨天穿的鞋吗？伪金圆券》《廿年江湖独脚戏》等作品，处处闪烁着对反动派强烈的讽刺之火，像一枚枚炸弹炸在敌人的胸口。

在白色恐怖笼罩下的上海，二十世纪四十年代中期的那一段日子，却被忙得不可开交的漫画家们称作"漫画时代"。"米谷在这时候扮演了一个无比勇敢的角色，他的大量对着政治舞台上的否定现象攻击的漫画使被揭露、抨击的对象发抖，也使广大的读者欢呼、鼓舞。'漫画时代'给漫画家们提供了丰富的攻击对象，但漫画家敢于以漫画作为武器投入战斗还要依赖自己强烈的正义感和最大的勇气，那时候某些突发的政治事件，人们就等待着看米谷迅速地在漫画上怎样表示态度——他肯定什么。赞扬什么和他否定、鞭挞什么。当他无情的画笔拆穿了伪善者的假面和对那些幽灵一样的活人大棒挥过去的时候，善良的人们会为米谷的安全冒一身冷汗，人们明白他是生活在随时可以'自行失踪'的地方。米谷的每一幅漫画都说明他是一个战士。"著名画家黄蒙田在《悼念米谷》一文中如此评价米谷，令人感动，让我们看到了作为文艺战士的米谷，和在沙场上用大刀长矛用钢枪大炮英勇杀敌的战士一样，是一个真正的英雄！

中国新闻漫画研究会会长、著名漫画家方成说："米谷在上海报刊发表的漫画（自政治讽刺画）有很突出的特色：既有强烈的讽刺效果，又有动人的幽默感，和早期我国的漫画（政治讽刺画）显然不同。……米谷所处时代不同，在无产阶级思想引导下，正义者对胜利充满信心，以居高临下的鄙夷姿态进行战斗，所作的讽刺画便多以笑作为艺术手段，将讽刺对象置于十分尴尬的境地，讽刺语言也十分生动感人。米谷善于作大幅度夸张描绘，人物形象在画面上引人瞩目，绘制上又很讲究，笔墨技法和构图各方面都力求精美，使作品艺术效果得到充分发挥，表现出艺术家创作的严肃态度。这都是令漫画家和读者敬佩的。"

一九四七年国共谈判破裂后，中共党刊《群众》杂志被迫迁往香港，进步报刊《文萃》编辑部也遭到破坏。米谷遭到国民党警察的通缉追捕，被迫离开上海回到故乡。可等米谷回家后才知道国民党海宁县当局已经与上海警察局联手，正在追捕缉拿他。于是他又秘密潜回上海。十二月的上海，笼罩在随时都会"突然失踪"的白色恐怖中，爱国进步人士惨遭暗杀的消息不断传来，文艺家纷纷转往香港避身。继余所亚、丁聪、沈同衡、方成之后，通过林默涵的联系，米谷也前往香港避难。

[图 10.11]
米谷漫画像 / 丁聪 绘

[图 10.12]
米谷生活照

米谷在香港绘制的
连环画《少年毛泽东》
"在政治上的作用不可低估"

MAO TSE-TUNG

[图10.13]
经笔者重新校订的米谷连环画《少年毛泽东》由中国青年出版社 2009 年 1 月出版。

　　一到香港，米谷在林默涵安排下住在中共刊物《群众》杂志的住所，继续以漫画为武器投入战斗。每天他都要创作一幅乃至数幅质量较高的漫画，以"米谷""M.K""李诚""石兰"等笔名发表在《华商报》《文汇报》《群众》周刊上。米谷很快就以其惊人的创作激情、卓越的艺术才华和与众不同的艺术风格，引起了人们的注意和赞许。此时，刚刚复刊的香港《文汇报》主编徐铸成慧眼卓识看中了米谷，力邀其加盟，请他担任《文汇报》的"漫画双周刊"的主编。当时《文汇报》除了米谷担任主编的"漫画双周刊"之外，还有茅盾担任主编的"文艺双周刊"、侯外庐担任主编的"社会学周刊"和翦伯赞担任主编的"史地双周刊"等八个双周刊。

　　一九四八年七月，米谷由林默涵和范剑侠介绍，在香港再次加入中国共产党。担任"漫画双周刊"主编后，米谷搬到《文汇报》当时所在地的荷里活道的一座小楼上，每天都为《文汇报》创作两幅漫画，一幅是国际政治讽刺画，一幅是《香港小姐》的专题画。

　　而此时的香港也已经成为中国文艺活动的中心，国内的知名学者群贤毕至，群英荟萃。米谷和其他漫画家们一起参加了由老漫画家张光宇担任会长的进步美术家组织"人间画会"。米谷一来就担任了人间画会的副会长兼秘书长，并和另外副会长黄新波、特伟等主持画会的工作。

他们三人都是共产党员，在中共香港文化工作委员会乔冠华、邵荃麟、夏衍、林林等同志领导下开展工作。画会团结了大批进步美术家如关山月、王琦、廖冰兄、黄永玉等三四十人，阵容强大，旗帜鲜明，备受关注。期间，米谷对画会的《时代漫画》"反扶日特刊"的出版展出作出了很大努力，并在画会主办的"年轻人大学漫画学院"授课。同时，他还与张光宇、特伟、丁聪等编辑出版《这是一个漫画时代》月刊。漫画家张文元说米谷是当时香港"创作最旺盛、影响最大的"漫画家。[图10.6]

与米谷同龄的著名漫画家方成，在创作上一直尊米谷为"前辈"，他在《我所知道的米谷》一文中说：米谷"热情地帮我修改画稿，因而交往多起来，逐渐熟识。我喜欢他那胸怀坦荡，对人推心置腹的性格，因此见面我是无话不谈的。除了政治讽刺画外，我们还画连环漫画在报纸上连载。他画的《上海小姐》登在《文汇报》，廖冰兄的《阿庚》在《华侨日报》，我画的《康伯》在《大公报》，各据一方。'上海小姐'有时拿'康伯'开心，'康伯'有时也出'上海小姐'的洋相。《星期报》是画刊，整版漫画都由'人间画会'包办，组稿便在画会内进行，常是米谷主持，分配任务。画会不仅指导会员的工作和学习，还要关心会员的生活问题，作为画会领导人，米谷一直是繁忙的。"

米谷是漫画家，更是革命队伍的一员。长期的革命斗争生涯使无产阶级使命感与他的艺术敏感水乳交融般地浸润着他的全部身心。就是在这个时候，米谷绘制了连环画珍品《少年毛泽东》。这本连环画选取了毛泽东人生的少年阶段一至十二岁（一八九三年到一九〇五年）的成长故事，是用钢笔在白报纸上以黑白两色勾勒绘成，共八十七幅。整个作品继承和发扬了绘画艺术的写实传统，构思豪放洒脱，形象适度夸张，线条简洁洗练，造型细腻秀逸，用笔粗犷有力，既形真神肖又生趣盎然，既玲珑剔透又呼之欲出，处处散发着爽朗、豁达和坦诚的艺术风格。

连环画《少年毛泽东》是米谷一九四八年下半年在百忙的工作之余绘画的，而且都是利用休息时间加班加点在自己的宿舍完成的。米谷白天在报社上班画画，晚上在家里也没有放下画笔，他是一个为革命工作的不知疲倦的艺术家！他正是在闻讯人民解放军在解放战场上势如破竹捷报频传的情况下，抑制不住创作的激动，在画漫画的间歇中提起笔来画起了连环画。而当时米谷正好与廖沫沙和林默涵两位同志是邻居，又都是中共党员，共同的信仰追求自然成就了革命的友谊。廖沫沙和林默涵又是《文汇报》的《社会大学》的"顾问"，负责回答读者来信的复信工作，在《文汇报》上班的米谷也就自然地承担了读者来信和复信来去往返的"信使"。米谷在此时看到了美国著名记者埃德加·斯诺在一九三六年采访陕北苏区后，于一九三八年出版的《红星照耀中国》一书的中译本《西行漫记》，对其中毛泽东个人自述的第四篇《一个共产党员的来历》产生了浓厚的兴趣，于是，在廖沫沙、林默涵等帮助鼓励下，完成了连环画《少年毛泽东》的创作。[图10.7~图10.9]

按照米谷的初衷，《少年毛泽东》只是他画毛泽东的"第一部"，他是准备按照毛泽东的"口述"分几部一直画到长征胜利到达陕北的毛泽东的。但由于各种原因这项工作米谷没有继续下去，《少年毛泽东》一九四九年一月在香港由新民主出版社出版发行半年后，他就奉命启程回到已经解放的上海了。

《少年毛泽东》初版仅印刷了二千册，十六开本，每册定价港币二元五角。新中国成立后，作为政治漫画家闻名的米谷投入了热火朝天的建设新中国的工作中去，把精力一直投在新中国的漫画事业上。而《少年毛泽东》作为米谷这位政治漫画大师的连环画作品，也就被不知不觉地湮没在他的那些大快人心的政治漫画之中，渐渐地被人遗忘，至今仍然没有正式再版重印。而米谷于一九四九年三月在香港《文汇报》连载的、被中国连环画界捧为"连坛神品"的连环画《小二黑结婚》，亦很少被人提起或注意。

在《少年毛泽东》中还有一张非常珍贵的插页，这就是米谷一九四八年在香港画的毛泽东主席的一幅速写画像。[图10.10]据陈钦源先生在一九八六年十二月的《文汇月刊》上撰文《哀米谷》中介绍：关于米谷的艺术活动，"还有一件事不可忘记：当百万雄师过大江之际，他画了毛主席、朱总司令两幅速写画像，署名M.K，登在香港《文汇报》第一版上。当时，解放军大军奉命渡江进击，香港《文汇报》还出过'号外'，也登过这两幅速写像。米谷这两幅速写像画得很好，后来国内的报纸也刊用过多次。"

著名漫画家方成先生对米谷的连环画《少年毛泽东》亦记忆犹新，他回忆说："米谷的画十分生动，讽刺尖锐，在报纸上地位突出，吸引了不少读者。记得那时米谷还画了一本连环画叫《少年毛泽东》，销路很广，我亲戚家里大人孩子都爱看。香港居民对共产党及其领导人很不了解，反动宣传的恣意歪曲，使他们对共产党和社会主义心怀疑惧，这本通俗的'小人书'在政治上的作用不可低估。"

米谷在连环画《少年毛泽东》一书后面还写了一个"后记"，现抄录如下：

用我这支拙劣的笔，来描绘中国人民领袖毛泽东的故事，我是感到惶恐的，但是，在朋友们的鼓励帮助下，我下了最大的决心与精力，终于使这第一部能与各位见面了。

由于材料搜集的困难，使这工作做起

[图 10.7 - 图 10.9]

连环画《少年毛泽东》画页

来感到非常棘手，这一本画册的主要根据是史诺（即斯诺，笔者注）在一九三六年（应为一九三八年出版，笔者注）所出版的《西行漫记》中的第四章《一个共产党员的来历》。虽然据史诺说这些材料是由毛泽东自己向他讲述的，但我们不能不怀疑一个资本主义美国的记者，是否不会应用他的生花妙笔，把某些适合美国知识分子胃口的小事情来加以渲染和夸大。因此，在目前，这一工作仅能说是作为一种技巧的试探，至于内容的正确性还需要待全国解放后，才能加以修正。

最后，我要感谢沫沙、牧良两兄，在我的工作的进程中，他们给了我许多帮助与鼓励。

M.K 后记
一九四八年香港

由此，我们不应该忘记，作为政治漫画大师的米谷，其实也是一个十分难得的连环画大家。

一九四九年五月二十七日，上海解放。米谷奉组织之命，在香港与画家任嘉尧一起乘坐一艘太古轮船回到上海。六月初，米谷任《解放日报》编委兼艺术组组长。七月，米谷随华南文艺工作者代表团到北京参加第一届全国文代会，同年担任了中华全国美术工作者协会上海分会主席。

一九五〇年六月，《漫画》月刊在上海创刊，这是新中国成立后第一本漫画专刊。米谷是它的创始人和主编。据米谷子女们回忆说："那时《漫画》编辑部就设在我们家里。当时我们家住在绍兴路二十号，一楼小客厅就是他们的会议室和工作室，中间放着一张大桌子，就是他们的写字台和画桌，每月一期的《漫画》就从这里编出去。父亲白天去报社上班，下班回家继续埋头工作或作画，星期天也不例外，常有朋友来家开会、商谈、编刊物、作画等等。他的热情总是那么高，精力总是那么充沛。这种不知疲倦全身心投入工作的精神给我们留下了难以磨灭的印象。"

米谷虚怀若谷，善于团结同道，乐于培养新人，在主编《漫画》月刊十年间，张光宇、叶浅予、鲁少飞、丁聪、廖冰兄、张乐平、张文元等都参加了编委和撰稿工作。著名漫画家洪荒回忆说：米谷"每天忙得不可开交，但仍坚持天天创作。为了配合宣传，那时他经常组织上海美术家（包括漫画、连环画、版画、油画等作者）集中在《解放日报》创作。往往先传达精神，分发选题提纲，然后讨论草图，到完稿，编划版样，搞到深夜付印。第二天早晨，整版画刊展现在街头，里弄的贴报栏上及广大读者面前。这些画刊为基层提供复制材料。这种团结战斗的作风，至今为上海美术家怀念难忘。"

一九五四年米谷当选华东美术家协会副主席。次年六月，《漫画》月刊迁往北

[图 10.10]

毛泽东肖像 / 米谷 绘

京，作为主编，米谷举家北上。五年后因国家财政困难，
《漫画》停刊。一九六一年米谷任中国美术馆研究部主任。
而在主编《漫画》十年里，《漫画》编辑部成了中国漫画
人才的课堂，他也是许多漫画家和爱好者所敬仰的老师。
米谷说"救活一幅画，胜过救活一个创作生命。"对任何
一幅自然来稿，米谷都不轻易喊"枪毙"，他总是和编辑
部同志们一起围着稿件像医生会诊一样，绞尽脑汁，推敲
斟酌，经过他点铁成金，一幅幅作品起死回生。像毕克官、
缪印堂、韩羽、肖里、詹同、丁午、于化鲤、陈永镇、何
苇等等这些漫画家的成长，米谷都是倾注了心血的。因此
米谷被誉为漫画艺术的"催生婆"。

《中国漫画史》一书指出：米谷的漫画"有细致描绘
的特点，在同时代的作者中，米谷是运用笔墨线条较多的

一个。这在上海和香港时期最为明显。他笔下的漫画形象，似乎是在连环画造型的基础上进行提炼和夸张的，因而人物造型具体而生动。"

米谷是名震中外的现代杰出的漫画大师，他的许多作品被英、法、美和苏联等国家的报刊转载，在国际漫画界享有盛誉，被人们称为"中国的'大卫·罗'（英国杰出的漫画大师）"。他也是当之无愧的公认的中国最有影响的政治讽刺漫画家，是中国乃至世界最杰出的政治讽刺漫画家之一。米谷把他的笔直指中国法西斯国民党反动派、热情歌颂中国人民的伟大解放战争，在中国漫画史上树立了一座丰碑。一九八六年十月二十日，六十八岁的米谷在卧床昏迷八年后，离开了这个世界，他带走了的是痛苦和遗憾，给我们留下的是他的艺术给人民带来的欢乐和高尚。著名漫画家廖冰兄称米谷是无愧于"革命文艺军猛将，中国漫画界楷模"的"艺术巨擘"。 [图10.11- 图10.12]

米谷逝世后，他的亲属将其珍藏的一百零九幅原作和生前遗物及在家乡的故居房产，无偿捐献给党和国家，并资助两万元在海宁县建立了爱国主义教育基地——"米谷画廊"，这也是中国第一个漫画家纪念馆。米谷亲属还将二千七百多幅米谷漫画原作无偿捐赠给广州美术馆，供更多年轻一代的漫画爱好者去学习和研究。

（全文）

湖南農民運動考察報告

毛澤東

新華書店發行

MAO TSE-TUNG

最早的毛泽东标准照

最早的毛泽东标准照到底是一个什么模样呢？

这或许是一个人们很少思考的问题。

一提起毛泽东的照片，现在大家最熟悉的莫过于三幅——一是天安门城楼上的毛泽东画像，二是一九三六年斯诺给毛泽东拍摄的头戴红五星八角帽的戎装照，三是现在发行的人民币百元纸币上的毛泽东画像。显然，这些都不是毛泽东最早的标准照。

[图 11.1]
中华苏维埃共和国中央政府主席毛泽东。

最早的毛泽东"标准照"来自哪里

MAO TSE-TUNG

　　毫无疑问，毛泽东最早的标准照，无论是从时间还是地点上来说，都应该出现在土地革命战争时期的江西。一九二七年大革命失败后，毛泽东亲手创立了井冈山革命根据地。一九三一年十一月一日至五日，在中央苏区党组织召开的第一次代表大会（赣南会议）上，毛泽东受到排挤，被指责为"狭隘的经验论""富农路线"和"极严重的一贯右倾机会主义"。十一月，毛泽东在中华苏维埃第一次全国代表大会上作报告；在中华苏维埃共和国中央执行委员会第一次会议上当选为主席和人民委员会主席。一九三二年一月，受到排挤的毛泽东到江西瑞金城郊东华山古庙休养。也就是在这个时候，毛泽东才有了第一张标准照，是以中华苏维埃共和国主席的身份，悬挂在当时瑞金苏维埃政府的墙壁上。 [图11.1]

　　毛泽东的这张照片，最早公开发表在一九三五年二月十五日出版的《老实话》杂志第五十六、五十七期的合刊上。在本期合刊的封三上，分上下两栏发表了三幅图片。上栏刊登的是方志敏[90]、刘畴西[91]、王如痴[92]三位红军将领被捕后的合影照片。而在下栏发表的正是"中华苏维埃共和国主席毛泽东"和"中华工农红军总司令朱德"的"标准照"。

　　从《老实话》的封三插图上，我们还可以看到，在毛泽东和朱德的这两幅照片下方，清清楚楚地写着这样一行

[90] 方志敏（1899年8月21日—1935年8月6日），原名远镇，乳名正鹄，号慧生。江西上饶市弋阳漆工镇湖塘村人，中国共产党革命家、政治家、军事家、杰出的农民运动领袖，土地革命战争时期闽浙（皖）赣革命根据地和红十军团的缔造者。1922年8月加入中国社会主义青年团。1923年3月转入中国共产党。1928年1月，参与领导弋横暴动，创建赣东北苏区。先后任赣东北省、闽浙赣省苏维埃政府主席，红10军、红11军政治委员，中共闽浙赣省委书记。他把马克思主义与赣东北实际相结合，创造了一整套建党、建军和建立红色政权的经验，毛泽东称之为"方志敏式"根据地。1935年被捕牺牲。

[91] 刘畴西（1897—1935），湖南望城人；中国共产党早期军事领导人之一；黄埔军校第一期毕业；军校毕业后任黄埔军校教导团第一团第三连党代表；在第一次东征时光荣负伤，失去左臂；1929年初赴莫斯科伏龙芝军事学院学习；1930年8月回国到中央苏区工作，任红一军团第三军第八师师长；在多次反"围剿"作战中屡立战功，被誉为"独臂将军"；1933年2月任福建军区总指挥，闽浙赣军区司令员兼红十军军长；

说明文字——

"瑞金克复后墙上所遗留之匪首石印像片"

从这一行说明文字中，不用分析，我们就可以得出这样一个结论：毛泽东和朱德的这两张照片显然是当时红军领导人的标准照。[图11.2]

毛泽东的这张标准照，一九二七年拍摄于武汉。我们知道，一九二七年，毛泽东在一月四日至二月五日，用了三十二天的时间在湖南考察了湘潭、湘乡、衡山、醴陵、

1934 年 8 月被授予二级红星军功章，11 月任红十军团军团长；之后，在谭家桥战斗中，遭王耀武重创，转移至怀玉山。1935 年 1 月，在怀玉山区被国民党重兵包围被俘，8 月 6 日在南昌与方志敏烈士一同英勇就义。

[92] 王如痴 (1903—1935)，又名王睿欧，王书铨，1903 年 1 月 16 日生，衡永郴桂道祁阳县太和堂（今衡阳市祁东县太和堂镇）人，著名革命烈士，无产阶级革命家、军事家、政治家。中国工农红军著名战将和高级指挥员，井冈山革命根据地、中国人民解放军创建人与领导人，开辟了闽浙赣革命根据地，历任红五军第八大队党代表、红六军军委常委兼红六军第二纵队政治委员、红三军第八师政治委员、红十三军政治委员、红一军团三十一师政委、红十一军政治委员、红十军军长兼政治委员、中华苏维埃共和国中央执行委员、红十九师（红七军改编而成）师长、红十军团重要领导人等。

[图11.2]
1935 年 2 月 15 日出版的《老实话》杂志封三。

长沙五县的农民运动。随后，他于二月十二日回到武昌。本月下旬，杨开慧带毛岸英、毛岸青和保姆陈玉英抵达武昌，一家人住在武昌都府堤四十一号。这年三月，他在中共湖南区委机关刊物《战士》周报发表了《湖南农民运动考察报告》。^[图11.3]从三月七日至十七日，他在武汉出席了国民党二届三中全会。四月十二日，蒋介石却在上海发动了反革命政变。四月二十七日至五月九日，毛泽东出席了中国共产党第五次全国代表大会，被选为候补中央执行委员。八七会议结束后，毛泽东奉命离开武汉，回到湖南贯彻八七会议精神，全权负责改组湖南省委。也就是说，从一月到八月，毛泽东一九二七年在武昌生活居住了九个月时间。

那么这张标准照是什么时候拍摄的呢？

[图11.3]

1927 年，毛泽东撰写的《湖南农民运动考察报告》。

[图11.4]

1927 年 3 月 10 日。毛泽东参加国民党二届三中全会开幕式。毛泽东位于中排右三。参加这次会议的还有宋庆龄（前排左六）、吴玉章（前排左十）、董必武（中排左二）、林伯渠（中排左九）、夏曦（后排左四）、恽代英（后排左七）和邓演达（后来左八）。

[图 11.5]
这张毛泽东图片是从大合影中裁剪处理的。

[图 11.6]
毛岸英和中国同学在莫斯科国际儿童院。

　　经考证,笔者认为拍摄于一九二七年三月十日。这一天,毛泽东参加了国民党二届三中全会开幕式,并拍摄了合影留念。[图11.4-图11.5]在这张合影中,毛泽东站在中排右边第三位。参加这次会议的还有宋庆龄(前排左六)、吴玉章(前排左十)、董必武(中排左二)、林伯渠(中排左九)、夏曦(后排左四)、恽代英(后排左七)和邓演达(后来左八)。

　　另外,从《救国时报》发表的毛泽东照片来看,一九三六年十二月之前该报刊登的毛泽东照片均为这幅肖像(参阅本书第三章《〈救国时报〉上的毛泽东》)。而一九三七年在莫斯科国际儿童院里,也曾悬挂过这张毛泽东的"标准照"。我们可以在毛岸英和国际儿童院的中国同学在父亲毛泽东的照片前的合影中可以看到。[图11.6]

发表毛泽东"标准照"
的《老实话》是一个什么刊物

MAO TSE-TUNG

《老实话》杂志是国民党北平军分会政治训练处主办的一份旬刊，办刊地点在当时西单兴隆街南安里二号。

［图11.7- 图11.8］

据该刊主编张佛千回忆说：

民国二十四年我于役北平，华北局面日紧，国家积极备战，我奉命随众加入青帮，以便将来转入地下工作或参加游击可得到助力。我们拜的就是杜心五老师，他是北方青帮大字辈的领导人。一头黑发，双目炯炯有神，身材不高，看上去不过五十许人，有人说他已过九十。

青帮收徒要"拜香堂"，那是素文缛节的隆重大礼。后来我曾参观一次"拜香堂"，地点是一个像王府的深深庭院，要走过好几进屋子，跪拜无数，要折腾两三个小时。杜老师对我们这一群人特别破例，只要办一桌酒席，老师高坐在上，我们一一下跪敬酒，规定两手五指提住衣领，作一个简单的姿势，现已记不清了。我们在北平西长安街一家很大的饭庄（好像叫××春）请酒，与我一同拜师的记得有现亦在台的张宣泽兄（他当时担任对傅作义的联络工作，后来做了朱长官绍良的佳婿，甘新省府委员，银行监理官等）。拜师后发给我们一枚铜质圆形证章，上有简单的图案，据说是全国帮会团结抗日所统一制发。拜师后将近一年中我曾看过他十多次，他对我极为亲切，每次都

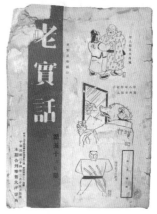

［图11.7］
1935年2月15日出版的《老实话》杂志封面。

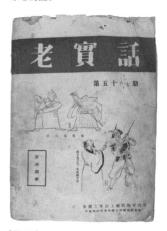

［图11.8］
1935年2月15日出版的《老实话》杂志封底。

要我坐在他身旁，常常向来客夸我："能言善道，文章又写得好，是我们新得的人才。"很想访问他的生平，但来看他的人太多，找不到一段清净的时间。心想以后有的是机会，我带了照相机，照了很多像。

我后来何以未留在北平而去了上海，需要简述我的工作情况。我在北平主编一本旬刊《老实话》，是北平军分会政治训练处所办，我将之编成与一般宣传性的机关刊物不同，所有的训话之类概不刊载，内容有散文、小说、掌故、诗歌、图画。只有由名家执笔的国内外时事分析专文及短小犀利的评论，才具有宣传性，每期分发华北部队，纷纷要求大量增发，外销也达三万份，那个时候一般杂志能销三五千份就已经很好了。办了不到三年，北平当局受日方之迫，指定要撤退的"中央军"，包括黄杰的第二师、关麟徵的二十五师、宪兵第三团。"抗日团体"，包括平津省市党部，还有"军方杂志"，唯一指的竟是小小的《老实话》。该刊曾获日本外务省、陆军省、海军省、日本关东军、日本大使馆、平津领事馆、日本驻沈阳及天津的特务机关等备正式公函各订阅两份至五份不等，

可知久已引其注意。我们受命宣布停刊。

北平军分会撤销，政治训练处处长曾扩情调任西北剿总政治训练处处长，他是黄埔一期的长者，黄埔同学都尊称为"扩大哥"，为人宽厚和易，大气磅礴，他要我到上海办刊物，以便保持高水准，邮寄西北部队，不属西北剿总政训处工作范围的华北部队也照旧寄发。这是一个罕见的有魄力的决定，于是我于二十四年五月离开北平，经武汉而到上海。我在上海所办的杂志，因为是旬刊，所以就名《十日刊》。[93]

张佛千是何许人也？

张佛千，本名张应瑞，一九〇七年出生，安徽省庐江县黄屯乡人。南京一中毕业，进上海吴淞中国公学大学部学习。历任中国国民党总政治部设计委员、国民政府国防部新闻局三处处长、陆军训练司令部政治部主任、陆军总司令部政治部主任、台湾防卫司令部政治部主任；国民革命军陆军少将衔。内战时，曾在胡宗南、孙立人等国民党高级将领手下工作，其时与熊向晖也是好友。退役后，任淡江大学、文化大学董事、永久荣誉教授及《联合报》顾问。他是近代知名报人，当代台湾著名教授、作家、楹联家。犹擅长撰联，以嵌名联闻名于台湾，有"台湾联圣"之称；其室名为"九万里堂"，由张大千题匾；书房"爱晚斋"由钱穆题写。两岸互通后，曾多次回大陆省亲。

[93] 原载台湾《传记文学》第68卷第6期，题为《从拜师大侠杜心五说起——兼记我所认识的张锦湖、黄金荣、杜月笙》

张佛千在一九三五年二月就曾"预言"红军建立西北根据地

MAO TSE-TUNG

　　一九三五年二月十五日，发表毛泽东"标准照"的这一期《老实话》杂志，在头版头条位置还发表了一篇军事评论，题为《剿匪全局之一要着》。作品署名"佛千"，可见作者即《老实话》的主编张佛千。

　　我们知道，一九三四年十月十日晚上，中共中央、中革军委率红一、红三、红五、红八、红九军团及中央、军委机关和直属部队共八万六千余人，开始从瑞金等地出发，被迫实行战略大转移，即长征。毛泽东是十月十八日傍晚，带着警卫班离开江西于都城，踏上长征路的。一九三五年一月十五日至十七日，遵义会议召开。一月十九日，毛泽东同军委纵队离开遵义，到达泗渡。中央红军分三路从桐梓、松坎、遵义地区向川南开进。一月二十八日，鉴于川军的围攻，在腹背受敌的情况下，毛泽东提议召开中央政治局主要领导人开会，决定撤出青杠坡战斗，作战部队和军委纵队迅速轻装渡过赤水河，开始了红军长征中举世闻名的四渡赤水之战。

　　二月二日，蒋介石判断中央红军西入云南，重新调整部署，将"追剿"军改为第一、第二路军。何键为第一路军总司令，率主力"围剿"红二、红六军团，另以一部封锁湘、黔边境，防堵中央红军进入湖南。龙云任第二路军总司令，薛岳为前敌总指挥，率主力集结川、滇、黔边地区，

"追剿"中央红军。

二月十日，中革军委在云南威信县扎西进行整编。

二月十六日，中共中央和中革军委发布《告全体红色指战员书》，指出：党中央和中革军委决定停止向川北发展，而在云、贵、川三省地区中创立根据地。

上述情况正是当年国民党军队"围剿"红军和红军长征的战略态势。可以说，在那个历史的现场，处于艰苦卓绝中的中共中央和红军也没有确定将去西北陕甘宁建立革命根据地。而身在北京的张佛千，就在二月十五日出版发行的《老实话》上发表了这篇非常有见地的军事评论文章，极有前瞻性地指出：红军将建立西北根据地。现在读来，真可谓是带有很强的预见性，对西北根据地的重要性阐述得也非常清楚。文中还引用"星星之火，可以燎原"，来形容红军发展壮大的可能性，真不愧是一篇具有战略性的军情咨文。

几十年过去，如果当初蒋介石要是采纳了张佛千的这个建议，历史又该以什么样的逻辑呈现呢？

历史没有假设。

第十二章

MAO TSE-TUNG 毛泽东印章考述与鉴赏

[图12.1]
1937年11月1日上海文摘社、黎明
书局版汪衡译本《毛泽东自传》插页
之"毛泽东抗战题词"手书。

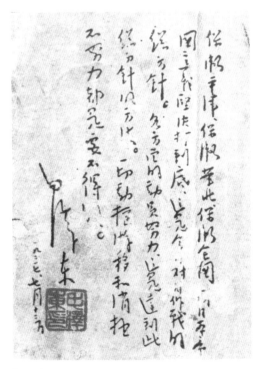

[图12.2]
《毛泽东自传》插页中的朱文"毛泽东印"。

在编辑校订《毛泽东自传》一书时，笔者发现该书的插页中毛泽东手书题词，[图12.1]落款处有一枚朱文"毛泽东印"。[图12.2]毛泽东的书法作品或信笺后有钤印的，极其罕见。而这枚印章的作者是谁呢？为此笔者对毛泽东的印章进行考证，经多方查询和求教一些方家，均没有得到答案。但在对毛泽东印章源流的考证中，发现并收集整理了有关毛泽东印章的珍贵资料。

毛泽东不仅是一个伟大的革命家、政治家和思想家，也是一个优秀的诗人和书法家，一生创作了许多脍炙人口的诗歌，还创造了别具一格的"毛体书法"，结识并与许多著名书画家成为好朋友。但人们很少在毛泽东的书法作品中看到毛泽东的印章，而他的藏书印及其印章的边款，更是难得一见。

毛泽东一生到底用过多少印章呢？为毛泽东治印的篆刻家又有多少呢？从笔者已经收集到的资料中，可以发现毛泽东的印章至少有三十七枚。

《毛泽东自传》中的这幅手书抗战题词，是毛泽东于"一九三七年七月十三日"题写的，最早刊载于上海复旦大学文摘社编、上海黎明书局刊行的《文摘战时旬刊》第二号的第十三页（民国廿六年十月八日，即一九三七年十月八日出版），是该刊连载的《毛泽东自传（三）》的插图。[图12.3]此时是卢沟桥事变爆发后的第六天，毛泽东在延安发出了："保卫平津保卫华北保

倍帆重泽
信服于忠信服官向目季手
保印针代

[图 12.3]
《文摘战时旬刊》连载《毛泽东自传》
时发表的毛泽东手书抗战题词。

卫全国，同日本帝国主义坚决打到底，这是今日对日作战的总方针。各方面的动员努力，这是达到此总方针的方法。一切动摇游移和消极不努力都是要不得的。"

《毛泽东年谱》记载：一九三七年七月十三日，毛泽东在这天出席了延安市共产党员与机关工作人员紧急会议，号召每一个共产党员与抗日的革命者，应该沉着地完成一切必须准备，随时出动到抗日前线。同日，毛泽东致电叶剑英：积极同国民党中央军、第十七路军及冯钦哉等接洽，协商对日坚决抗战之总方针及办法。

当时，毛泽东在延安，此手书题词是如何在两个多月后就转到上海并发表的呢？笔者考证认为，这是中共地下

[图 12.4]
1929 年 2 月 13 日，
在红四军筹款公函上钤
盖的朱文"毛泽东印"。

交通员带到上海后，通过潘汉年（时任八路军驻上海办事处主任）转交给文摘社的。

根据篆刻家王本兴考证，此枚印章早在一九二九年就曾使用过。江西宁都县博物馆收藏有一张一九二九年二月十三日的筹款公函，上面有红四军军长朱德和党代表毛泽东的签名盖章。[图12.4] 一九二九年四月十日，毛泽东与朱德共同签发给长汀县赤卫队的命令中，盖有此朱文"毛泽东印"。另外，一九三六年七月十五日，毛泽东在为汪锋、周小舟等出具的赴国民党统治区进行抗日民族统一战线工作的介绍信上，也盖有此方朱文"毛泽东印"。同年十月十五日，毛泽东在给陈伯钧的信中也钤有此印。[图12.5] 而这枚朱文印章与《毛泽东自传》插页的印章形质一致、气韵相同，可以说是同一枚印章。一九四六年东北书店出版的翻印本《毛泽东自传》，还将这枚印章印刷在图书的封面上。[图12.6]因该版本是上海文摘社一九三七年十一月版《毛泽东自传》汪衡译本的翻印本，显然这枚印章复制自该书的插页——毛泽东一九三七年七月十三日的抗战题词。

由此可见，这枚朱文印"毛泽东印"是目前发现的最早的毛泽东印章。但篆刻者是谁？是否由红军将士所刻，还是请江西地方篆刻家所刻，有待进一步考证。非常可喜的是，这枚用普通青田石篆刻的"毛泽东印"现珍藏于中央档案馆。[图12.7]

[图12.6]
1946年东北书店出版的《毛泽东自传》封面上钦盖的朱文"毛泽东印"。

[图12.7]
中央档案馆收藏的朱文"毛泽东印"原件，普通青田石，2厘米×2厘米×2.6厘米。篆刻家王本兴2014年5月20日在中央档案馆两次手拓的同一枚"毛泽东印"。说明，同一枚印章在不同时间钦盖，往往因为钦盖时印泥、用力的客观原因，所显示的效果均有明显异同。

[图12.8]

1931 年使用的木质朱文"毛泽东印"，钦盖于中华苏维埃共和国红军临时借谷证上。

[图12.9]

红军临时借谷证。右图为铅印，左图为油印。但证件的设计图案和文字内容基本一样。

[图12.10]

1937 年在瑞士出版的德文著作《中国在战斗》。

在江西，毛泽东还曾使用过一枚木质朱文"毛泽东印"。[图12.8]这枚印章钦印于土地革命战争时期的"中华苏维埃共和国红军临时借谷证"上。[图12.9]毛泽东是以中华苏维埃共和国政府主席的身份，与财政人民委员部部长林伯渠一起钦印的。此枚印章的使用时间应该是一九三一年十一月中华苏维埃共和国临时中央政府在瑞金成立之后。另外，一九三六年七月，在中华苏维埃共和国经济建设公债上，曾钦盖有隶书朱文印"毛泽东印"。

非常值得惊喜的是，笔者在研究过程中，偶然的机会收藏到一本德文版《CHINA IM KAMPF》（《中国在战斗》），[图12.10]书中收入了毛泽东一九三七年五月十五日在延安写给西班牙人民及武装同志们的一封信的影印件。[图12.11]而这封信的落款处，钦盖了一枚白文印"毛泽东印"。[图12.12]在研究中，笔者还发现这封信曾在一九三七年九月

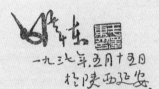

西班牙人民及武装同志们:

我们中国共产党中国红军和中国苏维埃，认为西班牙政府现在所领导的战争是世界上最神圣的战争，这个战争不祇是为了西班牙民族的生命，也是为了全世一個時辰，每一个日子的門爭逕过，为你们的一场勝利而歡欣鼓舞，我们相信最後的勝列一定是你们的。

一九三七年五月十五日
於陝西延安。

Faksimile eines Briefes von Mao Tse Dun
(Anfang und Schluß)

109

[图12.11]
《中国在战斗》的插图：1937年5月15日，毛泽东写给西班牙人民和武装同志的信手迹是节选的，全文见图12.13。

[图12.12]
白文"毛泽东印"。

十八日的《救国时报》公开发表过，信的全部内容共六页。[图12.13] 此印的作者是谁呢？有待考证。由此可见，在一九三七年，毛泽东使用过多枚印章。

在同时期，还有一枚白文印"毛泽东印"[图12.14]，此印出此何人之手，目前也是一个谜。但据有关人士考证，

[图12.13]
1937 年 9 月 18 日，《救国时报》
公开发表的毛泽东致西班牙人民及武
装同志的信的影印件。

[图12.14]
1936 年使用过的白文"毛泽
东印"，作者未知。

在毛泽东一九三六年二月创作的《沁园春·雪》中，毛泽东在落款处钤有此印。[图12.15]

现在，我们看到的另一副毛泽东手书《沁园春·雪》条幅中的白文印"毛泽东印"和朱文印"润之"两枚印章，[图12.16]出自著名篆刻家曹立庵之手。曹立庵是著名金石书画家，学名美植，别署十万印楼主人，湖北武汉人，系著名工商业"曹祥泰"家族成员，享有"柳（亚子）诗、尹（瘦石）画、曹（立庵）印"的美誉。他又是如何为毛泽东治印的呢？这里还有一段毛泽东和著名诗人柳亚子之间鲜为人知的往事。

一九四五年八月二十八日，毛泽东赴重庆，就国共合

[图12.15]
钦盖有白文"毛泽东印"的《沁园春·雪》。

[图12.16]
1945年8月，重庆谈判期间，柳亚子钦盖的"毛泽东印"和"润之"印的《沁园春·雪》。

作建立联合政府和抗日问题，参加了历史上著名的重庆谈判。毛泽东与柳亚子先生久别重逢，喜不自胜。柳亚子是国民党的元老，是孙中山先生的忠实信徒，常以"亲炙中山，私淑列宁"自诩。第一次国共合作期间，柳亚子坚持执行"联俄、联共、扶助农工"三大政策的新三民主义，开始与中共前辈革命家结为莫逆之交。柳亚子和毛泽东相识，是在一九二六年五月广州召开的中国国民党第二届二中全会上。毛泽东在这次会议上当选国民党中央宣传部代部长。时年四十岁的柳亚子比毛泽东长七岁，参加革命的资历也自觉比毛泽东早，因此当他们在珠江边的一座茶楼上初次晤面的时候，两个具有相同个性、志向、政见以及书生意气的人，便开始了他们此后长达二十多年激扬文字海阔天空的情义。
在这次会面中，以兄长自居的柳亚子言词之间向毛泽东主
张杀蒋的建议，但遭到毛的拒绝。柳亚子扬言："你们不
听我的话，将来要上当的！"此后，柳亚子与毛泽东开始
了频繁的诗词交往，你唱我和，不亦乐乎。文人士气的柳
亚子曾作《怀人三截》一诗，甚至运用战国毛遂的典故将
毛泽东比作自己的门生，诗曰："平原门下亦寻常，脱颖
如何竟处囊？十万大军凭掌握，登坛旗鼓看毛郎。"诗歌
无疑是赞颂毛泽东的。从抗战期间柳亚子赠送毛泽东诗词
中"云天倘许同忧国，粤海难忘共品茶"，以及毛柳之间
唱和中著名的"饮茶粤海未能忘"的诗句来看，广州的第
一次相逢，相互留下了极其难忘又美好的印象。

这次毛泽东在老百姓眼中如赴"鸿门宴"式的重庆谈判，
令柳亚子激动不已。八月三十日，毛泽东抵达重庆的第三
天，柳亚子就迫不及待地赶到曾家岩"桂园"专程拜访，"握
手惘然，不胜陵谷沧桑之感"，并赋诗七律《赠毛润之老
友》，以"弥天大勇""霖雨苍生"称颂毛泽东敢于深入
虎穴，给苦难中的人民带来希望。九月六日下午，毛泽东
在周恩来、王若飞的陪同下，到沙坪坝南开中学访柳亚子、
张伯苓。柳亚子告诉毛泽东准备将其七律《长征》收入《民
国诗选》一书中，并将当时该诗词流传的版本请毛泽东本
人校对。就在柳亚子"索润之写《长征》诗见惠，乃得其
初到陕北看大雪《沁园春》一阕，展读之余，以为中国有
词以来第一作手，虽苏、辛犹未能抗手，况余子乎？"当即，
毛泽东遵柳亚子之意，特手书《沁园春·雪》一词相赠。

毛泽东走后，柳亚子发现毛泽东手书诗词上面没有落
款和钤印，十月二日，毛泽东约柳亚子在红岩村见面。柳
亚子携毛泽东手书的《沁园春·雪》请毛泽东盖上印章。
毛泽东告诉他："没有。"于是柳亚子当即就向毛泽东许诺：
"我送你一枚吧。"

十月四日，毛泽东致信柳亚子，说："时局方面，承询各项，目前均未至具体解决时期。报上云云，大都不足置信。前曾奉告二语：前途是光明的，道路是曲折的。吾辈多从曲折（即困难）二字着想，庶几反映了现实，免至失望时发生许多苦恼。而困难之克服，决不是那么容易的事情。此点深望先生引为同调。有些可谈的，容后面告，此处不复一一。先生诗慨当以慷，卑视陆游陈亮，读之使人感发兴起。可惜我只能读，不能做。但是千万读者中多我一个读者，也不算辱没先生，我又引以自豪了。"毛泽东在离别重庆前的十月七日，再复函柳亚子，指出：关于和谈结果"目前发表文章、谈话，仍嫌过早。人选种种谈不到。"

不攻篆刻的柳亚子从红岩村回来后，立即赶到重庆南岸枣子湾，找他"几乎每隔三几天就要见一面"的重庆著名篆刻家曹立庵，请他为毛泽东刻印。听说要给毛泽东刻印，前后为柳刻印三十多枚的曹立庵爽快地答应了，连夜刻了一方白文印"毛泽东印"[图12.17]和一方朱文印"润之"[图12.18]。刻好后，曹立庵把两枚印章送到毛啸岑家面交给柳亚子。随后，柳亚子先将两方新印钤在毛泽东手书赠他的《沁园春·雪》横幅上，再将此二印奉赠毛泽东。一九四六年一月二十八日，毛泽东致信柳亚子还专门提此事："亚子先生左右：很久以前接读大示，一病数月，未能奉复，甚以为歉。……印章二方，先生的和词及孙女士[94]的和词，均拜受了……"

曹立庵先生回忆说："后来亚子先生在我的自存印谱上还专门题了一首七绝，最末有'好教转献大毛公'之句。一九五〇年首次发表毛主席在柳亚子纪念册上手写的《沁园春·雪》，就盖有这两枚印章。"而在蒋介石统治时期，给毛泽东刻印是犯杀头之罪的。但曹立庵却掷地有声地说："我人虽是肉长的，刻印刀却是铁铸，为毛泽东刻印何惧

[图12.17]

1945 年底，曹立庵篆刻的白文印"毛泽东印"，寿山石，2.5 厘米 ×2.5 厘米 ×8 厘米。边款：润翁先生大雅指正，吴江柳亚老，命曹晋仿汉法治石。

[94] 即孙荪荃，谭平山夫人，笔者注。

[图12.18]
1945年底，曹立庵篆刻的朱文印"润之"印，寿山石，2.5厘米×2.5厘米×8厘米。边款：意在攘之撝叔之间，曹晋记于渝，时乙酉冬日也。

有之！"

柳亚子的确十分推崇毛泽东的《沁园春·雪》，当即和了一首，其中有"君与我，要上天下地，把握今朝。"为此，曹立庵又专门为柳刻了一枚"上天下地之庐"的印章。毛泽东后来也曾为其手书"上天下地之庐"匾额，曾悬挂与柳晚年在北京北长街八十九号寓所的门楣之上。值得一提的是，也就在重庆谈判期间，柳亚子还专门嘱咐曹立庵为其刻了另外两方印章：一方文曰："兄事斯大林，弟畜毛泽东。"一方文曰："前身祢正平，后身王尔德；大儿斯大林，小儿毛泽东。"然而谁也没有想到的是，二十年后的十年浩劫中这两方印章竟然成了轰动一时的"反动印章案"的主角。

曹立庵先生回忆说："亚子先生在中国民主革命的洪流中，几经沧桑，最后认识到，资产阶级的民主革命，不能从根本上改变中国的贫苦面貌，只有共产党才能救中国。他对莫斯科和延安均极向往，对斯大林和毛泽东非常崇敬。"可是，柳亚子为什么要曹立庵为他刻"兄事斯大林，弟畜毛泽东"和"前身祢正平，后身王尔德；大儿斯大林，小儿毛泽东"这两方惊世骇俗的印章呢？这里面到底有什么典故呢？对此，曹立庵在《我为毛主席治印》一文详细作了说明——

亚子先生写诗填词都爱用典。这两方印章也是分别用了两个典故。第一方中的"兄事"、"弟畜"，出于《史记·季布传》："长事袁丝，弟畜灌夫。"说的是季布的弟弟季心，好打抱不平，因杀人逃到吴国，躲在吴丞相袁丝家里。季心像对待兄长一样尊敬袁丝，又像对待弟辈一样爱护西汉名将灌夫等人。第二方中的"大儿"、"小儿"，语出《汉书·祢衡传》：东汉建安初年，在京城许（今河南许昌）聚集了全国许多"贤士大夫"，但祢衡只看得起孔融和杨修两人，他常说："大儿孔文举，小儿杨德祖，余子碌碌，莫是数也。"这里的"大儿"、"小儿"，是"孺子"、"男儿"的意思，是对杰出人物的一种崇敬称谓。但他深恐有人不知原委，特意要我为他刻了边款，以明确的语言，表达了自己的印文意思。边款说："予倩立庵制印，援正平例，有大小儿语。北海齿德，远在祢上，正平德祖，亦生死肝胆交，绝无不敬之意，斯语特表示热爱耳。虑昧者不察，更乞立庵泐此，以溯其朔，并缀跋如左。一九四五年。亚子。"

这两方印章本一直藏于柳亚子处，一九六三年经周恩来总理指示，作为革命文物由国家收藏。然而，不久"文化大革命"爆发，果真出现了柳亚子所担心的"昧者不察"之事情。林彪、江青反革命集团的同伙康生，为了把斗争矛头指向主张纪念柳亚子先生的周恩来总理，蒙蔽不熟悉历史典故和古代汉语的普通群众，蓄意制造了一个所谓的"反动印章案"，对柳亚子进行错误的批判。

曹立庵所篆两枚印章现珍藏于中央档案馆。

素有"篆刻王"之称的著名篆刻家湖南人谢梅奴，在一九四八年也冒着生命危险刻写了毛泽东《沁园春·雪》共计三十多方印章，这是第一组毛泽东诗词的篆刻艺术作品，由中国革命历史博物馆（现国家博物馆）收藏。1949年，谢梅奴受杨勇将军所托，也曾为毛泽东刻过两方印章，一方为朱文印"润之"[图12.19]，一方为白文印"毛泽东印"[图12.20]。前者得玺印之神，后者得汉印之意，可见篆刻家的深厚功底。白文印"毛泽东印"刻有边款，曰："润之先生，纬武经文，致力于人民解放运动，数十年如一日，生为民立明，为万世开太平，丰功伟绩，远迈前修，聊效野人，制此为献，并祝长年同兹贞石，谢梅奴敬刻，时己丑八月四日，长沙解放。"

自称"三百印石富翁"的著名画家、篆刻大师齐白石

[图12.21]
1949年，齐白石篆刻的朱文"润之"印，寿山石，5.5厘米×5.5厘米×10厘米。边款：毛泽东主席永宝，白石九十刊。

先后两次为毛泽东篆刻四方印章。

一九四九年开国大典前夕，应邀参加新中国政协会议的齐白石，欣喜之际用名贵的寿山石为毛泽东刻了朱文印"润之"[图12.21]和白文印"毛泽东"[图12.22]各一方，请时任中央美术学院军代表的著名诗人艾青转赠毛泽东。齐白石所篆印章，从章法上看，字字留红，整体上大开大合，疏密有致，充分体现了"胆敢独造"的精神，刀法上以单刀直冲为主。齐白石在朱文印"润之"上刻有边款："毛泽东主席永宝，白石年九十刊。"

一九五〇年夏，毛泽东在收到白石老人赠送的两方印章后，即派秘书田家英接老画家到中南海促膝交谈，后来朱德总司令也应邀前来。他们在品茗赏花后，一同共进晚餐。交谈中，毛泽东除了表达谢意之外，还告诉齐白石，政务院将聘请他为中央文史馆馆员。随后，齐白石又用高山石为毛泽东治印二方，采用汉印之风篆刻白文印"毛泽东"[图12.23]和朱文印"毛泽东"。[图12.24]

[图12.22]
1949年，齐白石篆刻的白文"毛泽东"印，寿山石，5.5厘米×5.5厘米×10厘米。边款：白石。

[图12.23]
1950年，齐白石篆刻白文"毛泽东"印，高山石，2.9厘米×2.9厘米×7厘米。边款：怡山樵子仿汉，白石。

[图12.24]
1950年，齐白石篆刻白文"毛泽东"印，高山石，3.1厘米×3.1厘米×7.5厘米。边款：白石。

齐白石先生为毛泽东篆刻的四枚印章均珍藏于中央档案馆。

一九四九年十一月，上海解放后不久，著名篆刻家钱君匋也怀着崇敬之情给毛泽东篆刻了白文印"毛泽东"[图12.25]和朱文印"润之"各一枚[图12.26]，并通过当时的文化部长沈雁冰（茅盾）转赠给毛泽东。一九五四年，当钱君匋在北京任中国音乐出版社副总编时，应邀赴中南海受到毛泽东的接见。毛泽东笑着与他握手，说："你刻的印非常好，谢谢你。"一九六一年，毛泽东让秘书田家英通过上海博物馆找到钱君匋，并带去了一块印石，请其刻一枚藏书印。于是，钱君匋就刻了一方"毛氏藏书"朱文印。[图12.27]

[图12.27]
1949 年，钱君匋篆刻朱文"毛氏藏书"印，昌化鸡血石，3 厘米 ×3 厘米 ×9 厘米。边款：辛丑除夕君匋制。

[图12.25]
1949 年，钱君匋篆刻白文"毛泽东印"，封门青（青田石），1.5 厘米 ×1.5 厘米 ×6.1 厘米。边款：一九四九年十一月三日，赴京倚装作，润之先生削正，钱君匋记。

[图12.26]
1949 年，钱君匋篆刻朱文"润之"印，封门青（青田石），1.5 厘米 ×1.5 厘米 ×6.1 厘米。边款：君匋刻于丛翠堂。

[图12.28]
邓散木篆刻白文"毛泽东"印外形。

[图12.29]
1963年，邓散木篆刻白文"毛泽东"印，寿山石，5.8厘米×5.8厘米×6.4厘米。边款：一九六三八月，敬献毛主席，散木缘时年六十有六。

[图12.30]
1949年，刘博琴篆刻的朱文"毛氏藏书"印，寿山石，印面尺寸为2厘米×2.5厘米。

　　一九六三年，著名书法家邓散木应章士钊先生之请，也以寿山石为毛泽东治白文印"毛泽东"一方。[图12.28]此印有两处别具一格，一是将"毛泽东"姓名横刻，而"泽"字的三点也从左边移到右侧下端，正好弥补了"毛"字笔画少与繁体的"泽东"二字相协调。这是毛泽东印章中创意最为大胆的一个，属于典型的大印。此印为龙钮大印，顶部空琢双龙，并刻边款。[图12.29]章士钊看见后赞不绝口，觉得"'毛泽东'阴文三字线条横不平、竖不直，却自然天成，返璞归真"，称赞说："好个龙钮大印，刀力非凡！"这一历史文物现陈列于韶山毛泽东纪念馆。

　　从藏书印来看，毛泽东的藏书大都钤有"毛氏藏书"印。这种藏书印有好几种，其中最为常见的为一方略成长方形的朱文印"毛氏藏书"，[图12.30]此印为北京篆刻家刘博琴所作。刘博琴是北京大兴人，出身名门，新中国成立前曾在琉璃厂筑君子馆砖馆，珍藏书法名画和古玩甚多。而早在一九三七年刘博琴就曾应约为毛泽东刻过"润之"印章(但此印笔者未收集到）。一九四九年年底，有中南海的工作人员来到琉璃厂，带来一块寿山石料，请他为毛泽东刻了这方仿明古印字体的"毛氏藏书"。

一九五三年冬，刘博琴又用寿山石篆刻了一枚朱文印"毛氏藏书"，[图12.31]上端平刻梅花纽，有"铁笔"之称，送给了毛泽东。现珍藏于中央档案馆。

另一方常见的毛泽东藏书印，是上海著名篆刻家吴朴堂（又名吴朴）所作。一九五三年，全国人大副委员长、全国政协副主席、工商联主席陈叔通会见毛泽东。毛泽东想请人刻一方藏书印。陈叔通就特约请老朋友金石家吴朴堂先生为毛泽东操刀。吴先生曾回忆说："毛主席身为国家领导人，所藏之书数不胜数。书多，盖印多，印面就容易磨损，必须刻得深，上下线条必须一致。"这枚朱文印"毛氏藏书"，[图12.32]线条浑厚雄壮，印文有大篆之意，章法外紧内松，具有很高的艺术性。毛泽东对这方"藏"字简笔的"毛氏藏书"朱文印很是喜爱，在很多藏书上都钤有

[图12.31]
1953年，刘博琴篆刻朱文"毛氏藏书"印，寿山石，2.7厘米×2.7厘米×8厘米。边款：癸巳年冬博琴刻。

[图12.32]
1953年，吴朴堂篆刻朱文"毛氏藏书"印，寿山石，印面2.2厘米×2.2厘米。

[图12.33]
1960年代，吴朴堂篆刻朱文"毛氏藏书"印，寿山石（象纽芙蓉石），3厘米×3厘米×7厘米。边款：吴朴堂篆刻。

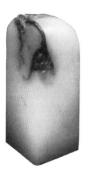

[图12.34]
1953年前后，张樾丞篆刻朱文"毛氏藏书"印，寿山冻石，2.2厘米 ×2.2厘米 ×5.3厘米。此印为王本兴手拓。

此印。

二十世纪六十年代初，吴朴堂还曾用寿山石为毛泽东刻过另一枚朱文印"毛氏藏书"。[图12.33]此印上端刻有象纽，大象四腿粗壮浑厚，象背上卧睡着一稚气可爱的孩子，生动形象，栩栩如生。

在一九五三年前后，著名篆刻家北京琉璃厂"同古堂"老板张樾丞也曾为毛泽东用寿山冻石篆刻一枚朱文印"毛氏藏书"。[图12.34]张樾丞平生治印五十余年，印作数以万计。比如，他曾为末代皇帝爱新觉罗·溥仪篆刻过"宣统御笔""宣统之宝"，也曾为故宫博物院、清华大学、北京大学等刻过公章。民国年代，他还曾为段祺瑞、唐绍仪、吴佩孚、冯玉祥等政要名人治印，也曾为鲁迅、罗振玉、傅增湘、沈尹默等文人雅士治印。一九四九年十月一日，新中国成立，"中华人民共和国中央人民政府之印"[图12.35]正是张樾丞所刻。同时，他还曾为周恩来、朱德等领导人刻过印章。

[图12.35]
张樾丞篆刻的新中国开国大印"中华人民共和国中央人民政府之印"，铜制，9厘米 ×9厘米 ×2.5厘米。印把子高度为10.9厘米。

　　上海文史馆馆员、上海中国画院画师陈巨来，在一九四九年前，曾经应友人之邀，用象牙篆刻朱文"润之"印一枚。[图12.36]当时，他并不知道"润之"是毛泽东。一九五六年，他接到上海市人民政府的工作任务，要求为毛泽东主席治印。他三易其稿，用青田石篆刻了朱文"湘潭毛泽东"印，[图12.37]并收到中央办公厅的感谢信和润笔费三百元。

　　在为毛泽东治印的篆刻家中，还有一位女性篆刻家，名叫谈月色。谈月色是广东顺德人，原名古溶。一九二〇年与蔡哲夫结婚，学习篆刻。一九四九年新中国成立后，

[图12.36]
1949 年，陈巨来篆刻朱文"润之"印，象牙，1.7 厘米 ×1.1 厘米 ×4.5 厘米。

[图12.37]
1956 年，陈巨来篆刻白文"湘潭毛泽东"印，青田石，3.2 厘米 ×3.2 厘米 ×5 厘米。边款：润之主席匡缪，丙申元旦，陈巨来刻呈。另一侧刻佛像坐于莲花之上。

[图12.38]
新中国成立之初，谈月色篆刻白文毛泽东印"，材质和尺寸未详。

[图12.39]
1950 年，谈月色篆刻朱文"润之"印，寿山石，2.3 厘米 ×2.3 厘米 ×8.3 厘米。边款：顺德谈月色篆刻。

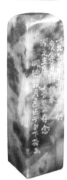

[图 12.40]

1950 年，谈月色篆刻朱文"毛泽东印"，寿山石，2.3 厘米 ×2.3 厘米 ×8.3 厘米。边款：一九五〇年三月五日仿瘦金书入印刻奉，润之主席，睿鉴存念，顺德谈月色作于白下茶丘。

[图 12.41]

1959 年，傅抱石篆刻白文"毛泽东印"，寿山石，5 厘米 ×5 厘米 ×4.5 厘米。

[图 12.42]

1946 年间，齐白石弟子石昌明篆刻白文"润之吟咏"印，材质和尺寸未详。

经柳亚子推荐为毛泽东治印三方，分别是白文印"毛泽东印" [图12.38]、朱文印"润之" [图12.39] 和仿瘦金体朱文印"毛泽东印"。[图12.40] 谈月色的篆刻刚柔相济，落落大方，丰神流动，端庄挺拔，娴熟拙辣，意度天成。

著名国画大师傅抱石也曾为毛泽东镌刻朱文印"毛泽东印"一枚，[图12.41] 但毛泽东从未用过这枚印章。一九五九年，傅抱石与关山月受命为人民大会堂创作巨幅山水画《江山如此多娇》时，因听说毛泽东要亲笔题款，于是傅抱石就按照中国书画传统，刻下"毛泽东印"和"江山如此多娇"印，以便毛泽东在题款时钤印。年底，齐燕铭向毛泽东汇报，画作已经完成，并请毛泽东题款"江山如此多娇"。但在要不要钤盖"毛泽东印"时，请示了毛泽东。毛泽东说：大凡自己的书法与题词都没有钤盖过印章，这次也不要破例，不盖为宜。因毛泽东没有在落款后钤印的习惯，所以此印一直未使用过。直到一九九九年，在"庆祝中华人民共和国成立五十周年江苏书法篆刻系列大展"上，此印才首次公开面世。现由傅抱石之子傅二石所收藏。

齐白石弟子石昌明十一岁时因病失聪，十二岁时由父亲带到长沙拜师学艺。因为是全聋半哑，齐白石没有答应，出于同情让他作为"旁听生"。随后，跟随齐白石二十余年，深得师傅真传，赞誉其"篆法佳，大有齐门法"。一九四六年前后，石昌明在阅读毛泽东《沁园春·雪》后，深为折服，四处赞颂，被国民党抓捕入狱。至此，他才得知《沁园春·雪》为共产党领袖毛泽东所作。出狱后，他怀着对毛泽东的敬意，偷偷地篆刻了一枚白文"润之吟咏"印。[图12.42] 新中国成立后，他委托朋友把这枚印章送给了师傅齐白石。一九五三年，齐白石将此印章送毛泽东，并介绍了这枚印章的历史。毛泽东听后，很是感动，笑着说："你这个聋哑学生，为我的《沁园春·雪》吃了苦头，不但不怪我，反刻印章送我，难得他一片赤诚心啊！"

为庆祝新中国成立十周年，浙江篆刻家任小田在一九五九年，用寿山石为毛泽东主席篆刻了一枚朱文印"毛泽东印"。[图12.43] 在印章四侧均刻有行书边款，内容为七绝诗一首："长流膏泽大江东，万象更新日新红。篆刻雕虫原小技，而今得意亦春风。"

当代古文字学家、北京印社社长、中央文史馆馆员康殷，书法以魏碑、小篆、金文最为浑穆凝练，气势博大。早在一九五三年十月，他在广州曾为毛泽东篆刻一方象牙朱文印"润之藏书"。[图12.44] 印章右侧边款绘制有古代哲人画像，

[图12.43]

1959 年，任小田篆刻朱文"毛泽东印"，寿山石，2.5 厘米×2.5 厘米×7.8 厘米。边款为七律诗一首。

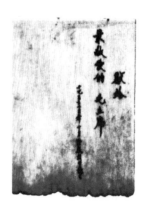

[图12.44]

1953 年，康殷篆刻朱文"润之藏书"印，象牙，0.6 厘米×3.2 厘米×4.4 厘米。左边款：献给最敬爱的毛主席，千九百五十三年十月，康殷刻于穗市；右边款：刻临唐孙位高逸图，辽西康殷。

席地而坐，羽扇纶巾，并篆文曰："刻临唐孙位高逸图，辽西康殷"。此印现珍藏于中央档案馆。

曾在一九四九年新中国成立之初就担任中央人民政府办公厅主任的齐燕铭，既是一位高级领导干部，也是一位艺术家、篆刻家。一九一九年，十二岁时就拜师学艺。他曾为周恩来、杨尚昆、魏文伯、叶剑英、聂荣臻、陈叔通、吴三立、吴晗、田家英等治印。一九五九年，齐燕铭用寿山石为毛泽东治朱文印"毛泽东印"一方。[图12.45] 此印现珍藏于中央档案馆。

新中国成立后，毛泽东以中央人民政府主席身份颁发任命通知书时，常用一枚他的手书签名朱文印章"毛泽东"，[图12.46] 此印篆刻时间应为 1949 年，高 8 厘米，宽 3 厘米，现珍藏于北京毛主席纪念堂，但篆刻者不得而知。在毛主席纪念堂，还珍藏有另外两枚毛泽东手书朱文印"毛泽东"。

[图12.45]
1959 年前后，齐燕铭篆刻朱文"毛泽东印"，寿山石，2.6 厘米 ×2.6 厘米 ×7.5 厘米。

[图12.46]
1949 年，毛泽东以中央人民政府主席身份颁发任命通知书时使用的手书钦名印章。

[图12.47] 据介绍，毛泽东早在 1943 年就开始使用这两枚印章。著名篆刻家王本兴先生还为笔者提供了毛主席纪念堂珍藏的另一枚白文印"毛泽东"，[图12.48]印章是在毛泽东逝世后，由中央办公厅随毛主席的遗物转交纪念堂的。从该印章的边款内容"铁斋谨制"来看，这枚印章系名号为"铁斋"的人所刻。但"铁斋"的真实姓名已无从查考，应该为当年在延安参加革命工作的某位篆刻家。

此外，王本兴先生在其著作《毛泽东印章鉴赏》一书中披露，中央档案馆还收藏了一位名叫柳玉昌的民间篆刻家篆刻的白文印"毛泽东印"[图12.49]和朱文印"润之"[图12.50]各一枚。印章是采用煤精石所刻。柳玉昌是西安人，一九六三年，十九岁的他出于对毛泽东的敬仰，篆刻了两方印章寄往北京。作为一名普通百姓，为毛泽东治印，尽

[图 12.47]
毛泽东从 1943 年开始使用的两枚手书朱文印章。现藏于毛主席纪念堂。

[图 12.48]
1943 年，毛泽东在延安使用的白文印"毛泽东"。边款署名"铁斋谨制"，但篆刻者真实姓名未详。

[图12.49]
1963年，柳玉昌篆刻白文"毛泽东印"，
煤精石，4厘米×4厘米×6.5厘米。
边款：献给敬爱的毛主席，一九六三
年十二月，玉昌谨制。

[图12.50]
1963年，柳玉昌篆刻朱文"润之"印，
煤精石，1.9厘米×1.9厘米×6.5
厘米。边款：癸卯之冬，为毛主席
七十寿诞而作，玉昌时年二十。

管没有得到毛泽东的回音，但能够被中央档案馆收藏，也
应该是一件幸福的事情。

毛泽东到底用过多少印章，也许我们无法知道，但有
一点可以肯定，我们通过毛泽东印章背后的故事看到，毛
泽东因此结交了许多文化艺术界的朋友，与一大批党内外
的知名人士进行了交流沟通，这本身就是他一生伟大革命
实践活动的一部分，所以毛泽东的印章和他背后的故事就
具有了更加广博深邃的内涵和特殊的价值。

本文写作完成于二〇〇三年，收入笔者编选校订的《毛
泽东印象》一书，由中央文献出版社出版。本次修订，得
到了著名篆刻家、书法家王本兴先生的大力支持，增补了
相关毛泽东印章的图片资料。特别致谢！

第十三章

毛泽東同志

MAO TSE-TUNG

萧三与毛泽东早期
传记和故事

[图13.1]

萧三（1896—1983）

世界是如何知道毛泽东的？

毫无疑问，最早撰写毛泽东传记的当属美国记者埃德加·斯诺。但，斯诺是外国人。在中国国内，又是谁最早完整系统地讲述毛泽东的人生故事呢？

这个人就是毛泽东的小学同学、大名鼎鼎的诗人萧三。

[图13.1]

我们在《毛泽东自传》中可以看到，毛泽东1936年向斯诺口述"自传"时，谈到了少年时代在湘乡县立东山小学堂读书的往事。他说：

我以前从未看见过那么多的儿童聚在一起。他们大多是地主的子弟，穿着华丽的衣服；很少有农民能将他们的子弟送到那样一个学校去读书。我穿得比旁的学生都蹩脚。我只有一套像样的袄裤。一般学生是不穿长袍的，只是教员穿，至于洋装，只有"洋鬼子"才穿。许多有钱的学生都轻视我，因为我常穿破烂的袄裤。但是，在这些人之中我也有几个朋友，而且有两个是我的好同志。其中有一个现在成了作家，住在苏联。

毛泽东在这里讲到的这位住在苏联的作家，正是萧三。

萧三原名萧子暲，湖南湘乡人。说起萧三和毛泽东的相识，还有一段故事。在东山小学堂，他们两人比较投缘，时有交往。有一天，毛泽东得知萧三那里有一本《世界英雄豪杰传》，便主动借阅。谁知，萧三不愿意借书给别人。毛泽东有些不解。于是，萧三就心生一计，对毛泽东说："我出一个对子，如果你对得上，我就借给你，如果你对不上，就不要怪我了。"毛泽东笑着说："好！"

"我这本书讲的都是英雄豪杰，"萧三说："这上联就是：目旁是贵，瞆眼不会识贵人。"

毛泽东略微沉思一下，从容回答道："那我就冒昧对上一联，请你斧正：门内有才，闭门岂能纳才子？"

萧三一听，赶紧说："恕小弟无礼，贤兄大才，愿为知己，地久天长！"说完，立即将《世界英雄豪杰传》双手呈送给毛泽东。

从此，二人结为知己。那一年，毛泽东十六岁，萧三十三岁。一九一四年至一九一六年，毛泽东在湖南第一师范读书时，又与萧三同学。湖南省立一师毕业后，一九一八年春天，毛泽东、蔡和森、萧子升、萧三等人发起成立了新民学会。随后萧三赴京，入勤工俭学留法预备班。后来，他们又共同参加过五四运动。

一九二〇年五月，萧三赴法，入蒙达日公学，组织"公学世界社"并研讨马列主义。一九二二年秋，萧三加入中国共产党，年底赴俄，在东方劳动者大学学习。在莫斯科学习期间，他和陈春年一起将《国际歌》歌词翻译成中文。

一九二四年，萧三回国，在一九二七年蒋介石叛变中国革命后，他曾任团中央组织部长和代理书记，参加过上海工人的三次武装起义。后因病赴苏疗养，并先后任教于远东大学和莫斯科东方学院。一九三〇年秋，萧三作为中国左翼作家联盟的代表，出席在苏联哈尔科夫举行的国际革命作家代表会议，并被选为国际革命作家联盟书记处书记，主编《世界革命文学》中文版。一九三三年，他入红色教授

学院学习，一九三四年出席苏联作家第一次代表会议，并连任两届苏联作协党委委员。在苏期间，他除用俄语写作并出版了诗歌、拥护苏维埃中国宣传中国革命和工农红军、宣传鲁迅和中国左翼文学，在国际上有相当的影响。

一九三九年二月，萧三回国后，在延安鲁迅艺术学院担任翻译部主任、陕甘宁边区文协主任，主编《大众文艺》《新诗歌》和《中国导报》，和外国同志一起编辑对外刊物，发起并组织延安诗社，开展街头诗、诗朗诵运动。在回国前，萧三曾用俄文写过一本名叫《不可征服的中国》的书，由苏联国立军事出版社出版，该书其中就有一章为《毛泽东》。这篇毛泽东的传记文章，是萧三根据斯诺笔录的《毛泽东自传》后，结合自己青少年时代与毛泽东的亲历交往而写的。

一九三九年，一本名为《毛泽东与朱德：中国人民的领袖》的小册子出现在莫斯科的书架上。该书的作者是当时住在莫斯科的埃弥·萧，即萧三。此书明确地表示：毛是抗日斗争和中国共产主义运动的"模范"领袖。

自一九三七年七月七日卢沟桥事变爆发，全国抗战形成了民族统一战线，国共再次合作。在主要矛盾由国内战争转变为民族战争的背景下，国民党对共产党进行长达十年的新闻封锁得以阶段性地解除，中国共产党和毛泽东的新闻出版物由地下

顺理成章地回到地上，斯诺笔录的《毛泽东自传》和《红星照耀中国》的中译本《西行漫记》，以及《毛泽东印象》《毛泽东印象记》这些图书才得以公开面世，且不断翻版，成为畅销书。在这种情况下，萧三也乘势而为，在中共中央领导的督促、支持下，义不容辞地担负起宣传毛泽东的工作。

一九四一年，萧三撰写了《毛泽东同志的少年时代》，发表于当年十二月十四日的《解放日报》。一九四二年，整风运动期间，中共中央政治局委员、中央直属学习小组组长王若飞，专门请萧三到小组报告毛泽东的生平事迹。萧三欣然前往，口若悬河地讲了两个下午，在中央直属单位引起较大反响。此后，不少单位听说后，也陆续请萧三去作关于毛泽东生平事迹的报告，引起群众极大兴趣。

萧三在报告中，用平实质朴的语言讲述了毛泽东青少年时代的故事，介绍了毛泽东之所以知识渊博，不是因为他是所谓的天才，而是因为他勤奋学习，热爱读书，勤于实践，注重交流，学以致用，善于把理论与实践相结合。同时，萧三还把毛泽东善良诚实的形象、倔强叛逆的性格和顽强自信的意志等，结合真实的故事，让人们了解了身边的领袖的平凡事和平常心，可亲可敬可爱。

一九四三年秋，中共中央秘书长、中央书记处书记任弼时找到萧三，郑重地嘱咐道："写一本毛主席的传，以庆祝他的五十大寿。"萧三愉快地接受了这个任务。为此，时任中央政治局秘书、中央学习小组秘书和毛泽东秘书的胡乔木，还专门为萧三开绿灯，免除参加一些琐碎的工作、会议和学习，一心一意写作"毛主席传"。萧三也马不停蹄地在延安拜访了周恩来、朱德、董必武、林伯渠、徐特立、谢觉哉、贺龙、陈毅、罗瑞卿、蔡畅、陈正人、何长工、郭化若等人，搜集材料，为创作积累素材。但这件事遭到了毛泽东的反对，不愿意为他自己做寿，也不同意宣传他个人。于是，萧三为毛泽东作传的事情就暂时搁置下来。

但萧三并没有停止他的写作。毛泽东不让写他个人的传记，但写点文章总是可以的，要不耗费这么多时间、采访收集了这么多珍贵的材料，不久白白浪费了嘛！于是，萧三先写了一篇一万五千字左右的文章，把题目定为《毛泽东同志的初期革命活动》。这篇文章分为五章，讲述了马列主义传入中国后，毛泽东两次去北京、到上海参加中共第一次代表大会、成立中共湖南省支部以及组织、开展工人运动，并取得湖南省工人运动胜利的历程。

《毛泽东同志的初期革命活动》这篇文章，最早发表在一九四四年七月一日和二日的《解放日报》上。一九四五年一月，华北新华书店出版了单行本。[图13.2] 此后，太岳新华书店、大连人民呼声报社等翻印

[图13.2]
《毛泽东同志的初期革命活动》，萧三著，华北新华书店1945年1月版，32开，18页。

[图13.3]
《毛泽东同志的初期革命活动》，大连人民呼声报社版，出版时间未详，32开，20页。

了此书。[图13.3]

一九四五年春节，中共中央在枣园开了一个联欢午餐会。联欢会之前，朱德向毛泽东提出建议：让当时在延安学习的高级将领、干部都拿起笔来，写写各个解放区的缘起、略史。对此，毛泽东表示赞成。坐在一旁的萧三听到后，赶紧插话说："那就太好了，省得我一个人跳来跳去。"毛泽东听了，转过身子，笑眯眯地看着萧三，用湖南话说："那你还是个有心人喏！"他稍微停顿了一会儿接着说："那你就搞下去吧。"

在毛泽东的支持下，萧三继续采访、收集有关毛泽东个人革命斗争事迹材料，继续撰写了井冈山、古田会议、遵义会议，直至中共七大召开等篇章。

一九四六年，抗日战争胜利后，萧三离开延安，赴张家口，担任了华北文协主任。他撰写了长达六千字的《毛泽东略传》，在张家口出版的《北方文化》创刊号上发表。[图13.4]这篇略传，描述了毛泽东的童年、少年生活和投身革命、领导工农运动的经历，被多处转载。一九四九年曾被大众书店、新华书店等印成单行本图书出版。

一九四六年七月一日，为庆祝中国共产党建党二十五

[图13.4]
华北文协主办的《北方文化》杂志第
一卷第三期封面。

周年，《晋察冀日报》以整版的篇幅发表了萧三写的《大
革命时代的毛泽东同志》。与此同时，华北解放区出版的《时
代青年》杂志也以连载的形式，发表了萧三的《毛泽东同
志的儿童时代》《毛泽东同志的青年时代》。他还编辑了
民歌集《中国出了个毛泽东》。因此，萧三成为中国研究
毛泽东生平事迹的第一位专家，声誉鹊起。

随着革命的胜利前进，毛泽东传记作品也越来越受到
欢迎。在一九四七年，各解放区陆续出版了《毛泽东同志
的儿童时代》（华北新华书店一九四七年版）[图13.5]、《毛
泽东同志的青年时代》（东北书店一九四八年四月版、香
港新民主出版社一九四八年八月版）[图13.6-图13.8]。

这时，还出现了《毛泽东同志的儿童时代、青年时代
与初期革命活动（初稿）》等多种单行本图书，比如山东
新华书店一九四七年十一月版、一九四八年五月再版、中
原新华书店一九四九年三月版、苏南新华书店一九四九年
三月版、苏北泰州分区新华书店一九四九年五月版，把萧
三撰写的上述四种毛泽东传记合集出版。[图13.9-图13.13]同时，

[图13.5]
《毛泽东同志的儿童时代》，萧三著，
华北新华书店 1947 年版，64 开，
16 页。

[图13.6]
《毛泽东的青年时代》，萧三著，东
北书店 1948 年 4 月版，64 开，38 页。

[图13.7]
《毛泽东的青年时代》，萧三著，香
港新民主出版社 1948 年 8 月版，32
开，30 页。

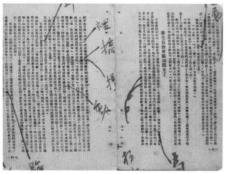

[图13.8]
《毛泽东同志的青年时代（初稿）》，
萧三著，出版单位和出版时间未详，
32开，132页。

《毛泽东同志略传》（大众书店一九四九年版、新华书店一九四九年六月版、绍兴新华书店一九四九年八月版）等单行本图书也陆续面世。[图13.14-图13.16]

看到许多书店"急于将初稿自行辑成小册子发行"，萧三"感到非常歉疚"，于是在一九四九年春"将原稿再细加斟酌，有的增加补充了，有的删减了，辑作为修订本再版，总名为《毛泽东同志的青少年时代（修订本）》"，经中央宣传部部长陆定一审查批准，于这年八月由北京新华书店出版发行。[图13.17]这也是中共中央正式批准出版的第一本毛泽东传记。全书五万七千字，收录了毛泽东三幅题词、三幅图片。与此同时，上海新华书店一九四九年八月也出版了《毛泽东同志的青少年时代》。[图13.18]一九五四年，萧三在这个版本基础上，对这本毛泽东传记再次进行了修订。但新中国成立后，毛泽东反对搞个人崇拜，宣传个人，有关毛泽东的传记不再出版。直到改革开放伊始的一九七九年，萧三再次修订了《毛泽东同志的青少年时代》一九五四年未出版的修订本，由中国青年出版社于一九八〇年重版。[图13.19]

《毛泽东同志的青少年时代》从一九四九年正式出版后，很快被翻译成英、德、日、印地、捷、匈等文本，成为毛泽东的传记流传最广的版本。

自一九三七年以来，毛泽东的传记始终畅销不衰。在二十世纪四十年代，除了《毛泽东自传》和萧三所写的毛泽东传记之外，还有许多以《毛泽东自传》和萧三的作品

[图 13.9]

《毛泽东同志儿童时代、青年
时代与初期革命活动（初稿）》，
萧三著，山东新华书店 1947
年 11 月初版，32 开，92 页。

[图 13.10]

《毛泽东同志儿童时代、青年
时代与初期革命活动（初稿）》，
萧三著，山东新华书店 1948
年 5 月版，64 开，76 页。

[图 13.11]

《毛泽东同志儿童时代、青
年时代与初期革命活动（初
稿）》，萧三著，中原新华
书店 1949 年 3 月版，32 开，
70 页。

[图 13.12]

《毛泽东同志儿童时代、青
年时代与初期革命活动（初
稿）》，萧三著，苏南新华
书店 1949 年 3 月版，32 开，
82 页。

[图 13.13]

《毛泽东同志儿童时代、青年
时代与初期革命活动（初稿）》，
萧三著，苏北泰州分区新华书
店（华中一分店）1949 年 5
月版，32 开，86 页。

[图 13.14]

《毛泽东同志略传》，萧三著，
大众书店 1949 年版，32 开，
28 页。

[图 13.15]

《毛泽东同志略传》，萧三
著，新华书店 1949 年 6 月
再版本，32 开，82 页。

[图 13.16]

《毛泽东同志略传》，萧三著，
绍兴新华书店 1949 年 8 月
翻印本，32 开，82 页。

[图 13.17]

《毛泽东同志的青少年时代（修订本）》，萧三著，北京新华书店 1949 年 8 月版，32 开，108 页。

[图 13.18]

《毛泽东同志的青少年时代（修订本）》，萧三著，上海新华书店 1949 年 8 月版，32 开，110 页。

[图 13.19]

《毛泽东同志的青少年时代（修订本）》，萧三著，中国青年出版社 1980 年版。

[图 13.20]

《青年毛泽东》，萧三著，上海新华书店 1949 年 8 月版，32 开，110 页。

为母本，经过重新编辑、改写的翻版书。比如，中南出版社一九四九年印行的《青年毛泽东》[图13.20]、太行群众书店一九四七年九月出版的《人民的舵手》[图13.21]、冀南书店出版的《人民的舵手》[图13.22]。

除了萧三创作了毛泽东的传记之外，中共高层领导和红军的高级将领也曾撰写过有关毛泽东生平事迹的回忆文章。从目前可以发现的史料来看，在延安最早公开刊登毛泽东生平事迹和故事的是《中国青年》杂志，时任主编是后来担任毛泽东秘书的胡乔木。在一九四〇年七月五日出版的第二卷第九期，《中国青年》杂志专门开设了《毛泽东同志》专栏。其中刊发了谢觉哉写的《几个片段》、徐特立写的《毛主席的实际精神》、谭政写的《三湾改编》等回忆文章。

到了一九四三年，毛泽东的故事开始被编辑成册出版发行，在解放区广泛流传，而且版本越来越多。书名有《毛泽东的故事》[图13.23-图13.31]《毛泽东故事选集》[图13.32-图13.33]《毛泽东故事》[图13.34-图13.36]《中国人民领袖毛泽东的故事》

[图13.21]

《人民的舵手》，萧三等著，太行群众书店1947年9月再版本，32开，68页。此书收录了《毛泽东略传》《朱德讲军年谱》《艰苦奋斗的典范》《我们的老妈妈》《谈判生涯老了周恩来》《记刘伯承将军》《人民的将领贺龙同志》《周保中将军》《粟裕将军》《记王震将军》。

[图13.22]

《人民的舵手》，萧三等著，冀南书店版，出版时间未详，32开，52页。此书收录了《毛泽东略传》《朱德讲军年谱》《艰苦奋斗的典范》《我们的老妈妈》《谈判生涯老了周恩来》《记刘伯承将军》《人民的将领贺龙同志》《周保中将军》《粟裕将军》《记王震将军》。

[图13.23]

《毛泽东的故事》，若望著，胶东文协1944年2月印行，石印，毛边书，20页，收入《毛泽东爱护小孩》《一张名片》《接待"贵宾"》《精兵简政》《一个伤员的愿望》《在戏院里》等6则故事。

[图13.24]

《毛泽东的故事》，若望著，胶东新华书店1944年11月第三版，32开，24页，收入《毛泽东的少年时代》《毛泽东爱护小孩》《一张名片》《接待"贵宾"》《精兵简政》《一个伤员的愿望》《在戏院里》等7则故事。

[图13.25]

《毛泽东的故事》，萧三著，晋察冀军区政治部1945年10月20日印行，袖珍本，30页，收入《毛泽东爱护小孩》《一张名片》《接待"贵宾"》《精兵简政》《一个伤员的愿望》《在戏院里》《不怕失败》《从小就好讲真理》《特别学生》等9则故事。

[图13.37]《中国人民救星毛泽东》[图13.38]《毛主席像太阳》[图13.39]等，有的是在各解放区出版印刷，也有的在北平这样的大城市印刷；有的是群众自发印刷的，也有的是军队政治机关印刷的。这些书籍有的厚，有的很薄，收入的故事从六个、七个、八个、九个、十个、十一个、十二个到二十三个不等。从印刷工艺来看，有石印本、铅印本、油印本；从开本看，有三十二开，有六十四开，还有袖珍本。这些图书的大量翻印，影响很大，对于宣传毛泽东、宣传共产党都起到了积极的作用。

革命战争年代还曾出现过有关毛泽东故事的伪装书，比如世界文化出版社印象的《辩证法唯物论》[图13.40]，其内容就包括《毛泽东同志的少年时代》《记住毛主席的话》《朱德司令的故事》《伟大的导师——马克思》《恩格斯的故事》《纪念列宁》《斯大林的童年和少年时代》。

除了毛泽东传记作品之外，还有几部有关毛泽东思想、理论和作风的思想传记著作，值得一提。

[图13.26]
《毛泽东的故事》，华北新华书店
1945年1月版。

[图13.27]
《毛泽东的故事》，萧三著，吕梁文化教育出版社1946年3月版，64开，48页，收入《一石麦子》《胜利了》《毛泽东爱护小孩》《一张名片》《接待"贵宾"》《精兵简政》《一个伤员的愿望》《在戏院里》《不怕失败》《从小就好讲真理》《特别学生》等11则故事。

[图13.28]
《毛泽东的故事》，萧三等著，太岳新华书店1947年3月印行，32开，36页，收入《一石麦子》《胜利了》《毛泽东爱护小孩》《一张名片》《接待"贵宾"》《精兵简政》《一个伤员的愿望》《在戏院里》《不怕失败》《从小就好讲真理》《特别学生》《毛主席能治神经病》等12则故事。

[图 13.29]

《毛泽东的故事》，萧三等著，冀鲁豫新华书店 1947 年 8 月印行，32 开，34 页，收入《毛主席的少年时代》《毛主席和工人》《三湾改编》《毛主席爱护小孩》《一张名片》《接待"贵宾"》《精兵简政》《一个伤员的愿望》《在戏院里》《毛主席爱劳动英雄》等 10 则故事。

[图 13.30]

《毛泽东的故事》，萧三等著，东北书店 1948 年 12 月第二版，32 开，44 页，印刷 25001—65000 册。收入《不愿意发财》《对旧小说怀疑了》《不相信鬼神》《同期压迫者》《一石麦子》《胜利了》《毛泽东爱护小孩》《一张名片》《接待"贵宾"》《精兵简政》《一个伤员的愿望》《在戏院里》《不怕失败》《从小就好讲真理》《纸老虎和原子弹》等 23 则故事。

[图 13.32]

《毛泽东故事选集》，萧三等原著，晋察冀新华书店分店 1945 年 11 月版，32 开，58 页。第一编收入《毛泽东的少年时代》等故事 11 则，第二编为《毛泽东同志的初期革命活动》。

[图 13.31]

《毛泽东的故事》（三集），萧三等著，北平三联出版社 1948 年 12 月第三版，32 开，三集每集各 16 页，收入的故事与东北书店版基本相同。其中第一集收入 12 个故事，第二集收入 8 个故事，第三集收入 3 个故事。

[图13.33]
《毛泽东故事二集》，谢觉哉、萧三等著，新华书店1945年版，32开，32页。收入《毛泽东的少年时代》《几个片断》《第一个"七一"》《三湾改编》《无比的理解力和创造力》《毛泽东的实际精神》《毛泽东爱劳动英雄》《毛主席在重庆》等故事8则。

[图13.34]
《毛泽东故事》，萧三等著，华北新华书店1946年7月版，32开，42页。收入《少年时代》《特别学生》《宽广的卧床及其他》《工人代表》《面斥赵恒惕》《勇敢和机智》《回忆中的毛泽东》《名片》《爱护小孩》《毛泽东的客人》（一）和（二），以及《一个伤员的愿望》《毛泽东在重庆》等故事12则。

[图13.35]
《毛泽东故事》，萧三等著，东北新华书店1946年10月版，32开，102页。收入《一石麦子》《胜利了》《毛泽东爱护小孩》《毛主席在重庆》《毛泽东同志的初期革命活动》《这就是毛泽东——中国共产党的领袖》《访问毛泽东》《毛泽东会见记》《毛泽东的科学预见》等故事23则。

[图13.36]
《毛泽东故事》，第三野战军政治部编审，新华书店第三野战军分店印行，1949年7月版，64开，44页。收入《中国人民领袖毛泽东（简史）》和《勤苦学习》《当了工人代表》《"你先生的话不对头了！"》《机智脱险》《"还怕干不起来吗？》《医好小孩的急病》《老太太的做法很对》《毛主席到重庆》《毛主席坚持在陕北》《"万岁毛泽东！"》等故事13则。

[图13.37]

《中国人民领袖毛泽东的故事》，萧三等著，西北新华书店1949年版，32开，40页。内容与东北书店1946年版《毛泽东故事》相同，收入故事23则。

[图13.38]

《中国人民救星毛泽东》，丁明编，新华书店1949年版，袖珍本，12cm×9cm，24页。收入《中国人民领袖毛泽东同志简史》《毛泽东从小就同情穷人》《毛主席见湖南省长》《毛泽东浏阳遇险记》《三湾改编队伍》《毛泽东学习精神好》《毛泽东是老实人》等文章7篇。

[图13.39]

《毛主席像太阳》，辽南群众书店1947年版，32开，68页。收入《毛泽东的少年时代》《第一次发表政见》《剪去了辫子反对满清》《学习，学习，再学习》《毛主席主编〈湘江评论〉》《工人农民听了不深，大学教授听了不浅》《发宣言，撒传单》《何胡子是一条牛》等文章42篇。

[图13.40]

伪装书《辩证法唯物论》，世界文化出版社出版，编者和出版时间未详。32开，96页。

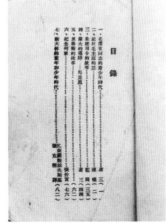

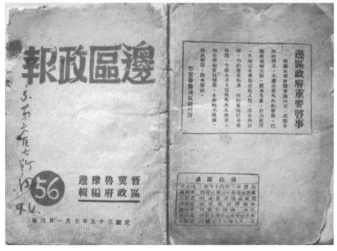

[图 13.41]
1946 年《边区政报》第 56 期刊载
的张如心《毛泽东的作风》。

张如心的《论毛泽东》

　　张如心一九〇八年出生于广东兴宁。一九二六年至一九二九年赴苏联莫斯科中山大学留学。回国后在上海从事新文化运动。一九三一年加入中国共产党，并参加中国工农红军。曾任总政治部《红军报》主编、后方总政治部宣传部部长。一九三四年参加长征。到陕北后，任延安抗大主任教员、军政学院教育长、中央党校三部副主任、延安大学副校长。一九四六年后，任华北联合大学教务长，《北方文化》副主编，东北大学、东北师范大学校长、党委书记。一九五三年后任中共中央马列学院、中共中央高级党校中共党史教研室主任，中国科学院哲学社会科学部委员，

[图13.42]
《论毛泽东》，张如心著，
华北新华书店版。

[图13.43]
《论毛泽东》，张如心著，
华北新华书店1945年版。

是中共七大、八大代表，第一届、第二届全国人大代表。他长期从事理论研究工作，是中国共产党内第一个提出"毛泽东同志的思想"的人。这部书稿是张如心一九四六年初在华北联合大学及张家口市的"青年讲座"上作的几场演讲。题目分别是"毛泽东的人观""毛泽东的科学方法""毛泽东的科学预见""毛泽东的作风"等。演讲稿发表在晋察冀边区理论文艺刊物《北方文化》第一卷一至四期上。一九四六年的《边区政报》第五十六期也曾刊载张如心撰写的《毛泽东的作风》。[图13.41]随后，华北、山东、冀南等解放区的新华书店大量翻印再版，分别命名为《论毛泽东》《毛泽东的思想及作风》《毛泽东的作风》《毛泽东的人生观与作风》等。[图13.42-图13.47]这是中共党史上较早总结、宣传毛泽东思想的理论专著。

在延安，作为党的理论工作者，张如心发表了一系列有关毛泽东思想的论文和著作。一九四一年三月，他在《共产党人》杂志第十六期上发表了《论布尔什维克的教育家》一文，提出党的教育人才"是忠实于列宁、斯大林的思想，忠实于毛泽东同志的思想"。这是"毛泽东同志的思想"这个概念在中共党内第一次提出。同年四月，张如心在《解放》周刊上发表了《在毛泽东同志的旗帜下前进》的文章，明确指出："说到创造性马克思主义在中国问题上的发展，最主要最典型的代表，应指出的是我们党的领袖毛泽东同志。"一九四二年二月十八、十九日，他在延安《解放日报》上发表了《学习和掌握毛泽东的理论和策略》一文，提出"毛泽东同志的理论就是中国的马克思列宁主义"。他把毛泽东同志的理论和策略分为思想路线、政治路线和军事路线三个组成部分，指出"这三个组成部分内在有机的统一便构成毛泽东的理论和策略的体系"。他还对毛泽东作出了"是我们党天才的领袖，党的最好的政治家、理论家、战略家"，"中国最好的创造性的马克思列宁主义者"的高度评价。

斯特朗的《毛泽东的思想》

这是美国著名作家安娜·路易斯·斯特朗于一九四七年在美国《美亚》杂志上发表的介绍毛泽东思想的著作。

斯特朗（Anna Louise Strong）早年就学于奥伯林学院。一九○八年获芝加哥大学哲学博士学位。她年青时积极参加进步的社会活动,反对帝国主义的第一次世界大战。一九二七年第一次来中国，抗战时期两次访华，积极报道中国抗战情况。一九四六年第五次访华时来到延安，对中共领导人和解放区进行了长达八个月的采访。她在延安的时候，正逢中国共产党第七次全国代表大会。斯特朗采访了刘少奇、陆定一等中共领导人，把这些谈话整理出来，并阅读了毛泽东的《论持久战》《新民主主义论》《论联合政府》等著作，写成了这本小册子。一九四七年在美国《美亚》杂志上发表后，影响很大。同年四月，由孟展翻译、中共地下党经营的香港学习出版社、香港光华书屋出版了中译本。[图13.48]

[图 13.48]

《毛泽东的思想》，斯特朗著，孟展译、香港学习出版社 1947 年版。

[图 13.49]

《向毛泽东学习》。

庄淡如编的《向毛泽东学习》

本书作为"新生丛书"的一种，一九四九年六月由上海新生书局出版，是上海文化界的进步人士编辑的传记读物。庄淡如应该为化名。编者在这本书的前言中说："我们出版这个集子(虽这小小的一本)的动机，除了让读者们熟悉我们这位人民领袖的思想向他致着无限的敬意之外，主要地还是想使大家跟着这位人民领袖学习，因为已经翻了身的全新的人民，在人生观、世界观、思想方法、处事条理、工作态度、工作技能、种种方面，都跟以往有本质上的不同，这就是我们印行本书的目的。"全书分为五章十八节，第一章《少年时期》，包括人民的领袖、农家子弟、撒播革命种籽、划时代底转变；第二章《革命时期》包括中国革命的性质、阶级关系的性质、二万五千里长征、在苦难中成长；第三章《红军时期》包括红军发展史、"围剿"的奇迹；第四章《抗战时期》包括统一战线的过程、统一战线的特点、八路军行进；第五章《成功时期》包括列宁第二、心理武器、新中国的创造者、新中国的诞生、向毛泽东学习。[图13.49]

《毛泽东自传》是这样翻开的

时间过得真快，一晃二十年就过去了。

二〇〇一年，我从海军部队调解放军文艺出版社工作，怀着作家的梦想、文学的初心和对出版工作的好奇，开始了人生道路新的转折。这年四月二十八日晚上八点多，我从一份名叫《中国剪报》的报纸上看到《西安惊现六十四年前的〈毛泽东自传〉》的消息，眼前顿时一亮——毛主席还写过"自传"？这是真的吗？虽然是第一次听说，但心里顿时有了奇思妙想——我要重新出版这本"自传"，让它重新面世。那一年，我三十岁，对毛主席生平历史仅仅停留在教科书上的一点普及性介绍，其他几乎一无所知。其实，我看到的这则新闻转载于西安《三秦都市报》，已经是十天前的过时消息了。但对我来说，它就是一个"天大的新闻"。怎么办？说干就干，刚刚进入出版行业的我，职业敏感与好奇心迫使我当晚借他人电话辗转查询、拨打了三十多个长途，终于在茫茫人海中找到了《毛泽东自传》的收藏者张国柱先生。第二天，在社领导的支持下，我立即飞赴西安，见到了这本传奇之书。

二〇〇一年是中国共产党建党八十周年。这一年九月九日，是毛泽东主席忌辰二十五周年。我们选择在这一天，在北京西单图书大厦召开了"《毛泽东自传》首发式暨向毛主席亲属赠书仪式"。活动现场十分热烈，十分感人，社会反响强烈。随后，《人民日报》《光明日报》《解放军报》《北京青年报》《作家文摘》《文学报》等全国数百家媒体或报道或选摘或连载，一时间洛阳纸贵，首印十万册，销售一空，当年即发行二十万册，成为全国优秀畅销书，持续登陆全国畅销排行榜前三名。从此，红色收藏在民间也由个人藏品交换升级为市场经济、社会行业。

就在此时，有三四位老同志对《毛泽东自传》新版提出了不同意见，或写信、或公开发表文章，提出《毛泽东自传》有必要重印吗？毛泽东有"自传"吗？与此同时，随着全国各地几十种不同版本《毛泽东自传》的陆续发现，红色收藏界产生了谁是最早版本的争论。就是带着这些陌生、神奇的疑问和好奇，我决定进行一次考古式发掘，书写《毛泽东自传》的"书史"。在众多红色收藏家的帮助下，我花了七年时间，于二〇〇八年完成了《解谜〈毛泽东自传〉》的写作，比较完整地梳理了《毛泽东自传》采访、写作、翻译、出版的历史，由中国青年出版社出版，在业界产生良好反响。随后，在美国哈佛大学燕京图书馆馆长郑炯文先生的帮助下，获得了最早发表《毛泽东自传》的美国ASIA（《亚细亚》）

杂志影印件。经《毛泽东自传》中文首译者汪衡先生的女儿汪丹熙的授权，中国青年出版社在二〇〇九年陆续推出了我重新编辑校订的《毛泽东自传》中英文插图典藏版的平装本和精装本，成为红色图书和励志读物的经典，至今依然常销不衰。

《毛泽东自传》被誉为"中国第一自传"，是"中国出版史上的神话"。二十多年前，在中国共产党成立八十周年之际，在新中国成立五十多年后，作为一个刚刚入职出版行业的年轻人，凭着职业的敏感、历史的好奇和锲而不舍的探索，重新编辑校注《毛泽东自传》，使它在尘封六十四年之后与广大读者见面，续写了新的传奇。我感到，我是世界上最幸运的人。

众所周知，斯诺先生不仅是中国人民也是世界人民和平友好的使者。他从一九二八年来到上海，亲眼目睹了遭受帝国主义侵略的半殖民地、半封建社会的黑暗、腐败和落后，亲身体验了中国人民水深火热、民不聊生的贫穷、悲惨和苦难。在中国，他结识了宋庆龄、鲁迅，前者的教育"消除了他的无知"，后者成为他"懂得中国的一把钥匙"。他以客观、公正、诚实的品格，成为第一个报道"一·二八"抗战的美国记者，参与并帮助中国青年学生组织了一二九运动。然而，自一九二七年蒋介石发动四一二反革命政变后，国民党把红军描绘成"堕落、愚昧、无知的土匪，只知道烧杀抢掠，共产共妻"，四处散布谣言、谎言迷惑人民大众，大肆歪曲、诋毁、诬蔑共产党，社会上还有许多关于毛泽东的传说。用海伦·斯诺的话说："在当时国民党统治下的中国，任何其他的人无论走到天涯海角，也休想在书刊上讲出真话"，而"在世界各国中，恐怕没有比红色中国的情况是更大的谜，更混乱的传说了"。凭着记者的职业敏感，斯诺清醒地意识到前往"中国红区"的采访行动将是"全世界等待了九年的头号新闻"，因为他知道，打破新闻封锁，把真相告诉世界，不仅中国人民需要，美国也需要。一九三六年春天，经过宋庆龄的推荐，中共中央邀请斯诺前往陕北"红区"采访，开启了他"拿一个外国人的脑袋去冒险"的历史之旅。

一九三六年六月，斯诺和乔治·海德姆（即马海德）一起，在中共地下交通的帮助下，冲破重重封锁，经西安顺利抵达陕北。七月十三日，斯诺在安塞白家坪见到了周恩来，感受到了"一种奇怪的铁一般团结的中国革命家身上所特有的品质"。周恩来亲自为他拟定了一张为期九十二天的考察苏区日程表。七月十五日，斯诺在保安（今志丹县）第一次见到了毛泽东，觉得毛泽东"是个面容瘦削、看上去很像林肯的人物"。随后，斯诺前往陕甘宁边区红军前线部队采访，采访了彭德怀、徐海东等诸多红军将领和普通士兵、农民。十月初，斯诺回到保安，随后与毛泽东进行了十多天的谈话。经过斯诺锲而不舍的努力，毛泽东第一次向别人讲述了"自传"和长征，成为斯诺此次"冒险之旅"的最大收获。

一九三六年十月二十五日，斯诺回到北平盔甲厂胡同十三号（今中安宾馆）的家中，结束了这次历时近四个月的"教育兼阅历，入学兼旅游"的采访行程，开始写作。此时，竟然从美国传来了斯诺死亡的谣言。为了澄清真相，斯诺不得不提前公开自己访问"中国红区"的秘密，先后在美国大使馆、燕京大学、北京饭店等处公开演讲，讲述采访毛泽东、周恩来和共产党、红军的故事。随后，自十一月中旬开始，斯诺陆续在中国出版的英文报刊《民主》《密勒氏评论报》和在美国出版的《星期六晚邮报》《纽约先驱论坛报》《生活》《亚细亚》杂志，发表了与毛泽东的谈话、毛泽东自传、长征和"中国红区"的报道，如同一枚"新闻炸弹"，震惊了中国，也震惊了世界。

一九三七年十月，英国伦敦格兰茨公司出版了斯诺的著作《红星照耀中国》。但至今依然鲜为人知的是，斯诺著作最早的中文译本并非译自该英文本，而且中文译本比英文本的出版时间更早。一九七一年八月，斯诺在重新修订《红星照耀中国》时说："一九三六年底，我从西北回到北平后，很快就整理完我的采访笔记。一九三七年初，我将自己写的新闻报道和杂志报道（大约二十二篇）送给一些中国教授，他们将这些报道译成中文并汇编成册以《中国西北印象记》一名出版。一九三七年七月，我又将《红星照耀中国》的全部抄稿给了那些教授，他们偷偷运到上海（日本人已经占领了北平），在那里他们组织了一个翻译小组加速进行出版工作。他们都是救亡协会的爱国成员，我将翻译版权给他们，所得报酬也给了中国红十字会。他们译成后定名为《西行漫记》，这是有关毛泽东谈话的唯一有权威的中文译本。"其实，在一九三六年底，斯诺就把已经完成的部分作品交给了清华大学学生王福时、郭达、李放、李华春翻译。一九三七年三月，王福时等以上海丁丑编译社名义，出版了斯诺作品的第一个中译本《外国记者西北印象记》。同年四月，王福时陪同斯诺夫人海伦·斯诺访问延安时，亲自把这本书交给了毛泽东。后来，毛泽东在写《论持久战》时曾引用该书内容并作注释。同年七月，斯诺把《红星照耀中国》交给格兰茨公司之后，同时把它的抄稿交给了胡愈之。在中共地下党的领导下，胡愈之组织了有十一个人参加的翻译团队（详见笔者著作《世界是这样知道长征的》），以"复社"的名义出版了《红星照耀中国》的第一个中文全译本《西行漫记》，斯诺还亲自写了序言。也就是说，《西行漫记》也并非译自格兰茨公司出版的《红星照耀中国》。因当时上海租界当局对中日战争宣告中立，在无法公开出版发行的情况下，胡愈之等就以《西行漫记》这个书名作为掩护。一九三八年二月，《西行漫记》在上海出版，立即轰动全国和包括东南亚在内的海外华人华侨所在地，无数的重印本和翻印本也随之畅销。

值得一提的是，早在一九三七年十一月一日，上海复旦大学文摘社《文摘》杂志邀请汪衡把美国《亚细亚》杂志上刊载的《毛泽东自传》译成中文，由黎明书局正式出版了《毛泽东自传》单行本图书。一九三八年一月，文摘社、黎明书局又出版了汪衡翻译的《二万五千里长征》。《毛泽东自传》和《二万五千里长征》是《红星照耀中国》最为核心的内容，是该书第四章《一个共产党员的来历》和第五章《长征》。像《西行漫记》一样，它们的中文译本也并非译自《红星照耀中国》格兰茨出版公司的英文版。到了一九三八年，美国兰登出版社也出版了《红星照耀中国》，斯诺增写了第十三章。随后，斯诺在一九四四年、一九六八年做了修订，对书中的人名、地名等方面的讹误作了订正。一九七一年，斯诺访问中国后，又对一九六八年增订本进行了修改，增加了新的资料，形成了最完善的一九七二年鹈鹕版，并于一九七三年和一九七七年两次增印。一九九二年，河北人民出版社邀请李方准、梁民翻译出版了鹈鹕版中译本。但在中译本中，影响比较广泛的是董乐山根据一九三七年格兰茨公司版本翻译的《西行漫记》，一九七九年由生活·读书·新知三联书店出版。

历史是慢慢地让人知道的。二十年来，我一直没有放弃《毛泽东自传》的版本溯源，像一个考古工作者一样，持续关注和发掘一切有关《毛泽东自传》的消息，并以此为中心开展对毛泽东早期传记及其相关历史和人物、文物进行跨界跨学科的研究，终于完成了这本《世界是这样知道毛泽东的》，归纳、考证、整理了《毛泽东自传》采访、写作、翻译和出版的历史脉

《世界是这样知道长征的》，丁晓平著，中国青年出版社 2016 年版。

络，重述了与《毛泽东自传》相关的人和事，集《毛泽东自传》版本研究之大成，并将毛泽东的早期传记和毛泽东的印章收集整理在一起，是一部非常值得收藏、阅读和欣赏的图书。此前，我完成了《世界是这样知道长征的》的写作，从长征叙述史的视角考证了关于长征的早期作品和图书的历史，二〇一六年由中国青年出版社出版，在社会各界引起较好反响，入选"中国好书"月榜，被《作家文摘》评为年度"十大非虚构好书"，并荣获徐迟报告文学奖。《世界是这样知道毛泽东的》和《世界是这样知道长征的》可谓姊妹篇，是集图书版本学、文献学、历史学和文学诸学科的结合体，也是我坚持"文学、历史、学术跨界跨文体"写作的实践和结晶。

说句心里话，我每一次翻阅这一本本纸张发黄、印刷简陋、字迹模糊、设计稚拙甚至破损的旧版图书，内心总充满着敬畏和敬意，仿佛找到了一种穿越时空与历史对话的路径，从而拥有莫名的感动和自豪，还有难以想象的获得感和成就感——我让这些不会说话的书活了起来，让它们与喜欢它们的读者进行跨越时空的历史对话。我想，那一刻，我的书就成了一座历史博物馆。

从二〇〇一年到二〇二一年，二十年的时间，不算太短，我认真地做了这样一件事，就是为您、为千千万万的读者重新打开了《毛泽东自传》，希望也得到您的喜欢。

值本书出版之际，我还要特别感谢中国国际友人研究会创始人、著名外交家黄华和他的夫人何理良女士，斯诺作品中文最早译者和出版者王福时先生，汪衡先生的女儿汪丹熙女士，美国哈佛大学燕京图书馆馆长郑炯文先生，感谢舒暲、刘力群、张国柱、杨翔飞、王本兴、赵景忠、程宸、金铁华、常成、杜惠玲等诸多师友的支持和帮助！

我相信，喜欢《毛泽东自传》的人都是有福的。现在，《世界是这样知道毛泽东的》出版了，我同样相信，读者有福了。

丁晓平 谨记
二〇二二年九月于北京平安里

图书在版编目（CIP）数据

世界是这样知道毛泽东的 / 丁晓平著 . -- 北京：
中共党史出版社，2023.1（2023.9 重印）
ISBN 978-7-5098-5998-8

Ⅰ . ①世 ... Ⅱ . ①丁 ... Ⅲ . ①毛泽东（1893-1976）
—传记—版本—研究—世界 Ⅳ . ① A751 ② G256.2

中国版本图书馆 CIP 数据核字（2022）第 032069 号

书　　名：世界是这样知道毛泽东的
作　　者：丁晓平

出版发行：**中共党史出版社**
责任编辑：陈海平
书籍设计：龙丹彤
责任校对：申宁
责任印制：段文超
社　　址：北京市海淀区芙蓉里南街 6 号院 1 号楼　　邮编：100080
网　　址：www.dscbs.com
经　　销：新华书店
印　　刷：北京盛通印刷股份有限公司
开　　本：720mm×1000mm　1/16
字　　数：432 千字
印　　张：25
版　　次：2023 年 1 月第 1 版
印　　次：2023 年 9 月第 3 次印刷
书　　号：ISBN 978-7-5098-5998-8
定　　价：88.00 元